心安，灵魂的归宿。

唤醒之光

心何以安系列丛书

心何以安

超越死亡

胡山林 著

河南大学出版社
HENAN UNIVERSITY PRESS

图书在版编目(CIP)数据

心何以安·超越死亡/胡山林著. —郑州:河南大学出版社,2015.2

ISBN 978-7-5649-1915-3

Ⅰ.①心… Ⅱ.①胡… Ⅲ.①人生哲学—通俗读物 Ⅳ.①B821-49

中国版本图书馆 CIP 数据核字(2015)第 043728 号

责任编辑 薛建立
责任校对 柴桂玲
封面设计 郭 灿

出 版 河南大学出版社
地址:郑州市郑东新区商务外环中华大厦 2401 号 邮编:450046
电话:0371-86059712(高等教育与职业教育出版分社)
0371-86059713(营销部) 网址:www.hupress.com
排 版 郑州市今日文教印制有限公司
印 刷 河南瑞之光印刷股份有限公司
版 次 2018 年 3 月第 1 版 **印 次** 2018 年 3 月第 1 次印刷
开 本 890mm×1240mm 1/32 **印 张** 7.625
字 数 198 千字 **定 价** 28.00 元

目　录

引言
——从精神上是可以超越死亡的

本书讨论死亡问题，具体说即怎样超越死亡。

死亡从何而来？从生而来。一个人一生下来，死就寄植于生中跟着来了。有生必有死，人生在世一辈子，从这头看是生的过程，从另一头看是走向死的过程，生与死两位一体、相伴相随。也就是说，人一出生就面临了死亡问题，只是小的时候混混沌沌、无知无识，问题暂时还未露面，一旦自我意识觉醒，死亡问题便迅速出现，从此徘徊不去，直至死去。

人的生命脆弱，很容易死亡。为了让生命存活、延续，为了让人自觉自愿地爱护、保卫、珍惜自己的生命，上帝（造物主、造化、神、宇宙、天、天地、存在、道、超人力量……名异而实同）在“创造”人时，顺便将“怕死”作为本能深深地植入人的生命密码中了。这一设计很有必要，否则如果人不怕死，那么人人都可能是亡命之徒，为了个人利益会毫不犹豫地杀死别人，杀不死别人自己反而被杀也不在乎，死就死了，活就活了，死活都无所谓。——这太恐怖了吧?！这样一来，世界就会乱套，人类就无法生存。所幸人类怕死，谁如果胆敢胡作非为，社会就用剥夺生命来惩罚他。有了死刑的震慑，这才让人的行为有所顾忌，才不至于无法无天、天下大乱。

人类依靠人的怕死本能维持了社会秩序的相对稳定，这是怕死本能带给人类社会的正能量。但是，怕死作为一种本性、本能，也给个人带来了痛苦、烦恼乃至恐惧。死的阴影笼罩人的一生，死神就在每个人的家门口蹲着,说不定啥时候就突然窜出来把人召走了,这让人每时每刻都活得提心吊胆,活得阴郁沉重、战战兢兢、如履薄冰。这是怕死本能的负能量。

罗素说过,让死亡的恐惧缠住心是一种奴役。那么怎么办?能不能摆脱它,或者说超越它?这是人类自死亡意识出现之后就开始思考的问题。最直接的希望当然是让生命长生不老,永远活着不死去,可是多少年过去了,人们也为此做出了差不多可以说是艰苦卓绝的努力,但最终悲哀地发现这是绝不可能的异想天开。

肉体不死,此路不通!那么精神呢?精神上有没有超越死亡的办法呢?于是开始了漫长的探索超越死亡途径的精神之旅。探索来探索去,人类竟然有了丰硕的思想成果。超越死亡的途径多多,各家各派都有绝招,各有道理,洋洋大观。这就是人类截至目前在"超越死亡"方面所积累的人生智慧。

总之,"从生物学上看,人是不可能超越生死的,但从人的精神境界方面看,则是可以超越生死的"。(汤一介:《生死》,第 69～70 页,上海文化出版社,2000 年版)从精神上超越死亡,是一笔极为宝贵的精神财富,总结、挖掘、继承、弘扬这笔财富对于丰富我们的精神世界、提高我们的人生境界、帮助我们解放思想,从而正确地对待生死,极为重要。

本书即为此目的而作。

一、言说死亡

关于死亡，古今中外的人们都想了些什么，说过些什么，即他们是怎样看待、怎样言说死亡的，我们真的很想听听啊！人生的某些重大问题，如死亡，光凭自己去悟，由于受种种主客观条件的限制，可能所悟有限，所以我们要借鉴前人、今人的智慧。这就是设计本章的初衷。

（一）老子：夫物芸芸，各归其根

致虚极，守静笃。万物并作，吾以观复。
夫物芸芸，各归其根。归根曰静，是谓复命。
复命曰常，知常曰明。
不知常，妄作凶。知常容，容乃公，公乃王。
王乃天，天乃道，道乃久，没身不殆。

——《老子》第十六章

（何新）译文

进入虚无之境，安守于深静厚重。让万物自由动作，我只观察他们的归复。

万物品类芸芸总总，但都要落叶归根。归了根就会安静下来，这就叫回复其命运。命运是不变的，名字叫做恒常，能识知这种恒常者就是聪明。

不能识知永恒之道，胡乱来者就会遭遇凶险。识知恒常之道者是宽容的，宽容就会公平，公平就能做王者。

王者顺于天，天顺于道，顺于道则能长久，就永远不会失败。

（何新：《宇宙之道——〈老子新考〉》，第 18 页，中国民主法制出版社，2008 年版）

老子本章所论，并不直接针对人的死亡，但无疑包括人的死亡。

老子认为，观察天下万物，不要仅仅停留于纷纭复杂的外在表象上，而应该澄心沉思、静观默察，那样就能看到世界万物无不是循环往复、永恒轮回。既然万物皆如此，那么人——万物中之一员，当然也遵循这样的规律，也是循环往复、永恒轮回。因此，生生死死，皆属正常，皆是宇宙规律在演变。换句话说，死即叶落归根，顺其自然，死因此既不可喜亦不可怕。

“夫物芸芸，各归其根”，这里的“根”是什么？在老子的哲学中，当然是“道”，是“无”，是“一”，是宇宙万物之本体、世界变化之总规律。在老子看来，“道”为“天地母”，“道生一，一生二，二生三，三生万物”，因而“道”是天下万物总根源。“道”隐于万物之中而不可见，因此又称为“无”——“天下万物生于有，有生于无”。天下万物，包括人，都是从虚无中来，又到虚无中去，因此，虚无反而是万物之根、之家。所以，人死了，以“道”观之，其实就是叶落归根，就是回家了，就是找到了家园，找到了归宿，可以安心地栖居了。这是多么富有诗意而又多么深刻的人生观和生死观啊！

理解并愉快地接受老子的生死观，关键之点在于跟上老子的思路，和他取同样的视点，即终极视点。换句话说，就是要跳出小我，走向大我，从宇宙生命、宇宙规律角度看问题。在终极视角下，生也罢，死也罢，全都富有诗意了。作家史铁生悟透了这个意思，他说："出生是怎么回事？你从虚无中来。死亡呢？回虚无中去。那么，来也于斯，归也于斯，我就不明白了：为什么你就不能再从那儿来呢？如果你不能再从虚无中来，凭什么你曾经就能从那儿来？"（史铁生：《昼信基督夜信佛》，第 34 页，北京十月文艺出版社，2012 年版）史铁生的意思是，来于虚无归于虚无，再来再归，正所谓生死相继、生生不息。个体消亡了，但个体融于整体仍在活着。例如，一只一只的鸽子死了，但鸽群却永在……

从万物循环，亦即宇宙规律角度看待人的生死，哲学的理性化解了对死亡的恐惧，让人从生物本能中解放出来，获得了精神自由。此眼光，高远极矣！此智慧，超迈极矣！那个时代的人就有这样的思想、智慧，神奇极矣！

（二）孔子：发愤忘食，乐以忘忧，不知老之将至

孔子的死亡观内容丰富，流传最广、影响最大的主要有以下几段话语。

1. 未知生，焉知死

> 季路问事鬼神。子曰："未能事人，焉能事鬼？"曰："敢问死。"曰："未知生，焉知死？"
>
> ——《论语·先进》

（李泽厚）译文

子路问如何事奉鬼神。孔子说："不能事奉人，怎能事奉鬼？""请问什么是死？"孔子说："不懂得生，怎懂得死。"（李泽厚：《论语今读》，第 259～260 页，安徽文艺出版社，1998 年版）

这是孔子在生死问题上最著名的一段话。对于这段话的精神内涵，李泽厚作了如下评价：足显中国之实用理性，不作无益无用之思辨和讨论也。所谓“无益、无用”指与人事关系而言。重在此人生此人世，即我所谓“一个世界”观是也。联系“不语怪、力、乱、神”、“祭如在”、“敬鬼神而远之”等章节，孔子确乎对超乎此世此生的问题、对象，采取颇为一贯的“存而不论”的实用态度，既不肯定，也未否定。（李泽厚：《论语今读》，第260页，安徽文艺出版社，1998年版）

死的问题深奥、神秘，永远也说不清，与其把精力浪费在永远也说不清的事情上（或者说永远被说不清的神秘问题所纠缠），倒不如明智地把它悬置起来，转而专心致志地致力于好好活，把握你能把握的现实生命，踏踏实实做事，活出自己的精彩来。

下面几段更清楚明白地表达了上述思想。

2. 发愤忘食，乐以忘忧，不知老之将至

叶公问孔子于子路，子路不对。子曰：“女奚不曰，其为人也，发愤忘食，乐以忘忧，不知老之将至云尔。”

——《论语·述而》

（李泽厚）译文

叶公问子路：孔子是什么样的人？子路没回答。孔子说：“你为什么不说，他这个人，用起功来便忘记吃饭，经常快乐而忘记忧愁，不知道自己快老了，如此等等。”（李泽厚：《论语今读》，第182～183页，安徽文艺出版社，1998年版）

这段话中的“老”有两层意思，一是指年龄，二是死的隐语。因此，“不知老之将至”亦可置换为“不知死之将至”。况且，即使不作为死的隐语，老的自然延伸就是死，老与死相关联。孔子这句话是

他的自画像，自己介绍自己，自己评价自己。这是一个明知将来要死但却丝毫不以为意，不把死放在心上，而是一心一意活在自己的学习工作中，活在自己的人生责任中，而且活得充实而快乐，以至于忘了年龄、忘了死亡。

读着孔子这段话，让我们看到了一个看破人生后活得明智而清醒的人。他明知将来的归宿是死，但他一点也不感到恐惧，没有让死的阴影缠着自己，而是一点也不在乎，一心一意把全部精力用于学习和工作上，从自己喜欢、热爱的事业中感受生命的快乐，获取生命的意义。两千多年前，在没有类似精神资源可资借鉴的情况下，孔子能悟出人生的真谛，活出人生的意义，活出生命的精彩，实在是感人之至。从孔子这段理性而又洋溢着高昂的人生激情的话里，我们听出了现代西方存在主义的声音，看到了古代和现代、东方和西方在深层人生智慧上的相近、相通。由此可见，中华民族在思想智慧上的早熟。伟哉！孔子！

3. 朝闻道，夕死可矣

能充分表达上述人生态度、人生智慧的还有一句流传甚广的话：朝闻道，夕死可矣！（《论语·里仁》）孔子把“闻道”（体认人生、宇宙真理）看得高于自己的生命，换句话说，他把探索人生、宇宙奥秘的形而上需求看得高于自然性、生物性本能。由此可知，中国古人，至少从孔子起，就已经用高蹈超迈的精神力量超越了死亡的威胁了。

4. 志士仁人，无求生以害仁，有杀身以成仁（《论语·卫灵公》）

春秋时期，孔子的弟子问：仁德忠义与生命发生冲突怎么办？孔子说：“真正的志士仁人都不会因为贪生怕死而损害仁义，为了成全仁德，可以不顾自己的生命。”

(三) 孟子:生和义不可得兼,舍生而取义

孟子曰:鱼,我所欲也;熊掌,亦我所欲也。二者不可得兼,舍鱼而取熊掌者也。生,亦我所欲也;义,亦我所欲也。二者不可得兼,舍生而取义者也。生亦我所欲,所欲有甚于生者,故不为苟得也;死亦我所恶,所恶有甚于死者,故患有所不辟也。如使人之所欲莫甚于生,则凡可以得生者何不用也?使人之所恶莫甚于死者,则凡可以避患者何不为也?由是则生而有不用也,由是则可以避患而有不为也。是故所欲有甚于生者,所恶有甚于死者。非独贤者有是心也,人皆有之,贤者能勿丧耳。

——《孟子·告子上》

译文

孟子说:鱼是我所想要的,熊掌也是我所想要的,如果这两种东西不能同时得到,那么我宁愿舍弃鱼而选取熊掌。生命是我所想要的,道义也是我所想要的,如果这两样东西不能同时得到,那么我宁愿牺牲生命而选取大义。生命是我所想要的,但我所想要的还有胜过生命的,所以我不做苟且偷生的事;死亡是我所厌恶的,但我所厌恶的还有超过死亡的事,所以有的灾祸我不躲避。如果人们所想要的东西没有比生命更重要的,那么凡是一切可以保全生命的方法,又有什么手段不可用呢?如果人们所厌恶的事情没有超过死亡的,那么凡是能够用来逃避灾祸的坏事,哪一桩不可以干呢?采用某种手段就能够活命,可是有的人却不肯采用;采用某种办法就能够躲避灾祸,可是有的人也不肯采用。由此可见,他们所喜爱的有比生命更宝贵的东西(那就是"义");他们所厌恶的,有比死亡更严重的事(那就是"不义")。不仅贤人有这种思想,人

人都有，只不过是贤人能够不丢掉罢了。

孟子上述这段话是最广为人知的。孟子提出了人生中的两难选择——生命与道义，如果二者不可兼得，他的明确选择是“舍生而取义”。求生之欲，原始的本能也；道义，后天的精神也。孟子明确把后者看得高于前者，说明儒家乃至整个中华文化的价值取向，很早就把精神因素（人格、气节、道义、灵魂）看得至高无上，已经确立了人之为人的根本所在。自那时起，道义等精神因素在我们中华民族的生活中就具有了无比强大的能量，一直是历史上仁人志士为人处世、人生选择的精神支柱，当然也是他们关键时刻超越死亡的精神力量。

（四）《易经》：乐天知命，故不忧

《易》与天地准，故能弥纶天地之道。仰以观于天文，俯以察于地理，是故知幽明之故；原始反终，故知死生之说；精气为物，游魂为变，是故知鬼神之情状。与天地相似，故不违；知周乎万物而道济天下，故不过；旁行而不流，乐天知命，故不忧；安土敦乎仁，故能爱。范围天地之化而不过，曲成万物而不遗，通乎昼夜之道而知，故神无方而《易》无体。

——《易经·系辞上传》第四章

译文

易理准则于天地，所以能包括统贯天地间一切的道理。上则观察天上日月星辰的变化规律，下则观察大地山河的运行规则，所以知道宇宙幽隐无形的原因。推究万事万物的始终，故知死生终始循环的道理。精神气质合则构成万物，灵魂是生命的泉源，它是随着生老病死而变化的，由是我们可以探知鬼神的情态。《易》与天地之道相似，故不违背。能周知万物的情态，而其道义足以匡济天下，故能致用而不超过。能遍行天下而未有流弊，通易道者能乐行天道之所当然，知天命之造化，故无忧。安于所处之境，而敦行仁道，故能泛爱天下。能穷尽天地一切的变化，而不会有过失；能曲尽万物之妙，而不会有遗漏；能通明于昼夜、阴阳的道理，而尽知其道。所以，神的奥妙难测，是无方所可推求的；易理的周知宇宙，没有固定不变之体。

《易经》作者非常自信，认为易理可以从天道贯穿人道，涵盖天地万物，所以系辞说："与天地相似，故不违；知周乎万物而道济天下，故不过。"

正因《易经》道理与宇宙天地相似相通，所以合于天地之道；人们只要能了解易理周遍涵盖万物，足以匡济天下，行为就不会过头。易理中的天人之道，可以普遍推行于天下而无障碍。所以，只要明白宇宙终极之理，就可以乐天知命，不必忧虑，于生死之际，便能乐观豁达，把一切都想开了。为什么？因为易理洞察天地宇宙之奥秘，当然也就洞察了人之所以生生死死的秘密——无非是宇宙变化规律的一种反映，宇宙生命生生不息，当然人之生命也就生生不息。个人的生命只是宇宙生命的一个细胞，随宇宙万物之演变而变化。这里是从宇宙大我看小我，把小我融入大我之中，于是，个人的生和死，还有什么看不透呢?！还有什么可悲凄忧虑呢?！

从宇宙视角看人，看人生，看人的生和死，这眼光极其高远宏阔。高远宏阔的眼光之下，个人的生死之苦早被化解了。几千年前的古人就有这眼光、这视角，说明中华民族智慧的早熟，太了不起了。

在终极视角这一点上，《易经》的上述思想与老子相通。

（五）庄子：生死两忘，与道为一

在先秦诸子百家中，庄子是最系统最自觉论及死亡的思想家，他关于死亡问题的诸多论述至今仍闪耀着智慧的光芒，仍值得我们认真学习和借鉴。

庄子对死亡的论述非常丰富，本书不是专论，所以不可能全面讨论，而只选其几个要点摘录于此，便于读者管中窥豹、心有灵犀。

1.《知北游》

生也死之徒，死也生之始，孰知其纪！人之生，气归聚也；聚则为生，散则为死。若死生为徒，吾又何患！故万物一也，是其所美者为神奇，其所为恶者为臭腐；臭腐复化为神奇，神奇复化为臭腐。故曰："通天一气耳。"圣人故贵一。

译文

生是死的连续，死是生的开始，谁知道其中的规律！人的出生，乃是气的聚积，聚积便成生命，消散便是死亡。如果死生是相属的，我又有什么忧患呢！所以万物是一体的，这是把所称美的视为神奇，把所厌恶的视为臭腐；臭腐又化为神奇，神奇又化为臭腐。所以说："整个天下就是通于一气罢了。"所以，圣人珍视（无分别的）同一。（陈鼓应：《庄子今注今译》下册，第650页，商务印书馆，2012年版）

这段话表达了庄子对生命和死亡的理解，即生死皆物化，归根到底都是道化、气化，生和死看起来是生命本身的变化，但其实质是"道"在化，是"气"在化。天下万物都不过是气之聚散罢了，所以觉悟的人应该把生死看成一回事，死没什么可怕。

2.《至乐》

庄子妻死，惠子吊之，庄子则箕踞鼓盆而歌。惠子曰："与人居，长子、老、身死，不哭，亦足矣，又鼓盆而歌，不亦甚乎！"

庄子曰："不然。是其所死也，我独何能无慨然！察其始而本无生，非徒无生也而本无形，非徒无形也而本无气。杂乎芒芴之间，变而有气，气变而有形，形变而有生，今又变而之死，是相与为春秋冬夏四时行也。人且偃然寝于巨室，而我嗷嗷然随而哭之，自以为不通乎命，故止也。

译文

庄子的妻子死了，惠子去吊丧，看到庄子正蹲坐着，敲着盆子唱歌。

惠子说："和妻子相住一起，为你生儿育女，现在老而身死，不哭也够了，还要敲着盆子唱歌，这岂不太过分了吗？"

庄子说："不是这样。当她刚死的时候，我怎能不哀伤呢？可是观察她起初本来是没有生命的，不仅没有生命而且还没有形体，不仅没有形体而且还没有气息。在若有若无之间，变而成气，气变而成形，形变而成生命，现在又变而为死，这样生来死往的变化就好像春夏秋冬四季的运行一样。人家静静地安息在天地之间，而我还在啼啼哭哭，我以为这样是不通达生命的道理，所以才不哭。"（陈鼓应：《庄子今注今译》下册，第 525 页，商务印书馆，2012 年版）

这是庄子著作中最为大众所熟知的"故事"。它生动地揭示了庄子看问题的视角——道，或者说宇宙，或者说大自然。"以道观之"，生死不过是个变化的过程，就像天气有春夏秋冬一样，对于这种变化——当然也包括死亡，我们应该站在宇宙的、自然的、终极的视角去理解、去接受，所以应该高高兴兴，而不应该悲凄哀伤。从世俗角度看，庄子没心没肺、不近人情；从终极视角看，庄子大智大慧、超越常人。

3.《大宗师》

子祀、子舆、子犁、子来四人相与语曰："孰能以无为首，以生为脊，以死为尻，孰知死生存亡之一体者，吾与之友矣。"四人相视而笑，莫逆于心，遂相与为友。

俄而子舆有病，子祀往问之。曰："伟哉夫造物者，将以予为此拘拘也！曲偻发背，上有五管，颐隐于齐，肩高于顶，句赘指天。"阴阳之气有沴，其心闲而无事，跰躃而鉴于井，曰："嗟乎！夫造物者又将以予为此拘拘也！"

子祀曰："女恶之乎？"

曰："亡，予何恶！浸假而化予之左臂以为鸡，予因以求时夜；浸假而化予之右臂以为弹，予因以求鸮炙；浸假而化予之尻以为轮，以神为马，予因以乘之，岂更驾哉！且夫得者，时也，失者，顺也；安时而处顺，哀乐不能入也。此古之所谓县解也，而不能自解者，物有结之。且夫物不胜天久矣，吾又何恶焉？"

俄而子来有病，喘喘然将死，其妻子环而泣之。子犁往问之，曰："叱！避！无怛化！"倚其户与之语曰："伟哉造化！又将奚以汝为，将奚以汝适？以汝为鼠肝乎？以汝为虫臂乎？"

子来曰："父母于子，东西南北，唯命之从。阴阳于人，不翅于父母；彼近吾死而我不听，我则悍矣，彼何罪焉！夫大块载我以形，劳我以生，佚我以老，息我以死。故善吾生者，乃所以善吾死也。今之大冶铸金，金踊跃曰'我且必为镆铘'，大冶必以为不祥之金。今一犯人之形，而曰‘人耳人耳’，夫造化者必以为不祥之人。今一以天地为大炉，以造化为大冶，恶乎往而不可哉！”成然寐，蘧然觉。

译文

子祀、子舆、子犁、子来四个人互相谈说：“谁能把‘无’当作头颅，把‘生’当作脊梁，把‘死’当作尻骨，谁能知道生死存亡是一体的，我们就和他做朋友。”四个人相视而笑，内心相契，就一同做了朋友。

不久子舆生病了，子祀去看他。子舆说：“伟大啊！造物者，把我变成这样一个拘挛的人啊！”子舆腰弯背驼，五脏血管向上，面颊隐在肚脐下，肩膀高过头顶，颈后发髻朝天。阴阳二气错乱不和，可是他心中闲适而若无其事，他蹒跚地走到井边照见自己的影子，说：“哎呀！造物者又把我变成这样一个拘挛的人啊！”

子祀说：“你嫌恶吗？”

子舆说：“不，我为什么嫌恶！假使把我的左臂变作鸡，我就用它来报晓；假使把我的右臂变作弹弓，我就用它去打斑鸠烤了吃；假使把我的尻骨变作车轮，把我的精神化为马，我就乘着它走，哪里还要另外的车马呢！再说，人的得生，乃是适时；死去，乃是顺应。能够安心适时而顺应变化的人，哀乐的情绪就不会侵入到心中，这就是古来所说的解除束缚。那些不能自求解脱的人，是被外物束缚住的。人力不能胜天然由来已久，我又有什么嫌恶的呢？”

不久子来生病了，喘气急促快要死了，他的妻子儿女围着啼哭。子犁去探望他，对子来的家属说：“去，走开！不要惊动将变化的人！”他靠着门向子来说：“伟大啊！造化者，又要把你变成什么东西，要把你送到哪里？要把你变成老鼠的肝吗？要把你变成小虫的膀子吗？”

子来说：“儿子对于父母，无论要到东西南北，都是听从吩咐。

自然对于人，无异于父母；它要我死，而我不听从，我就悍违不顺，它有什么罪过呢？大自然给我形体，用生使我勤劳，用老使我清闲，用死使我安息。因而以生为安善的，也应该以死为安善了！”（陈鼓应：《庄子今注今译》上册，第222～226页，商务印书馆，2012年版）

这段虚构的故事中，最引人关注的是其中的这几句名言：“安时而处顺，哀乐不能入也”；“夫大块载我以形，劳我以生，佚我以老，息我以死。故善吾生者，乃所以善吾死也”。这段故事和名言体现了庄子对待死亡顺其自然、愉快接受的态度。

4.《知北游》

人生天地之间，若白驹之过郤，忽然而已。注然勃然，莫不出焉；油然漻然，莫不入焉。已化而生，又化而死，生物哀之，人类悲之。解其天弢，堕其天帙，纷乎宛乎，魂魄将往，乃身从之，乃大归乎！

译文

人生在天地之间，就像阳光掠过空隙，忽然而已。万物蓬蓬勃勃，没有不生长的，变化衰萎，没有不死去的。已经变化而生，又变化而死，生物为之哀伤，人类感到悲痛。解开自然的束缚，毁坏自然的囊裹，变移转化，精神消散，身体随着消逝，这是返归大本呢！（陈鼓应，《庄子今注今译》下册，第661页，商务印书馆，2012年版）

人死，有生之物会感到悲伤，但如果把人放到宇宙、自然变化的角度看，人死就等于抛弃一个臭皮囊，反而身心得到解放，又返归大自然了。这是一种潇洒旷达的态度，一种生死两忘、与道为

一、视生死如来去的自由心境。进入这一境界，死亡就一点也不可怕，反而视死亡为一种特殊的审美境界了。这就是庄子，中国哲学史、思想史乃至于世界哲学史、思想史上独树一帜、超迈高蹈的死亡哲学家。

（六）杨朱：不恋生，不畏死，听之任之

说明：杨朱是战国时期的思想家，曾显赫一时，可惜没有著作留传下来。现在研究杨朱的思想，主要依据是《孟子》、《淮南子》、《列子》、《吕氏春秋》等书。下面材料选自《列子·杨朱第七》，从中可以看出杨朱的生死观。

> 孟孙阳问杨朱曰："有人于此，贵生爱身，以蕲不死，可乎？"曰："理无不死。""以蕲久生，可乎？"曰："理无久生，生非贵之所能存，身非爱之所能厚。且久生奚为？五情好恶，古犹今也；四体安危，古犹今也；世事苦乐，古犹今也；变易治乱，古犹今也。既闻之矣，既见之矣，既更之矣，百年犹厌其多，况久生之苦也乎？"孟孙阳曰："若然，速亡愈于久生，则践锋刃，入汤火，得所志矣。"杨子曰："不然。既生，则废而任之，究其所欲，以俟于死。将死，则废而任之，究其所之，以放于尽。无不废，无不任，何遽迟速于其间乎？"

译文

孟孙阳问杨朱说："这里有个人，珍惜生命，保护身体，以求不死，可以吗？"杨朱说："没有不死之理。"孟孙阳又问："以求长寿，可以吗？"杨朱说："也没有长寿之理。生命并不因为珍惜它就能（长远）存在，身体并不因为爱护它就能壮实。而且，长久活着干什么呢？人的情欲好恶，古代与现代一样；身体四肢的安危，古代与现代一样；人间杂事的苦乐，古代与现代一样；朝代的变迁治乱，古代

与现代一样。已经听到了,已经看到了,已经经历了,活一百年还嫌太多,又何况长久活着的痛苦呢?”孟孙阳说:“如果是这样的话,早点死亡就比长久活着更好,那么踩剑锋刀刃,入沸水大火,就是满足愿望了。”杨子说:“不是这样的。已经出生了,就应当听之任之,心念想干什么就干什么,一直到死亡。将要死亡了,就应当听之任之,尸体该放到哪里就到哪里,一直到消失。一切都放弃努力,一切都听之任之,何必在人间考虑早死与晚死呢?”

从上述选段可以看出,杨朱明确反对祈求长生不死和刻意追求延长寿命。他认为生命自有其规律,并不因为你珍爱它而永远不死,也不因为你倍加爱护而长生不老。既然如此,就应该听其自然,顺应生命的规律,既不妄想长生不老,也不刻意虐待自己以求早死。也就是说,对待生命,应该是既不求长生亦不求速死,或者说是既不恋生也不畏死,最好是顺其自然、听天由命,不用人力干预它。这里暗含的是道家的哲学观、人生观、生死观,体现的是一种豁达理性的人生智慧。

(七)司马迁:人固有一死,死有重于泰山,或轻于鸿毛

说明:《报任安书》是司马迁写给其友人任安的一封回信。在信中,司马迁以极其悲愤的心情,申述了自己的不幸遭遇,抒发了内心的无限痛苦;提出了“人固有一死,死有重于泰山,或轻于鸿毛”的生死观;诚恳地叙述了自己遭受奇耻大辱而没有自杀的原因,是为了完成史书的著述,为了实现“究天人之际,通古今之变,成一家之言”的文化宏愿。全文感情真挚、语言流畅,具有强烈的艺术感染力。对于了解作者的生平和思想,有着重要价值。《报任安书》全文较长,本书节选其中一部分:

仆之先人非有剖符丹书之功，文史星历，近乎卜祝之间，固主上所戏弄，倡优畜之，流俗之所轻也。假令仆伏法受诛，若九牛亡一毛，与蝼蚁何异？而世又不与能死节者比，特以为智穷罪极，不能自免，卒就死耳。何也？素所自树立使然也。人固有一死，死有重于泰山，或轻于鸿毛，用之所趋异也。太上不辱先，其次不辱身，其次不辱理色，其次不辱辞令，其次诎体受辱，其次易服受辱，其次关木索、被箠楚受辱，其次剔毛发、婴金铁受辱，其次毁肌肤、断肢体受辱，最下腐刑极矣！传曰："刑不上大夫。"此言士节不可不厉也。猛虎在深山，百兽震恐，及在阱槛之中，摇尾而求食，积威约之渐也。故士有画地为牢势不入；削木为吏议不对，定计于鲜也。今交手足，受木索，暴肌肤，受榜箠，幽于圜墙之中，当此之时，见狱吏则头枪地，视徒隶则心惕息。何者？积威约之势也。及已至此，言不辱者，所谓强颜耳，曷足贵乎！且西伯，伯也，拘于羑里；李斯，相也，具五刑；淮阴，王也，受械于陈；彭越、张敖，南面称孤，系狱具罪；绛侯诛诸吕，权倾五伯，囚于请室；魏其，大将也，衣赭衣，关三木；季布为朱家钳奴；灌夫受辱于居室。此人皆身至王侯将相，声闻邻国，及罪至罔加，不能引决自裁。在尘埃之中，古今一体，安在其不辱也？由此言之，勇怯，势也；强弱，形也。审矣，何足怪乎？且人不能早自裁绳墨之外，已稍陵迟，至于鞭箠之间，乃欲引节，斯不亦远乎！古人所以重施刑于大夫者，殆为此也。夫人情莫不贪生恶死，念父母，顾妻子，至激于义理者不然，乃有不得已也。今仆不幸，早失父母，无兄弟之亲，独身孤立，少卿视仆于妻子何如哉？且勇者不必死节，怯夫慕义，何处不勉焉！仆虽怯懦，欲苟活，亦颇识去就之分矣，何至自沉溺缧绁之辱哉！且夫臧获婢妾，犹能引决，况若仆之不得已乎？所以隐忍苟活，幽于粪土之中而不辞者，恨私心有所不尽，鄙陋没世，而文采不表于后也。

古者富贵而名磨灭，不可胜记，唯倜傥非常之人称焉。盖西伯（文王）拘而演《周易》；仲尼厄而作《春秋》；屈原放逐，乃赋《离骚》；左丘失明，厥有《国语》；孙子膑脚，《兵法》修列；不韦迁蜀，世传《吕览》；韩非囚秦，《说难》、《孤愤》；《诗》三百篇，大底圣贤发愤之所为作也。此人皆意有所郁结，不得通其道，故述往事、思来者。乃如左丘无目，孙子断足，终不可用，退而论书策，以舒其愤，思垂空文以自见。仆窃不逊，近自托于无能之辞，网罗天下放失旧闻，略考其行事，综其终始，稽其成败兴坏之纪，上计轩辕，下至于兹，为十表，本纪十二，书八章，世家三十，列传七十，凡百三十篇。亦欲以究天人之际，通古今之变，成一家之言。草创未就，会遭此祸，惜其不成，是以就极刑而无愠色。仆诚以著此书，藏之名山，传之其人，通邑大都，则仆偿前辱之责，虽万被戮，岂有悔哉？然此可为智者道，难为俗人言也！

译文

我的祖先没有剖符丹书的功劳，职掌文史星历，地位接近于卜官和巫祝一类，本是皇上所戏弄并当作倡优来畜养的人，是世俗所轻视的。假如我伏法被杀，那好像是九牛的身上失掉一根毛，同蝼蚁又有什么区别？世人又不会拿我之死与能殉节的人相比，只会认为我是智尽无能、罪大恶极，不能免于死刑，而终于走向死路的啊！为什么会这样呢？这是我向来所从事的职业以及地位，使人们会这样地认为。人本来就有一死，但有的人死得比泰山还重，有的人却比鸿毛还轻，这是因为他们生存所追求的东西不同啊！一个人最重要的是不污辱祖先，其次是自身不受侮辱，再次是不因别人的脸色而受辱，再次是不因别人的言语而受辱，再次是被捆绑在地而受辱，再次是穿上囚服受辱，再次是戴上脚镣手铐、被杖击鞭笞而受辱，再次是被剃光头发、颈戴枷锁而受辱，再次是毁坏肌肤、断肢截体而受辱，最下等的是腐刑，侮辱到了极点。古书说“刑不上大夫”，这是说士人讲节操而不能不加以自勉。猛虎生活在深山之中，百兽就都震恐，等到它落入陷阱和栅栏之中时，就只得摇着尾巴乞求食物，这是人不断地使用威力和约束而逐渐使它驯服的。所以，士子看见画地为牢而决不进入，面对削木而成的假狱吏也决不同他对答，这是由于早有主意，事先就态度鲜明。现在我的手脚交叉，被木枷锁住、绳索捆绑，皮肉暴露在外，受着棍打和鞭笞，关在牢狱之中。在这种时候，看见狱吏就叩头触地，看见牢卒就恐惧喘息。这是为什么呢？是狱吏的威风和禁约所造成的。事情已经到了这种地步，再谈什么不受污辱，那就是人们常说的厚脸皮了，有什么值得尊贵的呢？况且，像西伯姬昌，是诸侯的领袖，曾被拘禁在羑里；李斯，是丞相，也受尽了五刑；淮阴侯韩信，被封为王，却在陈地被戴上刑具；彭越、张敖被诬告有称帝野心，被捕入狱并定下罪名；绛侯周勃，曾诛杀诸吕，一时间权力大于春秋五霸，也被囚禁在请罪室中；魏其侯窦婴，是一员大将，也穿上了红色的囚衣，手、脚、颈项都套上了刑具；季布以铁圈束颈卖身给朱家当了奴隶；灌夫被拘于居室而受屈辱。这些人的身份都到了王侯将相的地位，声名传扬到邻国，等到犯了罪而法网加身的时候，不能引决自裁。在社会上，古今都一样，哪里有不受辱的呢？照这样说来，勇敢或怯懦，乃是势位所造成；强或弱，也是形势所决定。确实是这样，有什么奇怪的呢？况且人不能早早地自杀以逃脱于法网之外，而到了被摧残和被杖打受刑的时候，才想到保全节操，这种愿望和现实不是相距太远了吗？古人之所以慎重地对大夫用刑，就是因为这个缘故。人之常情，没有谁不贪生怕死的，都挂念父母，顾虑妻室儿女。至于那些激愤于正义公理的人当然不是这样，这里有迫不得已的情况。如今我很不幸，早早地失去双亲，又没有兄弟互相爱护，独身一人，孤立于世，少卿你看我对妻室儿女又怎样呢？况且一个勇敢的人不一定要为名节去死，怯懦的人仰慕大义，又何处不勉励自己呢？我虽然怯懦软弱，想苟活在人世，但也颇能区分弃生就死的界限，哪会自甘沉溺于牢狱生活而忍受屈辱呢？再说奴隶婢妾尚且懂得自杀，何况像我到了这样不得已的地步！我之所以忍受着屈辱苟且活下来，陷在污浊的监狱之中却不肯死的原因，是遗憾我内心的志愿有未达到的，如果平平庸庸地死了，文章就不能在后世显露。

古时候虽富贵但名字磨灭不传的人，多得数不清，只有那些卓异而不平常的人才在世上著称。（那就是：）西伯姬昌被拘禁而扩写《周易》；孔子受困窘而作《春秋》；屈原被放逐，才写了《离骚》；左丘明失去视力，才有《国语》；孙膑被截去膝盖骨，《兵法》才撰写出来；吕不韦被贬谪蜀地，后世才流传着《吕氏春秋》；韩非被囚禁在秦国，写出《说难》、《孤愤》；《诗》三百篇，大都是一些圣贤们抒发愤懑而写作的。这些人都是（因为）感情有压抑郁结不解的地方，不能实现其理想，所以记述过去的事迹，让将来的人了解他的志向。就像左丘明没有了视力、孙膑断了双脚，终生不能被人重用，便退隐著书立说来抒发他们的怨愤，想到活下来从事著作来表现自己的思想。我私下里也自不量力，近来用我那不高明的文辞，收集天下散失的历史传闻，粗略地考订其真实性，综述其事实的本末，推究其成败盛衰的道理，上自黄帝，下至当今，写成十篇表、十二篇本纪、八篇书、三十篇世家、七十篇列传，一共一百三十篇，也是想探求天道与人事之间的关系，贯通古往今来变化的脉络，成为一家的言论。刚开始草创还没有成书，恰恰遭遇到这场灾祸，我痛惜这部书不能完成，因此受到最残酷的刑罚也没有怨怒之色。我确实想完成这本书，把它（暂时）藏在名山之中，（以后）再传给跟自己志同道合的人，再让它广传于天下。那么，我便抵偿了以前所受的侮辱，即使受再多的侮辱，难道会后悔吗？然而，这些只能向有见识的人诉说，却很难向世俗之人讲清楚啊！

(八)陶渊明:死去何所道,托体同山阿

对于生死,陶渊明并不相信宗教界宣扬的转生轮回或羽化成仙。陶渊明之所以能坦然面对死亡,是因为在他看来“生”不过是逆旅之馆——“家为逆旅舍,我如当去客。去去欲何立?南山有旧宅。”“人生似幻化,终当归空无。”而“死”不过是“永归于本宅”、“终当归空无”,由自己脚下的乡土田园进一步回归到天地自然的大化流行之中,回归到“道”与“无”的真境。他时常乐道的“生”与“死”其实仍然可以归之于“白”与“黑”的大范畴:“生”为白,为有限;“死”为黑,为无限。陶渊明的视死如归也仍然是基于道家哲学“知白守黑”的信条:知其白,守其黑,复归于无极。

道家的生死观是建立在其自然哲学之中的。在庄子看来,人的生老病死犹如自然造化中晨昏昼夜、春夏秋冬的推演,其实质是作为万物之本的“气”的聚合离散,依然是处于大化流行之中的。“生也死之徒,死也生之始,孰知其纪!人之生,气之聚也;聚则为生,散则为死。若死生为徒,吾又何患!”(《庄子·知北游》)得之于“气”,归之于“气”,来自自然,返于自然,本是道之运行的绝对法则,人又何苦自寻烦恼,去违背这一法则呢?自古万难唯一死,贪生怕死实乃人之常情,而且愈是不可一世的大人物,愈是更加贪生怕死,如费尽心机寻求长生不老的秦始皇、汉武帝。由于这一“贪”与“怕”,又给人生带来多少无谓的积虑与烦恼,大大减损了生存的质量。“生寄死归”、“委运任化”的道家精神使陶渊明得以彻底洞悉生死大义;向死而生,坦对凶吉,反而使他平添许多乐趣与诗意,从此活得逍遥自在。

辞世前他在为自己写的《挽歌辞》中吟诵:“死去何所道,托体同山阿。”在《自祭文》中又写道:“陶子将辞逆旅之馆,永归于本宅。”回顾自己的一生,从“茫茫大块,悠悠高旻,是生万物,余得为人”到“勤靡余劳,心有常闲,乐天委分,以至百年”,生生死死,皆为

自然，故“识运知命，畴能罔眷，余今斯化，可以无恨”。对于陶渊明来说，“委运任化”，不为死生所拘，不仅是一种通向精神自由的人生选择，也是他“纵浪大化中”从而获得本真诗性、进入文学艺术创造玄妙之境的前提。

西方现代著名哲学家海德格尔的诸多思想与中国道家思想、与陶渊明的精神世界有息息相通之处。针对“死”与“无”两个关键用语，北京大学张世英先生对海德格尔与陶渊明的诗学哲思进行了卓有成效的剖析。

张世英认为，关于“死”，海德格尔说面临死神现实存在物整体退隐，人因此与虚无相遇。陶渊明诗曰：“人生似幻化，终当归空无。”“这里没有面临死亡的哀鸣，而是通过死来表达一种超出富贵、超出虚名、超出生死等一切‘寓形宇内’的洒脱‘空无’之情，可以说是对海德格尔所谓超越哲学的吟诵。”“诗比哲学更能表达‘存在’的真意。”（张世英：《天人之际——中西哲学的困惑与选择》，第376页，人民出版社，2007年版）陶渊明通过对死的领悟所体会到的“超越”和“无”的境界，比海德格尔更为深切。

（参见鲁枢元：《陶渊明的幽灵》，第81、82、89页，上海文艺出版社，2012年版）

（九）王阳明：吾心光明，亦复何言

明代大儒王阳明（1472～1529年）堪称儒家人格的典范、封建时代的完人。他的一生兼内圣与外王为一身，立德、立功、立言三不朽俱全，成为后世人格追求的楷模。王阳明的生死哲学集中体现他作为一代大儒的人生风范。作为儒者，阳明以忠信仁义为生死价值所在，并以道德使命的完成与否来确立自己的生死态度。作为哲学家，阳明以学问的豁然贯通为超越生死之道。阳明的生死哲学既体现了一般儒者的生死观，更体现了儒学大哲的生死智慧，至今仍给人以启迪。

王阳明的生死哲学内容丰富,这里只取其对待死亡的态度加以讨论。

生死态度是指人们面对死亡时所持有的心理状态、精神面貌以及立足于其上的外在行为。事实上,人们面对死亡时,又总是以反思自己一生的生命历程为基础,故虽是面对死亡,然称生死态度,不同文化中的人确立不同的生死态度。儒家的生死态度从根本上来说,就是“任命”,即所谓的“乐天知命”。但是,和道家对“命”的理解不同,儒家之“命”有两层含义:一是命运,一是使命。作为命运之“命”,是指冥冥之中人无法抗拒的支配自己的力量,这和道家的理解是相同的。对于命运之“命”,儒道都认为只有顺从;作为使命之“命”,是指上天赋予人的责任和义务,所谓“安身立命”之命、“天命之谓性”之命,都是从这个意义上来说的。对于使命之“命”,儒家认为,人应当体察并实现它。只有体察并实现了上天赋予自己的使命,人才算完成了人生的责任,面对死亡时才能心安理得。使命之“命”使儒者的使命更具主动性、创造性,这和道家消极顺应命运的安排是大异其趣的。从内容上看,儒者的使命又是从道德立场赋予的,因此,儒家的使命又体现为道德使命。对命运的服从和对道德使命的完成是儒者任命的两层内涵。但是,任命的安排仍属无奈,只有使命才是最终意义上的任命。这是儒者面对生死所持的根本态度。

王阳明在生死态度上继承并典型地体现了儒家的这种生死态度。在无法抗拒的命运面前,阳明面对死亡时持“俟命”态度。阳明37岁时,因得罪宦官刘瑾而谪居龙场。“龙场在贵州西,万山丛棘中,蛇虺魍魉,蛊毒瘴疠,与居夷人鴃语难语,可通语者,皆中土亡命。旧无居,始教之范土架木以居。时瑾憾未已。”阳明此时,自计得失荣辱皆能超脱,惟生死一念尚觉未化,乃为石墩自誓曰:“吾惟俟命而已!”“俟命”即任命,任命运的摆布,体现了儒家面对死亡时的一贯态度。但是,此时阳明对于死心有不甘,对死亡的接受更多的是面对命运的无奈。阳明之所以此时对死心有不甘,不是因为得失问题,而是因为自己的人生使命没有完成。这在他后来的行为中得到进一步的体现。正德十五年(1520 年),阳明在镇压朱宸濠叛乱立功后,却蒙受毁谤并危及生命。此时,阳明想到的还不是自己个人的安危,而是想:“以一身蒙谤,死即死耳,如老亲何?”并对门人说:“此时若有一孔可以窃父而逃,吾亦终生长往不悔矣。”而人生的使命一旦完成,死就无所遗憾了。这种态度在他的临终遗言中得到证实。

《年谱》载:嘉靖七年(1528 年)十月,阳明病归,至南安时,门人周积侍见。阳明说:“吾去矣!”周积哭着问:“何遗言?”阳明略带微笑对周积说:“此心光明,亦复何言?”说完,瞑目而逝。从阳明的临终状态不难看出,阳明已能坦然、安详地接受死亡,获得了对死释然的心态。在历经千死百难后,阳明才获得坦然面对生死的态度。这也正应验了阳明自己说过的话:“人于生死念头,本从生身命根上带来,故不易去。若于此处见得破、透得过,此心全体方是行无碍,方是尽性至命之学。”

王阳明一生命运多舛,多次面临死亡威胁。面对生死考验,阳明一直难以割舍对生命的眷恋,直至临终前,才获得了面对死亡的坦然态度。这表明,儒者在命运的安排面前,更多的是无奈,只有在使命完成之后,才能从容、坦然地面对死亡。这就是阳明,也是儒家的根本生死态度。

(参见徐春林:《论王阳明的生死哲学》,载郑晓江等主编《解读生死》,第 63～65 页,社会科学文献出版社,2005 年版)

(十)毛泽东:毛泽东死了,我们大家来庆祝辩证法的胜利

说明:1953～1974 年任毛泽东保健护士长的吴旭君曾撰文《毛主席的生死观》,回忆毛泽东与她多次谈论死亡问题。本文选

录其中部分内容。小标题为选录者所加。

1. 一个人负担太重,死是解脱

毛泽东生前多次谈到自己的死,不仅跟吴旭君谈,在不同年代、不同场合也跟其他人谈。

1961 年他老人家畅游长江之后就曾跟英国的蒙哥马利元帅谈到自己的死,谈到接班人问题。1964 年他在军队干部会议上也谈到死,他说:"原子弹下来,就一条路见马克思。人年纪大了也会死。人如果负担太重,死是很好的解脱办法。"1973 年他会见澳大利亚总理时说:" 我活不到革命结束了,我已经跟上帝打过招呼了。"1976 年他病重,尼克松的女儿来看他,他又一次说:"一个人负担太重,死是解脱。"

2. 人们都说我命大,可我相信辩证法

"咱们别老说死的事吧。"吴旭君说。

毛泽东固执地说:"我这个人就这么怪,别人越要回避的事,我越要挑起来说。在战争中我有好多次都要死了,可我还是没死。人们都说我命大,可我不信,我相信辩证法。辩证法告诉我们,有生就有死,有胜利也有失败,有正确也有错误,有前进也有后退。冬天过去就是春天,夏天热完了就到了秋天等等。你都不研究这些呀?"

吴旭君说:"我们研究的范围比较窄,不像主席说得这么广泛。确切地说,我们更多的研究人的生、老、病、死。在医学方面有的还落后于其他学科。虽然生、老、病、死只有四个字,可是在这个范畴内还有许许多多微妙复杂、无穷无尽的问题。比如,如何提高优生率。怎样防老,减缓衰老过程。对疑难、不治之症怎样找出一个预防治疗措施。如何降低死亡率。这些问题都需要继续研究,有待解决。"

听完吴旭君的话，毛泽东笑了。他掐灭烟头说："讲得不错嘛。你承认生、老、病、死是生命在不同时期的表现。那好，按这个科学规律，我和罗荣桓同志一样也会死的，而且死了要火化，你信不信？"

对这么突然的提问吴旭君一点儿思想准备也没有，吴旭君吓呆了，好久没说话。

"你怎么了？"毛泽东问。

"主席，咱们不要谈这个问题，换个话题吧。"

毛泽东认真起来，用肯定的语气说："你不要回避问题喽。话题不能换，而且我还要对你把这个问题讲透。给你一点儿思想准备的时间。我书架上有本《形式逻辑学》，你拿去读，明天我们再接着谈。"

谈话就这样结束了。吴旭君从他的书架上找到《形式逻辑学》回到休息室就看起来，以应付"考试"。毛泽东说话从来是算数的，你休想打马虎眼。

3. 我倡议实行火葬

第二天，吴旭君陪毛泽东吃过第一顿饭以后已是下午，吴旭君离开饭桌，坐在沙发上，他就问："你的书看得怎么样，我们接着昨天的谈。"

吴旭君说："这本书的页数不算多，我都看完了，我觉得自己得了消化不良症，有的问题似懂非懂。"

"形式逻辑讲的是什么？"他像个严格的老师似的问。

吴旭君把准备好的几段有关形式逻辑的定义背给他听。他听完以后说："那你就根据概念、判断、推理举个例子，考考你学过的东西会不会用。"

吴旭君没想到他会提这样的问题，想了一下说："所有的金属都是导电体，铜是金属，所以铜是能导电的。"

毛泽东点点头："讲得不错，你再联系我们昨天谈的问题举个例子。"

吴旭君想，自己从来没把毛泽东与死联系起来想过，她的工作是保证他健康、长寿。另外，从感情上讲，吴旭君根本不愿他死，中国太需要他了。吴旭君无法在这个问题上运用残酷的"形式逻辑"，所以她直率地说："昨天谈的事我举不出例子。"

毛泽东看着吴旭君为难的样子说："那好，让我替你举个例子吧。"他有些得意地掰着手指说："人都是要死的，这是个概念。根据概念，然后你作出判断：毛泽东是人，看来这个判断是正确的。那么，根据判断你再去推理。所以，毛泽东是会死的。"

毛泽东接着说："我设想过，我的死法不外乎有五种。两年前在武汉见蒙哥马利时我也对他讲过。第一，有人开枪把我打死。第二，外出乘火车翻车、撞车难免。第三，我每年都游泳，可能会被水淹死。第四，就是让小小的细菌把我钻死。可不能轻视这些眼睛看不见的小东西。第五，飞机掉下来摔死。"他笑着说："中央给我立了一条规矩，不许我坐飞机。我想，我以后还会坐。总之，七十三、八十四，阎王不请自己去啰。"说完，他开心地大笑起来。

吴旭君听了这些话，觉得心里很沉重，一点儿也笑不起来。她说："咱们能不能不说这些不吉利的话？"

"你这个人呀，还有点儿迷信呢。"他指着吴旭君的鼻子说，"你是个搞自然科学的，应该懂得自然规律的严肃性。"他说："我死了，可以开个庆祝会。你要打扮得漂漂亮亮的，最好穿颜色鲜艳的红衣服或花衣服，要兴高采烈、满面春风地参加庆祝会，然后你就大大方方地上台去讲话。""讲什么？"吴旭君茫然地问。

"你就讲：同志们，今天我们这个大会是个胜利的大会。毛泽东死了。我们大家来庆祝辩证法的胜利。他死得好。如果不死人，从孔夫子到现在地球就装不下了。新陈代谢嘛。沉舟侧畔千帆过，病树前头万木春。这是事物发展的规律。"停了一会儿，他认真地对吴旭君说:“我在世时吃鱼比较多,我死后把我火化,骨灰撒到长江里喂鱼。你就对鱼说:鱼儿呀,毛泽东给你们赔不是来了。他生前吃了你们,现在你们吃他吧,吃肥了你们好去为人民服务。这就叫物质不灭定律。”

“不能,万万不能。”吴旭君连连摇头说,“平时我一切都听你的,这件事不能听,我也不干!”

毛泽东不再笑了,脸上显出不高兴的神情。他说:“你在我身边工作了这么久,离我又这么近,都不能理解我呀。我主张实行火葬,我自己当然不能例外。我在协议上签了名的。”

“你还订了什么协议,跟谁订的?”吴旭君惊奇地问。

“和中央的同志们,在怀仁堂签的名,不信你去查。照此办理大有好处,留下我的遗体会增加人民的负担啊。”

事后吴旭君才知道的确有这么一份倡议书。第一个签名的是毛泽东。日期是 1956 年 4 月 27 日。中央的高级干部和全国的高级干部差不多都签了名,党内外同志共 136 人。

1976 年 9 月 9 日,毛泽东逝世了。当时出于种种需要,在第二年建成了毛主席纪念堂。按说,这种做法是不符合他本人意愿的。

1980 年意大利记者奥琳埃娜就问过,对这件事应该怎样看呢,毛主席纪念堂是否不久后要拆掉?邓小平的回答是:粉碎“四人帮”后,建毛主席纪念堂,应该说,那是违背毛主席自己的意愿的。五十年代,毛主席提议所有人身后都火化,只留骨灰,不留遗体,并且不建坟墓。毛主席是第一个签名的。我们都签了名。中央的高级干部、全国的高级干部差不多都签了名。现在签名册还在。粉碎“四人帮”以后做的这些事,都是从为了求得比较稳定这么一个思想考虑的。但是,纪念堂我不赞成把它改掉。已经有了的把它改变,就不见得妥当。建是不妥当的,如果改变,人们就要议论纷纷。现在世界上都在猜测我们要毁掉纪念堂。我们没有这个想法。

如今,毛主席已经离我们而去了。他的“生死观”作为他思想的一部分也应成为他留给我们的一份宝贵的遗产。在这份遗产中,我们感受到了一个伟大的唯物主义者的博大胸怀和无所畏惧的精神。

(参见李敏、高风、叶利亚:《真实的毛泽东》,第328～332页,中央文献出版社,2006年版)

(十一)周国平:思考死使我能以超脱的态度对待人生,包括死

说明:以思考人生为广大读者熟知的哲学家周国平,对死亡问题的思考比较集中地体现在《思考死:有意义的徒劳》一文中。文章第一节提出“死是困扰人类的永恒问题”,第二至九节罗列了古今中外,尤其是西方圣哲试图超越死亡的各种观点,其中每一种观点都有道理,但都不能说服人愉快地接受死亡。那么,思考死亡就没有意义吗?当然不是,第十节周国平作了总结,提出“思考死是有意义的徒劳”的观点,这里的意义是:思考死使人能以超脱的态度对待人生,包括死。这里选录的是第一节和第十节。

第一节

死亡和太阳一样不可直视。然而,即使掉头不去看它,我们仍然知道它存在着,感觉到它正步步逼近,把它的可怕阴影投罩在我们每一寸美好的光阴上面。

很早的时候,当我突然明白自己终有一死时,死亡问题就困扰着我了。我怕想,又禁不住要想。周围的人似乎并不挂虑,心安理得地生活着。性和死,世人最讳言的两件事,成了我的青春期的痛苦的秘密。读了一些书,我才发现,同样的问题早已困扰过世世代代的贤哲了。“要是一个人学会了思想,

不管他的思想对象是什么，他总是在想着自己的死。”读到托尔斯泰这句话，我庆幸觅得了一个知音。

死之迫人思考，因为它是一个最确凿无疑的事实，同时又是一件最不可思议的事情。既然人人迟早要轮到登上这个千古长存的受难的高岗，从那里被投入万劫不复的虚无之深渊，一个人怎么可能对之无动于衷呢？然而，自古以来思考过、抗议过、拒绝过死的人，最后都不得不死了，我们也终将追随而去，想又有何用？世上别的苦难，我们可小心躲避，躲避不了，可咬牙忍受，忍受不了，还可以死解脱。唯独死是既躲避不掉，又无解脱之路的，除了接受，别无选择。也许，正是这种无奈，使得大多数人宁愿对死保持沉默。

金圣叹对这种想及死的无奈心境作过生动的描述：“细思我今日之如是无奈，彼古之人独不曾先我而如是无奈哉！我今日所坐之地，古之人其先坐之；我今日所立之地，古之人之立之者，不可以数计矣。夫古之人之坐于斯，立于斯，必犹如我之今日也。而今日已徒见有我，不见古人。彼古人之在时，岂不默然知之？然而又自知其无奈，故遂不复言之也。此真不得不致憾于天地也，何其甚不仁也！”

今日我读到这些文字，金圣叹作古已久。我为他当日的无奈叹息，正如他为古人昔时的无奈叹息；而无须太久，又有谁将为我今日的无奈叹息？无奈，只有无奈，真是夫复何言！

想也罢，不想也罢，终归是在劫难逃。既然如此，不去徒劳地想那不可改变的命运，岂非明智之举？

第十节

现在无路可走了。我只好回到原地，面对死亡，不回避但也不再寻找接受它的理由。

肖斯塔科维奇拒绝在他描写死亡的《第十四交响乐》的终

曲中美化死亡,给人廉价的安慰。死是真正的终结,是一切价值的毁灭。死的权力无比,我们接受它并非因为它合理,而是因为非接受它不可。

这是多么徒劳:到头来你还是不愿意,还是得接受!

但我必须作这徒劳的思考。我无法只去注意金钱、地位、名声之类的小事,而对终将使自己丧失一切的死毫不关心。人生只是瞬间,死亡才是永恒,不把死透彻地想一想,我就活不踏实。

一个人只要认真思考过死亡,不管是否获得使自己满意的结果,他都好像是把人生的边界勘察了一番,看到了人生的全景和限度。如此他就会形成一种豁达的胸怀,在沉浮人世的同时也能跳出来加以审视。他固然仍有自己的追求,但不会把成功和失败看得太重要。他清楚一切幸福和苦难的相对性质,因而快乐时不会忘形,痛苦时也不致失态。

奥勒留主张"像一个有死者那样去看待事物","把每一天都作为最后一天度过"。例如,你渴望名声,就想一想你以及知道你的名字的今人后人都是要死的,便会明白名声不过是浮云。你被人激怒了,就想一想你和那激怒你的人都很快将不复存在,于是会平静下来。你感到烦恼或悲伤,就想一想曾因同样事情痛苦的人们哪里去了,便会觉得为这些事痛苦是不值得的。他的用意仅在始终保持恬静的心境,我认为未免消极。人生还是要积极进取的,不过同时不妨替自己保留着这样一种有死者的眼光,以便在必要的时候甘于退让和获得平静。

思考死亡的另一个收获是使我们随时做好准备,即使明天就死也不感到惊慌或委屈。尽管我始终不承认死是可以接受的,我仍赞同许多先哲的这个看法:既然死迟早要来,早来迟来就不是很重要的了。在我看来,我们应该也能够做到的仅是这个意义上的不怕死。

古希腊最早的哲人之一比阿斯认为，我们应当随时安排自己的生命，既可享高寿，也不虑早折。卢克莱修说：“尽管你活满多少世代的时间，永恒的死仍在等候着你；而那与昨天的阳光偕逝的人，比起许多月许多年以前就死去的，他死而不复存在的时间不会是更短。”奥勒留说：“最长寿者将被带往与早夭者相同的地方。”因此，“不要把按你能提出的许多年后死而非明天死看成什么大事”。我觉得这些话都说得很在理。面对永恒的死，一切有限的寿命均等值。在我们心目中，一个古人，一个几百年前的人，他活了多久，缘何而死，会有什么重要性么？漫长岁月的间隔使我们很容易扬弃种种偶然因素，而一目了然地看到他死去的必然性：怎么着他也活不到今天，终归是死了！那么，我们何不置身遥远的未来，也这样来看待自己的死呢？这至少可以使我们比较坦然地面对突如其来的死亡威胁。我对生命是贪婪的，活得再长久也不能死而无憾。但是既然终有一死，为寿命长短忧虑便是不必要的，能长寿当然好，如果不能呢，也没什么，反正是一回事！萧伯纳高龄时自拟墓志铭云：“我早就知道无论我活多久，这种事情迟早总会发生的。”我想，我们这些尚无把握享高龄的人应能以同样达观的口吻说：既然我知道这种事情迟早总会发生，我就不太在乎我能活多久了。一个人若能看穿寿命的无谓，他也就尽其所能地获得了对死亡的自由。他也许仍畏惧形而上意义上的死，即寂灭和虚无，但对于日常生活中的死，即由疾病或灾祸造成的他的具体的死，他已在相当程度上克服了恐惧之感。

死是个体的绝对毁灭，倘非自欺欺人，从中绝不可能发掘出正面的价值来。但是，思考死对于生却是有价值的，它使我能以超脱的态度对待人生一切遭际，其中包括作为生活事件的现实中的死。如此看来，对死的思考尽管徒劳，却并非没有意义。

（参见周国平：《思考死：有意义的徒劳》，见《智慧与信仰》，第8～9页，第19～21页，中国盲文出版社，2006年版）

（十二）史铁生：一个人死了，正像永远的乐曲走了一个音符

说明：史铁生一生多病，与死神打了一辈子交道，因而对死亡问题有诸多思考、诸多论述。限于篇幅，这里选录《说死说活》中的部分文字。

史铁生≠我

要是史铁生死了，并不就是我死了。——虽然我现在不得不以史铁生之名写下这句话，以及现在有人喊史铁生，我不得不答应。

史铁生死了——这消息日夜兼程，必有一天会到来，但那时我还在。要理解这件事，事先的一个思想练习是：传闻这一消息的人，哪一个不是"我"呢？有哪一个——无论其尘世的姓名如何——不是居于"我"的角度在传与闻呢？

生＝我

死是不能传闻任何消息的——这简直可以是死的鉴定。那么，死又是如何成为消息的呢？唯有生，可使死得以传闻，可使死成为消息。譬如死寂的石头，是热情的生命使其泰然或冥顽的品质得以流传。

故可将死作如是观：死是生之消息的一种。

然而生呢，则必是"我"之角度的确在，或确认。

史铁生≈我使用过的一台电脑

一个曾经以其相貌、体型和动作特征来显明为史铁生的天地之造物，损坏了，不能运作了，无法修复了，报废了，如此而已。就像一只老牛断了气而牛群还在。就像一台有别于其他很多台的电脑被淘汰了，但曾流经它的消息还在，还在其曾经所连之网上流传。史铁生死了，风流万种、困惑千重的消息仍在流传，经由每一个“我”之点，连接于亿万个“我”之间。

浪与水＝我与“我”

浪终归要落下去，水却还是水。水不消失，浪也就不会断灭。浪涌浪落，那是水的存在方式，是水的欲望（也叫运动），是水的表达、水的消息、水的连接与流传。哪一个浪是“我”呢？哪一个浪又不是“我”呢？

从古至今，死去了多少个“我”呀，但“我”并不消失，甚至并不减损。那是因为，世界是靠“我”的延续而流传成为消息的。也许是温馨的消息，也许是残忍的消息，但肯定是生动鲜活的消息，这消息只要流传，就必定是“我”的接力。

永远地生＝不断地死

有生以来，你已经死掉了多少个细胞呀，你早已经不是原来的你了，你的血肉之躯已不知死了多少回，而你却还是你！你是在流变中成为你的，世界是在流变中成为世界的。正如一个个音符，以其死而使乐曲生。

赫拉克利特说：“一个人不能两次踏入同一条河流。”但是，一条河流能够两次被同一个人踏入吗？同样的逻辑，还可以继续问：一个人可以一次踏入同一条河流吗？

永恒的消息

但是，总有人在踏入河流，总有河流在被人踏入。踏入河流的人，以及被踏入的河流，各有其怎样的尘世之名，不过标明永恒消息的各个片段、永恒乐曲的各个章节。而“我”踏入河流、爬上山巅、走在小路与大道、走过艰辛与欢乐、途经一个个幸运与背运的姓名……这却是历史之河所流淌着的永恒的消息。正像血肉之更迭，传递成你生命的游戏。

你在哪儿

你由亿万个细胞组成，但你不能说哪一个细胞就是你，因为任何一个细胞的死亡都不影响你仍然活着。可是，如果每一个细胞都不是你，你又在哪儿呢？

同样，你思绪万千，但你不能说哪一种思绪就是你，可如果每一种思绪都不是你，你又在哪儿呢？

同样，你经历纷繁，但你不能说哪一次就是你，可如果每一次经历都不是你，你到底在哪儿呢？

无限小与无限大

你在变动不居之中。或者干脆说，你就是变动不居：变动不居的细胞组成、变动不居的思绪结构、变动不居的经历之网。你一直变而不居，分分秒秒的你都不一样，你就像赫拉克利特的河，倏忽而不再。你的形转瞬即逝，你的肉身无限短暂。

可是，变动不居的思绪与经历，必定是牵系于变动不居的整个世界。正像一个音符的存在，必是由于乐曲中每一个音符的推动与召唤。因此，每一个音符中都有全部乐曲的律动，每一个浪的涌落都携带了水的亘古欲望，每一个人的灵魂都牵系着无限存在的消息。

群的故事

有生物学家说：整个地球，应视为一个整体的生命，就像一个人。人有五脏六腑，地球有江河林莽、原野山峦。人有七情六欲，地球有风花雪月、海啸山崩。人之欲壑难填，地球永动不息。那生物学家又说：譬如蚁群，也是一个整体的生命，每一只蚂蚁不过是它的一个细胞。那生物学家还说：人的大脑就像蚁群，是脑细胞的集群。

那就是说：一个人也是一个细胞群。一个人又是人类之集群中的一个细胞。那就是说，一个人死了，正像永远的乐曲走了一个音符，正像永远的舞蹈走过了一个舞姿，正像永远的戏剧走了一个情节，以及正像永远的爱情经历了一次亲吻，永远的跋涉告别了一处村庄。当一只蚂蚁（一个细胞，一个人）沮丧于生命的短暂与虚无之时，蚁群（细胞群，人类，乃至宇宙）正坚定地抱紧着一个心醉神痴的方向——这是唯一的和永远的故事。

我离开史铁生以后

我离开史铁生以后史铁生就成了一具尸体，但不管怎么说，白白烧掉未免可惜。浪费总归不好。我的意思是：(1)先可将其腰椎切开，看看到底那里面出过什么事——在我与之朝夕相处的几十年里，有迹象表明那儿发生了一点故障，有人猜是硬化了，有人猜是长了什么坏东西，具体怎么回事一直不甚明了。我答应过医生，一旦史铁生撒手人寰，就可以将其剖开看个痛快。那故障以往没少给我捣乱，但愿今后别再给“我”添麻烦。(2)然后再将其角膜取下，谁用得着就给谁用去，那两张膜还是拿得出手的。其他好像就没什么了。剩下的器官早都让我用得差不多了，不好意思再送给谁——肾早已残败不堪，血管是又淤积了不少废物，因为吸烟，肺料必是脏透了。大脑么，肯定也不是一颗聪明的大脑，不值得谁再用，况且这东西要是还能用，史铁生到底是死没死呢？

史铁生之墓

上述两种措施之后，史铁生仍不失为一份很好的肥料，可以让它去滋养林中的一棵树，或海里的一群鱼。

不必过分地整理他，一衣一裤一鞋一袜足矣，不非是纯棉的不可，物质原本都出于一次爆炸。其实，他曾是赤条条地来，也该让他赤条条地去，但我理解伊甸园之外的风俗；何况他生前知善知恶、欲念纷纭，也不配受那园内的待遇。但千万不要给他整容化装，他生前本不漂亮，死后也不必弄得没人认识。就这些。然后就把他送给鱼或者树吧。送给鱼就怕路太远，那就说定送给树。倘不便囫囵着埋在树下，烧成灰埋也好。埋在越贫瘠的土地上越好，我指望他说不定能引起一片森林，甚至一处煤矿。

但要是这些事都太麻烦，就随便埋在一棵树下拉倒，随便洒在一片荒地或农田里都行，也不必立什么标识。标识无非是要让我们记起他。那么反过来，要是我们会记起他，那就是他的标识。在我们记起他的那一处空间里甚至那样一种时间里，就是史铁生之墓。我们可以在这样的墓地上做任何事，当然最好是让人高兴的事。

（史铁生：《我与地坛》，第 338～342 页，北京出版社，2015 年版）

（十三）佛教：在无我忘我中进入涅槃

说明：南开大学教授陆杨著《死亡美学》，其中第六章《死亡与宗教》论及佛教的死亡观。本文选录其中部分内容。小标题为选录者所加。

1. 涅槃是佛教徒毕生追求的一种至境

大生与大死是佛教超越死亡的至高境界。佛教发端于印度，一开始与印度教相似，具有极端的厌世和出世倾向。它视世界为过眼烟云，人生为不堪重负，深信业报轮回，以生死轮回的此岸为苦难之源，以涅槃解脱为彼岸为极乐世界。但佛教传入中国后成大乘佛教传统，扬弃了小乘佛教割裂生死与涅槃的偏差，乃有生死即涅槃的惊人之言。涅槃成为佛教徒毕生追求的一种至境，其宣示的生死智慧就其根本意义而言，意味极为深长，它对东方和西方的思想文化无疑都产生了不可估量的影响。

2. 涅槃的涵义

在佛教文化中，涅槃大致有两种涵义。

其一，涅槃作为死亡的代名词，它意味着对人生痛苦一了百了的永久性解脱，意味着杜绝生命之源，毁灭耻辱及罪恶莫此为大的生殖意志，而这将最终意味着人类的寂灭。

其二，涅槃作为生存意志更为宽泛意义上的否定，意味着历尽人生艰辛后的一种大彻大悟，弃世绝欲之后仆使没有价值的个体，复归于宇宙的绝对意志。其时所得，乃是“那高于一切理性的心境的和平，那古井无波的情绪，那深深的宁静、不可动摇的自得和怡悦”（叔本华语）。这便是东方佛教参透生死之后那一种沉静和漠然的大智慧。

3. 小乘佛教所理解的涅槃

根据小乘佛教的原始教义，人生就是一个“苦”字。生老病死是苦，仇家狭路相逢是苦，有情人生离死别是苦，满腹经纶怀才不遇是苦，忧愁怨恨所求不得又是苦，世间到处充满了苦患。而这无涯苦海的根源，乃是人之有“生”。生是苦的开端，生命是受苦的实体。所以要跳出苦海，只有切断生机。所以有佛教最高境界“涅槃”的出现，所谓一种“灰身灭智”的彻底解脱，令身躯和心智如灰飞烟灭，这才是最终摆脱了苦境。

涅槃就是断灭，意即世俗欲望的永尽根除，这种境界完全超越我们的思辨和逻辑能力，是不可思议和不可言诠的至高精神境界。这样一种根据最乐观的看法也至多只是培养出些苦行僧来的教义，实际上使人失去继续生活的任何兴趣。据说，许多佛教徒曾纷纷自杀，幸为佛所知，严加谴责才被及时制止。

4. 大乘佛教所理解的涅槃

后来，大乘佛教出现，为涅槃注入了大死大生的新的含义，从而使佛教的人生观有了积极的意义。这无疑是佛教的精华之所在。据大乘佛教观之，小乘佛教有两个根本缺陷。其一，它太认真也太固执，人生及世界本身无苦可言，一切皆在自我的感受。其二，它太自私，太看重自我的解脱，须知在世间受苦的不单是个人，而是一切众生。是故大乘佛教提出救苦救难、普度众生的口号，没有众生的解脱，便没有个人真正的解脱。涅槃作为苦因苦果的消灭，由是观之，它与世间就不可能一刀断开，而莫若说成为佛的那一圆满觉悟的境界，使人不拘泥于生死，不拘泥于寂灭，在因缘生灭的世界中普度众生而随时随处安住在涅槃的境界里。

大乘佛教所提倡的生活，既非享乐主义也非苦行主义，亦非简单在苦乐中间选一个中点，而是将欲望放在人生的适当位置上，从而超越苦与乐的二元悖论。故进入中道即是进入涅槃这一至境，超越善与恶、是与非、生与死的界限，达到一种无我之境的真正解脱。在这一层面上，涅槃就不是人肉体上的死亡，而成为自我的死亡，使人由苦与乐之百无奈何的仆从一跃而成为它们的主人。生命由此进入一个真我的崭新世界，涅槃也由此成为人类自由与创造的一个源泉。

5. 佛祖释迦牟尼的涅槃

释迦牟尼开创佛教始于生死困惑的探索，终于这一困惑的解决。他 80 岁时在拘尸那拉城外的娑罗双树林中逝世，这是传统所说的涅槃。但实际上他 30 余岁时即已证得涅槃成佛。他 29 岁时决然舍弃妻子王位，遁入山林，曾经拜过名师，修过苦行之道，极尽艰难困苦，然而为时六年，不得要领。乃入尼连禅河中沐浴，洗去六年积垢，到附近的毕钵罗树下，面向东方，盘腿端坐。七七四十九天之后，终于在一个夜间，明星照耀之下，顿感精神境界飞升，过去、现时、将来，一切时空的界限荡然无存，终于了悟生灭因缘，妙契宇宙真理，心便似平镜一般，澄清一切疑惑，如实知见诸法实相，证成无上正等正觉。这一过程，恰恰也正是涅槃的过程。

佛教倡导心静一切静，心染一切染。由是而观生死，即可以说：当下心静之时，生死轮回即刻显为涅槃解脱；反之，当下心染之时，涅槃解脱境界反过来可以分崩离析，显为生死轮回。假如一味迷信六道轮回，祈求死后往生极乐世界而从生死苦海中解脱出来，说到底还是依靠天启和外力来克服生死轮回，而佛教普度众生的大慈悲，正在于完全依凭生死体验、内省智慧和心性涵养这些内在的精神力量来如实观察生生死死的世俗人生。这也是人们常说的“色即空，空即色”。是为“一念愚，即般若绝；一念智，即般若生”。

6. 禅宗所理解的涅槃

南北朝时，禅宗由菩提达摩传入中国。达摩本人在少林寺面壁九年，寂灭西去。据说曾有人掘开他的坟墓，棺中只见一只鞋子，法身已飞渡千山万水，回到印度。但禅宗的真正创始人还是自达摩始祖以降被称为六祖的惠能和尚。惠能的语录集结《坛经》中记载了这样一个故事：五祖弘忍为挑选法嗣传付衣钵，曾召集弟子于一堂，谓生死事大，须求解脱，众徒有何高见，可作一偈呈上。于是高足神秀于夜深人静时分在墙上偷偷写了这样四句：

身是菩提树，心如明镜台；
时时勤拂拭，莫使有尘埃。

时惠能在碓房里舂米，听一童子唱诵神秀这偈，颇不以为然，于是亦作一偈，因为自己是文盲，所以紧挨神秀偈语，托人代书壁上：

菩提本无树，明镜亦非台；
本来无一物，何处惹尘埃？

当夜弘忍便将衣钵秘密传付给了惠能。

显而易见，神秀和惠能的偈语可以说是表现了对生死困顿的两种超越之道。神秀似乎是太认真了一点，说到底终是围着“我”字打转，耿耿于生死。惠能则无疑是要洒脱得多，如同当夜他同弘忍谈自己的体会所言：人性本是无生无灭，本自清静，所谓勤拂拭一类，岂非完全是多此一举？故于生死自不必耿耿于怀，大可听其自然，这就已是一种无我的境界了。

惠能还有一段同薛简的对话，进一步生发了这个无生无灭的主题。薛简是唐中宗于神龙元年(705 年)派往南方邀请惠能北上进京的内侍。他问惠能：何是大乘佛法？惠能答道：住烦恼而不乱，居禅定而不寂。不生不灭，性相如如，常住不迁，这就是道。这话说穿了，即是对于生死烦恼的超脱，是在于心而不在于物。薛简又问：老师所说的不生不灭同外道又有什么区别？惠能回答说：

外道所说不生不灭者，将灭止生，以生显灭，灭犹不灭，生说无生。我说不生不灭者，本自无生，今亦无灭，所以不同外道。

这是说，外道仍然是把生与死对立起来，然后凭借苦修克服这一对立，以达无生无灭。这其实是指紧盯住个人超脱的小乘佛法。而禅宗的无生无灭，精神上显然已超越了时间中的生死相续。好一个“本自无生，今亦无灭”！这活脱脱就是老庄归真返璞、与天地齐一的人生理想的再现，它剔尽生死解脱中功利和目的等一切人为的因素，在生命的自由和谐与宁静淡泊中，与天地宇宙交游。此一最高的人生境界与其说是宗教的产物，不如说是艺术思维的产物。真所谓天地有大美而不言也。

（参见陆扬：《死亡美学》，第 198～208 页，北京大学出版社，2006 年版）

（十四）道教：肉体成仙，长生不老

说明：陆杨的《死亡美学》中对道教超越死亡的理想及实践探索作了详细讨论，本文选择摘录部分内容。

道教是中国的本土宗教，除汉民族外，也流行于少数民族中。据载，道教最早产生于汉代末年，迄今有 2000 多年历史。死亡问题以及由此而来的超越死亡的问题是道教的核心问题之一，其教义主要集中在“长生不死”、“肉体成仙”和“气化三清”的观念中。

长生不死、肉体成仙是道教对死亡的超越，是道教追求的至高的人生理想。这一理想被学者们评为太为现实，也太为浪漫了。

说道教的死亡超越是太现实了，是因为它既不似基督教那样期待死后灵魂升天，也不似佛教和伊斯兰教那样一心念叨来世，它就是要在今生今世实现永生的梦想。较之灵魂不死，它更感兴趣的是肉体不死。说它是太浪漫了，是因为它胆敢公然蔑视死亡这个谁都无法回避的自然规律，孜孜不倦地将镜中花、水中月当作可予企及的目标，认认真真做起了追求。这是一种执迷不悟的愚昧呢，还是一种锲而不舍的探索？似乎也一言难尽。

但毫无疑问，道教的这一长生梦想在中国文化中有着根深源长的基础。道教坚信按照它的方术修炼，此生即可长生不老、羽化成仙，享神仙之乐。这个长生得道后步入的仙界，据东晋葛洪的描写，是这样的：

> 云舆霓盖，餐朝露之沆瀣，吸玄黄之醇精，饮则玉醴金浆，食则翠芝朱英，居则瑶堂瑰室，行则逍遥太清。

这与屈原《离骚》中那个神人不分的瑰奇世界究竟又有多大区别呢？此外，所谓的长生不老术，很显然也早在道教产生之前，就已相当广泛地流传在华夏大地之上。如果说《山海经》中西王母掌不死之药的类似说法多半还是初民们的异想天开，那么在《韩非子》中出现的“不死药”、“不死道”等语，就很难再轻易视为戏言。秦始皇统一天下后，不但命人去东海神山取不死药，且惑于卢生之言，渴望乘云气与天地共长久，并因此而自称真人。汉武帝亦曾听从李少君言，遣方士去寻找蓬莱仙人。这都在《史记·封禅书》中记载得明明白白。其实，当时不仅天子，连民间也在追求后来为道教一脉相承的神仙方术。据《史记》载，张良就说过愿弃人事，从赤松子游。乃学辟谷、导引轻身。而辟谷和导引果然就成为道教长生术的两大支脉。

道教对死亡的超越具有迷狂热烈的美学特征。道教盯住长生与享乐的不懈追求，极大地丰富了人们的想象力。那驾飞龙、乘云气的神仙真人，那灵芝蟠桃触目皆是的昆仑仙圃，那金童在侧、玉女侍旁的巍峨天宫，端的是五彩缤纷，五音繁会！这一由想象力凭空虚造出的神仙境界，作为一种特殊的审美对象，反过来又进一步刺激了人类意识深处埋藏已久的生存欲和享乐欲，勾发出无穷无尽的联想和热血沸腾的冲动，恍恍惚惚之中，让生命力充盈了宇宙天地之间。从这一角度上来说，道教是将远古追求生命不朽的乐园神话继承到世俗生活之中了。在这些象征符号之下，潜隐着的未始不是一个民族集体无意识中的理想和愿望。人类作为精神的存在，永远具有超越自然生命的意志和欲望，而令生死更替这一人类迄今为止最是无能为力的宿命至少在精神的层面上受到频频挑战。由是观之，道教便是以一种更为积极的形式，在追求一个亘古如斯的梦境。它不仅是道教的梦，也是中国人乃至整个人类的一个可望而不可企及的梦。

但道教的长生追求并不限于纸上谈兵，它有一整套相当具体的方术。南宋郑樵的《通志》中，其《艺文略第五・道家》即将有关长生方术的书籍分为吐纳、胎息、内视、导引、辟谷、内丹、外丹、金石药、服饵、房中及修养诸类，计 560 部。这个分类法似也太芜杂了些。按现代比较通行的分法，道教的长生术则大体可分为五类，是为辟谷、服饵、导引、行气和房中。其中，辟谷及服饵法属于外丹，其余三术则为内丹。

反观道教的五种主要长生术，房中术属于帝王之术，荒诞不经，不值一提；导引、行气其实不过是一种健身方法；辟谷禁绝人类饮食，难以实施；服丹药更是死了无数人。这一切都说明追求长生不死只不过是一种白日梦，一种美好的幻想罢了。

（参见陆扬：《死亡美学》，第 188～198 页，北京大学出版社，2006 年版）

（十五）回教：死亡是皈依于上帝的意旨

现代国际政治学家亨廷顿有个新的理论主张，他认为，今后世界将是三文明的较劲时代。首先是基督教为主的西方国家，也就是以英美盎格鲁一撒克逊民族为主的国家;其次是东方以儒家文化为主的国家;最后是中东以回教为主的国家。他基本上仍是以西方为本位的霸权思想,因而将儒家与回教国家均认定为潜在竞争地区,应予围攻堵压;其主张虽不足训,但由此例可看出,对回教的影响不可轻忽。

回教的民族性强悍,自成重要的天地,而且一直与基督教国家形成分庭抗礼的局面;因此,对回教基本教义的认识,也有实际的需要。

回教基本上的代表性人物——穆罕默德,他出生于麦加,本身并不是神,而是从人转化成代表神的使者,真正的神是阿拉。上帝透过穆罕默德的口,宣告自己的圣谕,这些上帝的圣谕,最后被集结成《古兰经》。在《古兰经》里,耶稣和摩西都占有很高的地位。

若论其生死观,共有下列重点,值得说明。

第一,根据回教的死亡观念,《古兰经》第三章第139节规定:“生命的期限是上帝规定的,所以死亡是归依于上帝的意旨,他的到来,也必须经过上帝的允许。”

根据这种看法,生死并不只是宿命论而已,更是一种宿神论。虽然形式上,回教也认为生死有命,与宿命论是同样的结果,可是回教的生死有命,却是由天上的神所规定。

就这一点上来说,回教与基督教有同样的看法,圣经《旧约》传道书三也明讲“凡事都有定时,生有时、死有日”,并且对死亡的起源,都归因于亚当与夏娃屈从于撒旦,违抗神的结果,所以人总是会死的,至于生命的期限,均认为由上帝规定。

所以,《古兰经》第二章第151节到156节也提到:

“当信徒受到灾难折磨时,要说:我们属于阿拉,我们将回到她那里。”

第二,死亡的目的,在于有个缓刑期限,在这个期限里,上帝对他们进行考验。

所以，人的生命期间，就是上帝对人的考验期、对人的观察期；就如同刑法中，若人犯了罪，法律给他一个缓刑期间。

所以根据回教教义，《古兰经》第二十一章、二十九章都提到：“每一个人必然要死亡，我以善和恶来考验你们，你们终必回返到我。”就看人在这段时间是做好事或坏事，而人们也终将回到神身边来，所以对回教徒来说，死亡并不是一种惩罚，而是迈向最后审判中某一阶段的终结。

因此，在回教相关的经典中，叙述两个天使，在回教徒死亡时都会来审问，她们问两句话：“你崇拜的是谁？谁是你的先知？”如果回答说“崇拜的是阿拉，先知是穆罕默德”，此人便能得到安息。如果此人说不信，或排斥阿拉、穆罕默德，便会立刻受到天使的体罚、惩罚，一直到他相信为止。即使他是好人，但只要不信阿拉，也一样要受到惩罚，直到相信阿拉为止。因为神是绝对的权威，没有人可以挑战。

所以，《古兰经》第八十章第 4 节说道：

“要赞美神，她掌握主权，她全能于万物，她造化了死和生，以便考验你们，看谁的行为最好。”

换言之，生命只是接受神考验的一个阶段，是一个缓冲期，最后还是要回到上帝那里去。

第三，回教对于死亡的看法，认为灵魂来自于上帝的精神，这种精神到最后，还是会回归上帝，回到上帝之后，下一个生命就会是另一个水准。

所以，根据回教的看法，死亡就像是一扇门，一个入口，如果跨进那个入口，便无法折返，而进入另一个阶段。因此，中间并不存在着任何折返的重来机会，也就是没有“复活”这回事，这明显是与基督教不同。

《古兰经》第三十五章第 35 节中，曾经描述：

“不信神的人会在地狱中，受地狱之火燃烧、痛苦，他们会大声求助，希望主放他们出去痛改前非，但是主回答说：难道我不曾给他们足够长的时间来反省吗？太晚了！好好品尝自身的惩罚吧！”

这段话在形容，若生前不能信回教，身后进入地狱的话，就本应受惩罚：若不信神、又做坏事的人，上帝是不会解救他们的。

第四，人是由肉身与灵魂结合组成的，在人的肉身形体中，吹进了上帝之灵，而肉身和灵的结合，是由精神生命来完成。

所以，人的整体生命，是由肉身、灵魂与精神生命这三样合成。《古兰经》第六十章提到：“人死之后，灵魂会离开身体。”第五十六章也提及：如果回教的士兵要把敌人勒死，根据回教传统，在勒死之前先松一下手，让他的灵魂可以跑出来；即使是活的人，灵魂也会在睡觉时离开身体。所以，《古兰经》第三十九章第 42 节说道：

“阿拉在人死时，取走他们的灵魂，取走他们的精神生命，也会在睡眠中取走他们的灵魂，然后上帝留下那些死亡者的灵魂，而送回来其余的灵魂，一直到规定的时间。”

这就表示，睡眠状态是没有灵魂的，生命完全是由神所决定的，“直到复活日，又重新再和人体结合”。

第五，回教相信：在最后的审判日，每个人将依自身的确切评价，而获得报偿。

所以，《古兰经》第十七章第 14 节也提到：“我将在复活日，为他拿出一本账来，我告诉他，读你自己的记录，今天你自己就是自己的审判人。”第十八章第 49 节也提到：“行为的记录，将被放在你的面前，然后你将看到，有罪的人会害怕其中所载的内容，他们会说：哎呀！他们多么悲伤呀！这是什么记录啊！事无巨细，毫不遗漏地记录了下来，他们将发现自己所做过的都被摊在面前，上帝绝不会亏待任何人。”

这是《古兰经》非常强调的主题，上帝在最后审判日：对于好有好报，对于坏有坏报，绝无宽贷，绝对公平。《古兰经》第二章说：

“要提防你们自己被带回到阿拉的那一天，那时每个人都会被赋予全部的应得报偿，谁都不会被亏待；因此，在人间觉得冤屈的，做好事没得到报偿的，都会在阿拉那里得到报偿。”

另外，在第三、七、三十五、四十章等的许多的章节中，都有这样的说法。如第四章第 79、123 节都提到：“在那天，人们将被筛选，并且分成种类，以审查他们的行为，行善者将被善待，而恶行者也将受报应。”

重要的是，对这样的行为，还须承认，是经过阿拉的意志才能完成。所以，只是好人，并不一定会得到好报，必须是好的回教徒，才能得到好报。

第六，回教徒相信，促使一个行为完成，其动机与意图非常重要。

一个人如果真心相信阿拉，动机很好，可是行为上做出相反的效果，或者他做了错的事，但只要他相信阿拉，他仍能获得赦免。所以，穆罕默德有一个故事：有一个人，从来不曾为家里尽过一份心力，也不曾做过任何好事，所以心里有些虚，在临终前便吩咐家人：将我火化后，把骨灰一半撒在海里，一半撒在地里。企图逃离上帝的审判。

结果，上帝仍命令海洋和大地，将他的骨灰集中起又恢复他的原样，然后带到上帝面前。上帝问为什么他要这么做，他回答说：“这还不是因为对你的恐惧吗？”上帝于是马上原谅了他，因为这表示，他心中还是有上帝的，代表他心中还是惧怕神的。虽然他一生中没有做过好事，但只要他心中有神、敬畏神，一样能得到赦免。透过这个故事，再次凸显了《古兰经》中神的权威性以及必须敬畏神的重要性。

另外，回教也很强调自行负责的重要。《古兰经》第六章中也说：“每个人将自作自受，没有人会承担他人的责任。”因为，根据回教，每一个人在面对最后审判时，都是“个人”。所以在第三十一章说："父亲无法帮助儿子，儿子也无法帮助父亲，任何保护人无法影响别人。"第二章第128节也说："他们将获得他们所赚得的，你们也将获得你们所赚得的，他们的功过跟你们是不相干的。"平常，父母亲或许会代为抵过、承担，但在神的审判面前，每个人都必须自己承担。因为每个人的居心与动机都是他自己做的决定。

这正如同祁克果所说"每个人要面对最真实的自我"，也近似海德格尔强调"这是一个责任哲学"。海德格尔认为，人生就是"被抛掷在这个世界上的存在"，现被抛掷到这世界上走一趟，所以这一趟是非常孤寂的，人必须自行面对问题、担当责任。

在《古兰经》便认为：当你再回到被抛掷的原点——上帝那里，你必须自己对上帝交代，对自己负责。这种人生观也很明确凸显其人生观的特色：只要动机为善，便能面对死亡，毫无恐惧。

第七，阿拉接受那些因无知而犯罪的人，或者是犯罪之后，马上忏悔的人。

此所以《古兰经》第四章第21节指出："那些继续犯罪，一直等到死亡降临时，才说要忏悔的人，是无法得到宽恕的；对于那些至死仍然不信的人，忏悔也没有用。"回教非常强调上帝的惩罚，即使在死后都非常严厉，人们若在死前悔改还有可能被宽恕，但死后则万不可能。

另外，《古兰经》第三章也说："那些不信和至死不信的使他们以全部地上的黄金作为救赎之用，也不会被接受，他们还将受痛苦的惩罚，他们将找不到援助者。"

因此，《古兰经》在第二十三章第101节中也记载："知道死亡降临到其中（犯罪）的一个人时，这个人才说：我的主啊！求主使我重返今世的生命，以便使我能在犯错的地方，痛改前非。上帝说：不行！那只不过是他讲的一句轻诺寡信的话，在他们的背后有一重隔障。"意思就是说，他没有办法再走回头路了，人在死了之后，就在背后筑起一座无法回返的高墙屏障，因此已经无法反悔，必须生前悔改才行。

所以,《古兰经》中没有“赎罪”的观念,回教并不承认耶稣到人间被钉在十字架上,可以帮人救赎。回教信仰认为:每个人自行为他生前所做的善事或恶事负责,不能交换条件。

根据基督教的解释,耶稣靠着自己的死亡来洗刷众人的罪恶;但回教徒认为,耶稣根本就没有死,上帝直接让耶稣进入天堂,没有经过死的阶段。上帝赐他免于死亡,就如《旧约》中的诺亚、伊利亚,因为他们是上帝特别钟爱的人,而且是上帝的使者。所以,上帝让他们免于死亡,给他们这样的奖赏。回教徒认为,是上帝造了一个假人,替代耶稣被钉在十字架上受死,所以回教徒并不相信复活这说法。

因此,《古兰经》第四章第156节中才说:“他们说我们杀死了阿拉的使者耶稣,但是他们并没有杀死他,也没有把他钉在十字架上,只是对他们显出那样而已。”回教徒相信,他们的确没有杀死他,耶稣并没有被处死刑,死的只是他的替身,这就是有名的“基督幻影说”。

综合上述,也可看出,回教的生死观,自有其重要的特色,也很应予重视。

(参见冯沪祥:《中西生死哲学》,第96~102页,北京大学出版社,2002年版)

(十六)中国民间:死后变鬼到阴间

广大中国民众生活在理性精神占主导地位的文化氛围之中,由对死亡恐惧而衍成的生死观并不是妄意于长生不死、羽化成仙,也不是悲观厌世、看破红尘,而是包含着“人死如灯灭”、“天下没有不散的筵席”之类,经过冷静思索、带有理性色彩的认知,淡化了永生的信念。“世无百岁人,枉作百年计。”中国民众对生死的公平一致性有着十分明确的认识:在某些时候,生死的公平一致性,成为在物质、精神诸多方面极不公平下生活的人们聊以自慰的依据。在反映民众信仰与生活的王梵志诗中，我们可以清楚地看到民间社会如何放弃长命不死的虚幻念头，在生死公平一致性中寻找并得到心理平衡。

虽然中国民众以乐生入世的态度面对人生，但对于现世的肯定，多着眼于积极地立身社会达到名声不朽。同时，他们更把个人的情感融入家族、家庭生命的绵延不绝之中，活着的时候，尽小我的本分，死了后，灵魂仍然受到家人的照顾、供奉。中国民众信仰的祖先崇拜是以灵魂不灭为思想基础的。对于灵魂的认识，恰恰是他们有关死后世界的意识与观念的重要部分。中国民众认为人是有魂魄的，当人的肉体僵死后，其灵魂就到了另一个世界，而魄则与死者在一起。

为此，民众们千方百计地"引魂"、"叫魂"、"拖魂"。生命垂危之际，要为濒死者沐浴更衣，移至灵床。为把灵魂也引到灵床上，用一块白布从梁上搭过来，再用一只白公鸡在其床上拖几下，顺着白布从梁上递到外间屋，在濒死者身边走一圈，将鸡杀死，为濒死者"引魂"。长子抱头，次子抱脚，其他人帮扶，由其床抬上灵床。守候身边的儿女和亲属都要"叫魂"："爹（或娘）！您别走！别撇下俺不管了！"直到咽气为止。迨气绝之后，将备好的冥车、冥马、冥人焚毁，谓之"拖魂"。

民众普遍认为人死后灵魂直奔西天，但是西天遥遥，必须有诸多的措施和仪式才能使灵魂顺利到达。这就要让死者枕一倒三角式的鸡鸣枕，引导灵魂不迷路："亡人头上一只鸡，光会打鸣不会飞，亡人若要迷了路，鸡叫一声自不迷。"据说在前往阴间的途中有恶狗拦路，所以死者的两手一手握打狗饼，一手持打狗棍。有的地方烧"倒头包袱"、"倒头马"、"倒头轿"，使魂有钱用，有轿马代步。

早在周代，某人死后，家人登上屋顶，向北大声呼喊，指望死者灵魂返回。后来，在死者门前树起招魂幡或挂招魂帛，进行为鬼魂指明升天道路的仪式。在山东临朐，一般由族中长者主持，把纸马放在灵前，让死者的晚辈至亲（长子除外）在灵前跪下，死者的次子手持“长钱”在尸体上来回拖动，然后把“长钱”放在死者生前穿的一件旧衣服上。大家一齐伸手拖住衣服，移至门外，放在纸马上，点燃纸马、麦秸和旧衣、长钱一齐烧掉，一齐喊：“××，别害怕，上西南呵，上西南呵！”长子站在院门旁边高凳上，高举一根插着香火的秫秸，向西南天空喊：“爹（或娘），上西南呵！”在辽宁锦州义县，丧主走出家门登上高处，拿着挑水扁担指向西南，连呼西南大路，或者拿着饭勺站在门槛上，用饭勺敲门槛，口呼爹或妈，“三条道从光明大道走哇”，谓之“指明路”，也就是告诉亡灵要前往西南之极乐国。各地送灵的仪式虽然不尽相同，但几乎都不外乎死魂信仰，希望亡灵飞升到一个好的去处。

在民间办理丧事繁简由人，多根据自家的经济状况而定，但是一般的人家都会尽力而为，去房子、去地的现象并不十分罕见。不过，无论怎样都是要将死者的灵魂送到另一个世界。而由阳间到阴间是人的生命在人世的终结与在另一个陌生世界的开始，惜别之情与惶惑之心交织在一起。与其说是死者的出行仪式，倒不如说是生者在思虑与人世隔绝的另一个世界的情境。生与死所衍生出来并不断强化的宗教情感与对宗教仪式的依赖，完全是生者对于一个令人困惑不解的问题的一种转位。

面对着无法挽回的这个惨痛的事实，或许人们所能做的就是让死者的尸体入土为安，并用所能想象出的方式使灵魂早日到达另一个世界。在全国各地许多地区的中等之家，从死者去世之日起，每七天要举行一焚香烧纸、哭泣祭奠的仪式，用以安慰死者的灵魂。人们以为，“死者的亡魂才得超生，便不降祸灾于其子孙”。从一七到七七共四十九天。

（辑录自侯杰、范丽珠：《世俗与神圣：中国民众宗教意识》，第168～174页，天津人民出版社，2001年版）

(十七)苏格拉底:死可能比生更好

说明:自苏格拉底始我们介绍西方人的死亡观。关于这一话题,武汉大学段德智先生的大著《西方死亡哲学》(北京大学出版社,2006年版)作了全面的梳理和评价。这是中国第一部系统介绍西方死亡哲学思想(史)的著作。本书所列西方人的死亡观材料,均选录于此书。在此,谨向段先生致以衷心感谢。读者如果想更全面地了解西方人的死亡智慧,请参看原著。

公元前399年春,由于苏格拉底及其信徒攻击雅典的民主政治及其领袖人物,在雅典民主派重新掌握政权后,苏格拉底便以"慢神"和"蛊惑青年"的罪状受控,结果雅典法庭判他死刑。听到判决后苏格拉底发言说:"分手的时候到了,我去死,你们去活,谁的去路更好,唯有神知道。"

据说在判刑后,苏格拉底完全可以通过认罪求赦、越狱逃跑、上交赎金等手段免于一死。但是,苏格拉底不愿意这样做。他一直抱定"坚守岗位,不辞行险,不顾一切,不计性命安危,宁死勿辱"的决心。他在等候处决期间,心情十分平静,觉睡得很香,还常同前来探监的信徒和朋友阔谈哲理。最后,在狱中饮鸩而死。

苏格拉底能够如此泰然待死,不是偶然的,归根到底,是由他的关于死亡的坚定的哲学信念决定的。

首先,死后好坏说不了。

在死亡本性和死亡境界问题上,苏格拉底持不可知论,之所以如此,一个重要动机在于消除人们的怕死心理,帮助人们树立无畏待死的态度。

苏格拉底把人们在死亡本性和死亡境界上所持的"以不知为知"的独断论立场看作人们怕死的根本造因。他说:"诸位,怕死非他,只是不智而自命为智,因其以所不知为知。没有人知道死对人是否最好境界，而大家却怕死，一若确切知死是最坏境界。”而他之所以“决不恐惧”死亡或死亡境界，其原因就在于他对阴间情形“从不自命知之”，承认死亡境界好坏“尚未分晓”。

在苏格拉底看来，既然死的境界无非两种可能，或是全空，死者毫无知觉，或是灵魂由此迁居彼界，则死亡就没有什么可怕的。这是因为死亡若无知觉，如睡眠无梦，“死之所得不亦妙哉”！人生在世，非但平民，甚至“大王陛下”，很难过得上几个堪与酣睡无梦之夜相比的日夜。因此，如若死后绵绵岁月不过一夜，实在是人生求之不得的好境界，这哪里有什么可怕可言。而另一方面，死若是“由此界迁居他界”，则所有亡过者，包括诗人、英雄和哲学家，便都可以全在彼处，畅谈辩论，岂不快哉?!

其次，人死之后可以“摆脱俗累”。

苏格拉底本人虽然不能“确知”死亡本性和死亡边界，但却始终“对死抱着乐观的希望”。这是因为在苏格拉底看来，人死之后可以“摆脱俗累”，因而死就有可能比生更好。至少在他眼下被判处死刑的情况来说是如此。苏格拉底关于人死之后可以“摆脱俗累”的观点后来对柏拉图的死亡观有极深刻的影响。

又次，人死可以免却老年人的无能和悲苦。

苏格拉底认为，既然人从呱呱坠地之时起就被判了死刑，则死亡就可以使他免却老年人的无能和悲苦，不仅无损而且有益于他人生的光辉形象。柏拉图就曾指出过苏格拉底于 70 岁高龄被判处死刑这个事实同他对死亡态度的关系。据柏拉图记载，苏格拉底曾对前来探监劝他逃走的好友说：“像我这把年纪的人，因无可避免的死期来临而苦恼悲戚，那就不成话了。”

再次，“追求好的生活”的价值高于生活本身的价值。

苏格拉底所以能无畏地待死，还有一个很重要的原因，这就是他非常看重“是非、邪正、善恶、荣辱”问题，认为“是非、邪正、善恶、荣辱”高于肉体和生命，“追求好的生活”的价值高于生活本身的价值。

苏格拉底并不是一个禁欲主义者,他并不完全无视身体的价值。他认为人的身体是人的生命的价值的一个极其重要的方面。但是他又认为,人的有利于正不利于邪的部分比身体、比生命"更有价值、更宝贵"。这样,既然我们关于邪正的部分的价值"远过于身体",则"追求好的生活"的价值自然也就"远过于生活"了。这就是说,在苏格拉底眼里,生死问题虽然重要,但还有高于生死的问题,这就是"是非、邪正、善恶、荣辱"问题,也就是真理、道德和正义问题。

苏格拉底讲"追求好的生活远过于生活",其重要意义在于:他在西方哲学史上第一个从个人同社会的关联中来评估人生的意义或价值,第一个把死亡同真善美联系起来予以考察,从道德伦理的角度提出了英勇待死的问题。

苏格拉底所谓"追求好的生活远过于生活"这句格言,究其实质,和我们孔子所谓"杀身成仁"、孟子所谓"舍生取义"的精神是非常接近的。我们说过,随着死亡的发现,人面对死亡产生出前所未有的恐惧感和生命无益感。苏格拉底如此看重死亡的道德属性,如此弘扬死亡的道德价值,无疑是他治疗人面对死亡所产生的恐惧感和生命无益感的一个尝试,也可以说是他为之提供的一副药剂。

苏格拉底是西方道德哲学的创始人,他开了从道德伦理角度考察人的死亡及其价值的先河,对后来的死亡哲学产生了十分深广的影响。

(参见段德智:《西方死亡哲学》,第64~69页,北京大学出版社,2006年版)

(十八)德谟克利特:愚蠢的人怕死

德谟克利特(约公元前460年至前370年)是古希腊最重要的

唯物主义哲学家。德谟克利特从唯物主义立场出发,强调人及其身体的自然属性,强调它们同自然事物的相通性和一致性。而且,在他看来,这种相通性和一致性不仅表现为人及其身体同自然事物一样,都是由众多物质的原子组合而成的,而且还表现为人及其身体的毁灭(或曰死亡)也同自然万物的毁灭一样,都是由组成它们的原子"分离"或"解体"所致。由是观之,他提出了关于死亡哲学的基本命题:死亡是自然之身的解体。

死亡是自然之身的解体,其基本意思是说,死亡仅只意味着组成人的自然的身体的诸多原子集团的分离和崩解。这样,德谟克利特就把人的死亡还原为一种纯粹的自然现象,从而把他的死亡学说牢固地奠立在唯物主义哲学的基础之上。

基于以上对死亡本性的理解,德谟克利特主张对死要采取一种超脱的或达观的态度。因为,在他看来,既然人的死亡是自然的和不可避免的,死亡无非是自然之身的解体,而人的灵魂又是有死的,来世生活因此便根本不存在,那么,这样的死亡毕竟何惧之有呢?

正是从这样一种境界出发,德谟克利特不止一次地谴责那些无端惧怕死亡的人,指出这些懦夫之所以在死亡面前会成为懦夫,其根本原因就在于他们的愚蠢,在于他们对死亡和灵魂本性的无知。他推断说,既然这些人"对我们这有死的自然之身的解体毫无所知",也就难免"一辈子虚构着关于死后的来世生活的荒唐神话",从而一辈子遭受着"烦恼和恐惧的折磨",一辈子也驱除不掉怕死的心理。所以,德谟克利特把怕死的人看作"蠢人",宣称"愚蠢的人怕死"。

德谟克利特不仅分析了怕死心理滋生的原因,而且还指出了怕死酿成的严重危害。这就是:惧怕死亡的人虽然总是千方百计地逃避死亡,但其结果却适得其反——死亡是在劫难逃的,企图逃避死亡的实际上是在"追逐死亡"。

惧怕死亡、企图逃避死亡的人之所以是在“追逐死亡”，首先在于这样的人往往过着一种虽生犹死的生活。在德谟克利特看来，一个聪明的人就是“按照哲学所提供的好处来安排生活”的人，也就是热爱生活、生活愉快和灵魂宁静的人。唯有这些人过的生活才称得上人的生活。而那些愚蠢怕死的人只是由于怀着“对地狱的恐惧而愿意活着”，因而他们“虽然活着”却从来“感觉不到生活的愉快”，“享受不到生活的快乐”，他们过的实际上是一种非人的生活，至少不是一种真正的人的生活。

惧怕死亡、企图逃避死亡的人之所以是在“追逐死亡”，还在于：这样的人既然惧怕和逃避死亡，便势必不能尽到他们做人的责任，甚至为了苟且偷生而过上邪恶的、失节的和不洁的生活。而一个人如果“卑劣地”和“邪恶地”“活着”，“与其说是活得不好，不如说是慢性死亡”。

总之，在德谟克利特看来，惧怕死亡是污浊人生的第一污源，而他的唯物主义的原子论、他的唯物主义的死亡学说无疑是消除人们怕死心理、治疗人们死亡恐惧症的最佳药方。只要用他的死亡哲学知识武装起来，人们就不难拥有一个欢快而高尚的人生。

（参见段德智：《西方死亡哲学》，第 70～74 页，北京大学出版社，2006 年版）

（十九）柏拉图：死亡是灵魂从身体的开释

柏拉图（公元前 427 年至前 347 年）关于死亡本性的基本命题是：“死亡是灵魂从身体的开释。”他的这个命题的基本意思是说：人原本是灵魂和身体的合体，可是人的死亡却并不意味着人的完全毁灭，而仅仅涵指身体变成尸体，永恒的不死的灵魂摆脱肉体的束缚而重新获得自由。我们知道，毕达哥拉斯在柏拉图之先就提出过“死亡是灵魂的解脱”的观点，因此至少从字面意义上看，柏拉图关于死亡本性的上述命题无非是毕达哥拉斯的旧话重提而已。

既然如此，我们凭什么理由说柏拉图发展了毕达哥拉斯的死亡本性学说呢？

我们知道，在毕达哥拉斯看来，死亡之所以能够成为“灵魂的解脱”，最根本的就在于，唯有死亡才能够使人的灵魂摆脱不洁身体的束缚，进入圣洁的天国世界。然而，在柏拉图看来，死亡之所以能够是“灵魂从身体的开释”，主要的则在于，唯有死亡才能够使人的灵魂摆脱肉体的“囚禁”，进入适合于它自己本性的理念世界。柏拉图在《斐多篇》里讲，死亡是不死的灵魂“离开肉体监狱而获得释放重新进入理念世界”，这可以说是柏拉图自己对他的“死亡是灵魂从身体的开释”的贴切不过的注脚。灵魂就其本性而言原本是永恒不死的、自动自由的，因而是唯一适合于在理念世界生存的，一旦它“取得了人的形式”，就降落到有生有灭的事物世界里，就难免要受到俗累，受到外在事物和身体的束缚，从而丧失其自在自由的本性。正是在这个意义上，柏拉图把死亡看作对灵魂的解放和拯救，看作灵魂恢复其自在自由本性、重新过适合于自己本性的纯粹理性生活的必要途径。

柏拉图对毕达哥拉斯死亡学说的发展和超越，更重要的还在于他把死亡或死亡意识形态问题同哲学的生活道路、思维方式及哲学研究的终极目标和基本途径联系起来予以考察，提出了“哲学是死亡的练习”这条流传千古的哲学格言。

我们知道，柏拉图原来对哲学并无兴趣，他梦寐以求的是成为一个举世瞩目的大诗人，只是由于后来同苏格拉底的邂逅，为苏氏生为哲学事业而生、死为哲学事业而死的伟大精神所鼓舞，才一改初衷，焚掉全部诗稿，毅然踏上了献身哲学事业的坎坷道路，并为此不懈地奋斗了半个多世纪。因此，在柏拉图看来，哲学首先是一门做人的学问、一种特殊的生活方式。它要求哲学家放弃普通的世俗追求，有一种超然有生有灭的个体事物、超然个人生死的思想境界，有一种自觉的死亡意识。哲学家生活无他，就是从事哲学研究，而所谓哲学研究，就是不断趋向这样一种思想境界、逐步树立自觉的死亡意识的过程，就是不断地排练演习，为死亡，亦即为达到一种没有身体框架局限的存在做准备的过程，也就是他所谓的“死亡的练习”的过程。

柏拉图认为，是否把哲学看作死亡的练习，有无自觉的死亡意识，是鉴别真假哲学家的试金石。在他看来，那些缺乏自觉的死亡意识、对死亡问题看不破和透不过的人，即便看起来十分博学，却终究算不上一个“真哲学家”。只有那些不懈追求死亡和走向死亡、不懈地“专心致志从事死亡”的人，才配得上“真哲学家”的称号。

（参见段德智:《西方死亡哲学》，第77～79页，北京大学出版社，2006年版）

（二十）亚里士多德:死亡是可怕的，但它却是可以为勇气和美德所克服

亚里士多德（公元前384年至前322年）对他所在时代的死亡哲学的推进，不仅表现为他从人是理性的动物的角度论证了理性生活对于使自己不朽的必要性，而且还表现为他从人是社会的或政治的动物的角度论证了借道德力量战胜死亡的问题。

亚里士多德虽然认为我们可以通过严格的理性生活来使自己不朽，但他心里还是明白，就作为有血有肉的人来说，他依然是必有一死的。因此，如何对待自己肉体的死亡问题就成了亚里士多德必须考虑的问题。而他在这个问题上的基本立场是:死亡是可怕的，但它却是可以为勇气和美德所克服的。

亚里士多德认为，人们怕死是很自然的。因为人们惧怕的总是可怕的事情，而从个体的人的角度看，万物中最可怕的自然莫过于死了，因为“死亡是终结，而且对于死者来说，一切东西都随着他个人的死亡而丧失了其全部价值”。然而，在亚里士多德看来，完

全孤独的个体是不存在的，现实的人总是社会的和政治的动物，总是一个道德伦理实体。如果从社会的和政治的人的角度看，死亡固然可怕，但最可怕的却并非死亡。因为在作为社会的和政治的人看来，我们惧怕的自然是可怕的事情，可怕的事情无疑就是恶，所谓恐惧就是“恶的期待”。因此，我们惧怕耻辱、贫穷、疾病和死亡等。但我们最惧怕什么呢？自然是最大的恶；而最大的恶又是什么呢？自然是不义和耻辱。正因为如此，真正勇敢的、有道德的人从不惧怕死亡，他们常常表现出一种为了善、正义和荣誉万死不辞的英勇气概。亚里士多德还举例说：“雇佣兵当他们面临巨大危险时总是变成懦夫，而公民武装则往往肯以身殉职……因为对于后者来说逃跑是可耻的，而死亡，据这些人的看法则比安全更可取……”这就是说，在亚里士多德看来，正邪、荣辱问题是高于生死的，人们完全可以依靠道德力量和勇气克服对死亡的恐惧。

亚里士多德注重从人的社会性和政治性入手，从个人同群体和类的关联来考察待死态度问题，提出借道德和勇气战胜死亡的问题，这同苏格拉底着重从个人的人格和形象出发来考察待死态度相比，显然要高出一筹，并且他的死亡学说便因此内蕴了更为积极的意义。这一点是应当引起人们注意并给予高度评价的。

（参见段德智：《西方死亡哲学》，第85～86页，北京大学出版社，2006年版）

（二十一）伊壁鸠鲁：在死亡未到来时“好好地活”，当死亡到来时“好好地死”

关于死亡的本性，伊壁鸠鲁（公元前341年至前270年）有一个明确的判断：死亡是一件和我们毫不相干的事。

在伊壁鸠鲁看来，人们之所以恐惧死亡，是因为人们错误地把死亡同人生联系起来，因此，为要消除对死亡的恐惧，最要紧的就是通过研究哲学，悟出“死亡和我们毫不相干”这样一个道理。

为什么说死亡和我们毫不相干呢？伊氏主要有三个理由。

第一，生死无非是原子的聚散，与我们的血肉之躯毫不相干。

按照伊氏的唯物主义原子论学说，人和世间万物一样，都是由原子偶然聚集而成的，而且这些原子组合成人具有极大的偶然性。人是由一些本来同他毫不相干的原子组合而成的，这些原子组合到一起时，我们叫作生，而当它们离散时，我们称之为死。因此，死亡非他，只不过是那些原本和我们毫不相干的偶然聚到一起的原子重又离散成和我们毫不相干的单个原子罢了。所有这一切和我们的血肉之躯有什么相干呢？

第二，死亡不过是感觉的丧失。

死亡之所以和我们毫不相干，还有一层理由，这就是："一切善恶吉凶都在感觉中，而死亡不过是感觉的丧失。"伊氏在哲学上是感觉论者，他把感觉看作我们一切认识的基础和标准，并认为感觉是外物激动我们感官和心灵的结果。现在，既然当死亡时，我们的感官和心灵都崩解成了单个原子，则感觉亦不复存在，从而一切善恶吉凶的认识也就随之不复存在。所以伊氏说："死对于我们无干，因为凡是消散了的都没有感觉，而凡无感觉的就是与我们无干的。"

第三，死亡不仅和死者（濒死者）毫不相干，而且和生者也毫不相干。

伊壁鸠鲁关于死亡的名言是："一切恶中最可怕的——死亡——对于我们是无足轻重的，因为当我们存在时，死亡对于我们还没有来，而当死亡时，我们已经不存在了。因此死亡对于生者和死者都不相干。因为对于生者来说，死是不存在的，而死者本身根本就不存在了。"

"死亡和我们毫不相干"是伊壁鸠鲁死亡哲学中一条最基本和最重要的原理，因为正是他的这条原理告诉人们，在任何时候和在任何情况下我们都没有必要惧怕死亡，从而为那些死亡恐惧症患者提供了一副镇静剂。

伊壁鸠鲁虽然同毕达哥拉斯和柏拉图一样都在劝诫人们不要惧怕死亡，但他们的目的却大相径庭。后者劝诫人们不要惧怕死亡，为的是劝说人们追求死亡。因而，他们的死亡哲学实质上是一种劝死哲学。伊壁鸠鲁劝诫人们不要惧怕死亡，为的则是唤醒人们防范死亡恐惧对人生的“偷袭”，使人生更加愉快起来。他写道：“正确认识到死亡与我们无干，便使我们对于人生有死这件事愉快起来，这种认识并不是给人生增加上无尽的时间，而是把我们从对于不死的渴望中解放了出来。”因此，伊壁鸠鲁的死亡哲学本质上是一种同劝死哲学相对立的劝生哲学。

伊壁鸠鲁的死亡哲学之所以为劝生哲学，从根本上讲是由他的道德哲学决定的。众所周知，在道德哲学方面，伊壁鸠鲁是一个最著名的快乐主义者。他宣布：“快乐是幸福生活的开始和目的。”“幸福生活是我们天生的最高的善，我们的一切取舍都从快乐出发；我们的最终目的乃是得到快乐，而以感触为标准来判断一切的善。”而“我们所谓的快乐”“不是指放荡者的快乐或肉体享受的快乐”，而是指“身体的无痛苦和灵魂的无纷扰”。因此，他对死亡恐惧症的治疗之完全出于快乐、出于肉体的健康和灵魂的宁静这个目的，是十分自然的。

正是从这样一种比较健全的人生观和世界观出发，伊壁鸠鲁能够面对着死神高傲地宣布：“我已经预感到了你——命运，我已经以壕沟防卫自己以免你的全部偷袭。我们决不会像俘虏一样屈从于你或任何别的机遇。但是当我们走的时刻到来的时候，我们将蔑视人生，蔑视那些徒劳迷恋人生的人，我们将听任人生高唱我们生活得很好的光荣凯歌。”在死亡未到来时“好好地活”，当死亡到来时“好好地死”，这就是我们从伊壁鸠鲁的哲学中所能获取的最重要的“教养”，这也就是快乐主义者伊壁鸠鲁的全部死亡哲学。

（参见段德智：《西方死亡哲学》，第 89～92 页，北京大学出版

社,2006年版)

(二十二)卢克莱修:我们应当顺从自然的厄运

卢克莱修(约公元前99年至前55年)是古罗马时期最杰出的唯物主义者。在哲学上他直接继承了伊壁鸠鲁的唯物主义,是继德谟克利特和伊壁鸠鲁之后又一个著名的唯物主义原子论代表人物。在死亡问题上,他师承赫拉克利特、德谟克利特、伊壁鸠鲁的哲学路线,坚持从"万物的本性"、从自然生灭变化的永恒规律出发来考察死亡的自然性、不可避免性和终极性,提出了我们"应当顺从自然的厄运"的著名原理。

卢克莱修虽然和伊壁鸠鲁一样,认为要治疗死亡恐惧症,就必须学习哲学,懂得"宇宙的性质",但卢克莱修似乎更侧重于从动态方面来了解自然,把握自然万物在永恒时间中生灭不已的运动规律。他说:"能驱散这个恐惧、这心灵的黑暗的,不是初升太阳炫目的光芒,也不是早晨闪亮的箭头,而是自然的面貌及规律。"

所谓"自然的面貌及规律",在卢克莱修看来,最重要的是:时间是永恒的,空间是无限的,而在永恒的时间和无限空间中诞生的世界万物乃至构成宇宙的诸世界本身都是"不免于死的"。他指出:既然世界万物都面对着"无限的空间和无底的深渊",都面对着无限时间的"暴力",则凡在一定时间中诞生出来的事物都必定抵抗不住无数年代中的时间的暴力,从无限的过去直到现在,都必定有死。所以,对于世界万物,"对于天空和太阳,对于大地和海洋,毁灭之门并非关闭而是敞开着,是向实体张着一个可怕的阔口"。

按照卢克莱修的观点,如果我们认识了"万物的本性",如果我们认识了"自然的面貌及规律",则我们就不会从一个人"一朝一夕"的境况而会从"永恒时间"中的境况来看待死亡。如是,我们就会明白:我们对生命的渴求是毫无结果的,因为"一定的生命的一定终点永远在等待着每个人;死是不能避免的,我们必须去和它会面”。我们也就会明白，既然时间是永恒的和无限的，则我们便不能“由于延长寿命，而从死所占的时间取走丝毫，我们也不能取开片刻的时间，借以使我们处于死的状态的时间减少”。

而且，如果我们认识了“万物的本性”，认识了“自然的面貌及规律”，则我们也还会明白：人和自然万物一样都是有生有灭、有生有死的，自然对于人和万物也都是既予又取的，它并没有把生命无条件地给予任何一个人，给予所有的人的只是生命的用益权。这样，对于人来说，最聪明的莫过于“顺从自然的厄运”：当自然把生命给予我们时便好好享用，当自然要取走生命时，便听任其便，心情平静地把生命归还给自然。

既然如此，卢克莱修顺理成章地对老年人提出善意的忠告：“老年人更应当高高兴兴地让位给未来世代。”

卢克莱修认为，既然人和自然万物一样都免不了一死，则我们害怕死亡、为死亡悲哭是应当受到自然谴责的。而如果一个年纪更大更老迈的人埋怨死亡的降临，那自然就更有权利对他加以谴责。

自然之所以更有权利谴责迷恋人生的老年人，那是因为，依照自然规律，“旧的东西被新的东西排挤，总得让开来。一物永远从牺牲他物而获得补充”。再说，当“死神”站在你头旁边的时候，你已经“享受过生命的一切赏赐”，又有什么缺憾呢？而且，你再想想那些在你之前死去的人——王者们、英雄们、诗人、哲学家们，他们尽管在“许多方面都胜过你”，不也都“对阳世闭上了自己的眼睛”，“也和其他的人一样沉睡在土里”了吗？

特别是那些伟大的哲学家们，如德谟克利特，“当成熟的高年提醒他，他的记忆的心灵的运动已经衰退的时候，就出自本意地把他的头颅献给死神”。即使伊壁鸠鲁，这个“天才智慧高高地超出全人类的人”，“当他的生命之光熄灭了的时候”，他不是也毫不“踌躇”，走了“过去”吗？而“你这个虽然还活着，还睁着眼，但活着和死去却差不多已全无区别的人”,“你这把生命大部分时间浪费于睡眠中的人”,还有什么可踌躇的呢?而且,即便勉强稍长一点的生命,对你究竟何益呢?既然时间是无限的,则“尽管你活满多少世代的时间,永恒的死仍然将在等候着你;而那与昨天的阳光偕逝的人,比起那许多个月或许多年以前就死去者,他死了不再存在了的时间将不会是更短”。

因此,自然完全有理由对不甘心一死的老年人“大喝一声”:“省点眼泪吧,丑东西,别再号啕大哭!……你就把不适合你年纪的东西放下,大大方方地让位给你的儿孙们吧,因为你不能不这样做。”

综上所述,卢克莱修从唯物主义立场上系统详尽地阐明了“心灵和灵魂的本性”,阐明了“怕死的愚蠢”,阐述了老年人“安乐死”的问题,可以说既是对古代唯心主义死亡哲学的一次比较系统和彻底的清算,又是对古代唯物主义死亡哲学的一个系统的总结。他对西方死亡哲学的贡献是巨大的,他在西方死亡哲学史上的地位是值得肯定的。

(参见段德智:《西方死亡哲学》,第 94～96 页,北京大学出版社,2006 年版)

(二十三) 琉善:死亡面前人人平等

琉善(约 120～180 年)在哲学上是德谟克利特和伊壁鸠鲁的原子论唯物主义的坚定拥护者,他的无神论唯物主义是古希腊罗马时代唯物主义哲学的重要成就,他的死亡哲学也很有时代气息和特征。

琉善死亡哲学的一个重要特征是他把民主精神引进了死亡哲学,提出了死亡面前人人平等的原则。

琉善认为不管是穷人、富人、奴隶、国王都必有一死。他曾把人生比作从高处冲下来的泉水激起来的水泡,无论大的还是小的,迟早都要破裂。他说:“所有的人都是被空气吹胀的,有的大一些,有的小一些;有些人膨胀的时间短暂,很快就破裂了;有些人一形成就完蛋了。可见,他们必然都要破裂。”

在死亡面前人们之所以平等,还在于不管是乞丐还是富翁,不管是权势显赫的人还是受压迫者,在死的时候都“必须赤身裸体地离去”。他写道:“死的时候谁也不能带走什么,必须赤身裸体地离去,房屋、土地和金钱必须不断地改换主人,归别人所有。”

琉善主张在死亡面前人人平等的另一个理由是:人死后,不管是穷人、富人,“都是秃子,没有遮盖”,“同样露着牙齿,失去眼睛,变成了塌鼻子”。也就是说,统统成了一具难看的骷髅。至于富人死后葬入陵墓,不过是让一大堆石头压在死者身上而已。

于是,琉善得出结论说:“告诉那些为数众多、受境遇折磨、抱怨自己匮乏的穷人吧,叫他们不要哭泣,不要悲叹,给他们详细讲讲冥间的平等,他们在这里将会看到,富有的人一点也不比他们好。”

琉善死亡哲学的另一个重要特征是他揭示了对基督宗教死亡观的批判。琉善在《佩雷格林之死》一文中讲述了一个自称为普洛透斯的基督宗教主教自焚的故事。这位主教之所以自焚就是想通过他的死告诉人们应该蔑视死亡,并通过死亡获得永生。琉善评论道:“这些不幸的人一般都相信他们将获得永生,能长久存活,因此他蔑视死亡,很多人乐于自我牺牲”,这是一种“多么奇怪的心理”!

恩格斯曾高度评价了琉善的唯物主义战斗精神,称赞他是“古希腊罗马时代的伏尔泰”,称赞他对“基督的崇拜者”的“嘲笑”。无论如何,琉善在基督宗教死亡哲学流行初期,就对之进行了犀利的批判。这是十分难能可贵的。

(参见段德智:《西方死亡哲学》,第 101～102 页,北京大学出版社,2006 年版)

（二十四）爱比克泰德：可惧怕的不是死亡，而是对死亡的恐惧

爱比克泰德（60～117 年）是希腊人，到罗马后成了奴隶，但被尼禄皇帝释放后，却又当上了皇帝的大臣。他是斯多葛派的一个重要代表人物，把美德定义为“顺从自然而生活”。心灵的和平和内在宁静是他的人生理想，“忍受！节制”是他的著名格言。他视人的灵魂为人的本质，常说人是“一点灵魂载负着一具尸体”。他认为人死后，灵魂就回归到同神在一起的更高的存在。他在死亡问题上的基本命题是：“可惧怕的事情不是死亡，而是对死亡的恐惧。”

爱比克泰德认为，死亡本身没有什么可怕。这首先是因为死亡是自然的、无可逃避的，是我们必须“顺从”、“忍受”的。就人而言，他所能干的事情不是逃避死亡，而是要摆脱对死亡的恐惧。他写道：“我问你，我应该到什么地方去逃避死亡？……如果我无处逃避，你会要我干什么？我不可能逃避死亡，难道我就不当逃避对死亡的恐惧？我就当在恐惧和战栗中死去？”

爱比克泰德认为，为要摆脱死亡的恐惧，我们就必须把生命看作一件上帝借贷给我们的东西，仅只供我们暂时使用一下。这和我们在一个我们应邀入座的宴会一样。当死亡临近的时候，我们就必须听天由命，一直到死我们都在尽力扮演上帝给我们安排的角色。我们一定要平静地和有风度地离开人生宴会，感谢上帝邀请我们分享它并且赞赏他的作品。

爱比克泰德是一个“神正论者”。他断言：“世界本身根本没有恶的东西。”因此，在他看来，死亡对人来说并不是恶而是善。他说：“你对于死亡怎样了解呢？不用说，那对你不过是一种装饰，那只是你以行动表示你是一个认识到自然意志并且顺从自然意志的人。”

总之,“顺从自然意志”,避免对死亡的恐惧(这种恐惧必然打破心灵的内在宁静,对死亡的恐惧之所以可惧,就在于此),保持心灵的宁静与和平,这些就是奴隶哲学家爱比克泰德死亡哲学的基本原理。

(参见段德智:《西方死亡哲学》,第102～103页,北京大学出版社,2006年版)

(二十五)马可·奥勒留:“顺从理性和神”,以“愉快的心情等待着死亡”

马可·奥勒留(121～180年)在罗马历史上被称为“五贤”之一,是西方哲学史上仅有的一位皇帝哲学家。他的主要著作《沉思录》除了对死亡的沉思外几乎没有别的内容。他呼吁人们“顺从理性和神”,以“愉快的心情等待着死亡”。

或许古代哲学家中没有一个像这位皇帝哲学家那样痛苦地意识到人的易死性和短暂性以及随之而来的人生的无价值性。他不无痛苦地写道:“人生的时间是一刹那,他的本体处于流动状态中,知觉是昏钝的,整个身体的结构是易遭腐坏的,灵魂是一个疾转之物,运气是很难预料的,追求名誉是件缺乏见识的东西。总而言之,属于身体的一切是个流,而属于灵魂的一切则是一场梦和一团气,人生是战争和逆旅,人死后他的名声将被世人遗忘。”他诘问道:肉体、灵魂、运气、名声和生命,“在所有这些事情中似乎值得你欲求的究竟有什么呢”?

那么,对于生命短暂的人来说,真正有价值的东西、真正伟大的事情又是什么呢?奥勒留的回答是:顺从人的“本性”,“顺从理性和神”。他写道:“分给每一个人的是无限的、不可测度的时间中的多么微小的一部分呀!……想到这一点,就会醒悟:除了按照你的本性所领着你的去做,以及受共同本性所带给你的东西之外,就没有伟大的事情了。”而按照他的“理性哲学”,所谓“按照你的本性所领着你的去做”，也就是“顺从理性和神”。而所谓“顺从理性和神”，也就是要人们顺从和容忍神、自然或命运的安排，不为自己的死亡而恐惧和烦恼。

有些人总想在世上多待几年。奥勒留劝说道：“人呀，你是这个大国家即世界里的一个公民，五年或三年会对你有什么不同呢?”既然凡是“与规律相合的”、符合自然或神的意志的都是“公正”的，则顺从自然本性而死又有何抱怨呢？这就像一个司法官雇用一名演员，现在把他辞退让他离开舞台一样。如果是你，你会说：“可是我还没有演完五幕，只演了三幕呢。”你虽然说得对，但是，在人生中三幕就是整个戏剧。“因为怎么样才是一出完全的戏剧是决定于那个先前曾是构成这出戏的原因、现在又是解散这出戏的原因的人，可是你却两方面的原因都不是。”所以，人无论如何都应该“满意地离开”。

然而，为要“顺从人的本性”、“顺从理性和神”，就须了解“人的本性”。

了解“理性和神”，这就需要学习哲学。因此他说：“能指导一个人的东西究竟是什么呢？只有哲学。”因为只有哲学才能够使人“接受一切发生的事、一切注定的事”，并且使人认识到“死无非就是构成每一个有生之物的元素的解体”，同时，在元素的不断转换中，对于元素本身又绝无什么害处，这样就能使人感到死亡并不是“恶”，根本无须对之“畏惧”，从而“以愉快的心情等待着死亡”。

奥勒留关于顺从“理性和神”，以“愉快的心情等待着死亡”的说教和塞涅卡关于希望和渴求死亡的说教一起构成了古希腊罗马死亡哲学向中世纪基督宗教死亡哲学过渡的环节或桥梁。一旦封建制取代奴隶制，塞涅卡和奥勒留的死亡哲学也就演变成了以“死的渴望”为基本特征的中世纪基督宗教死亡哲学。

（参见段德智：《西方死亡哲学》，第103～104页，北京大学出版社，2006年版）

(二十六)蒙太涅:生命的价值并不在于它的长短,而在于我们怎样利用它

蒙太涅(1533～1592年)是法国16世纪最著名的人文主义哲学家。他十分推崇苏格拉底,要求把人、把人的存在而不是把神当作哲学研究的中心。他针对基督宗教为了神而牺牲人的主张,痛心地指出:"我们最无人性的弊病就是鄙视人的存在",从而把"研究我自己"规定为自己哲学的根本课题。用人的眼光而不是用神的眼光看待死亡问题是蒙太涅死亡哲学的根本特征。

成为蒙太涅死亡哲学出发点的,是死亡的终极性问题。特别值得注意的是,蒙太涅的"死亡是生命的终了"内蕴着一个生机盎然、奋发进取的人生观,这就是积极筹划我们的有限人生,使它更加紧张、热烈、深刻和充实。

死亡是生命的终了、人生的有限,从塞涅卡以来,一直是人们用来论证生命无益、鄙视人生的重要根据。但是,这一点遭到蒙太涅的激烈反对。在蒙太涅看来,死亡是生命的终了,固然显现了人生的有限性,然而它绝对不能成为我们论证生命无益、鄙视我们存在的根据。这是因为有限性和暂时性是所有生命的基本特征。因此,他谴责塞涅卡的论证是一种理性的"疾病",而且是理性的一种"最残忍最无人性的疾病"。他断言,我们的生命不仅不会由于它的有限性而贬值,正相反,正是生命的这种有限性才赋予生命以内在价值。这是因为我们只有看到了生命的有限性,我们才会有生活的紧迫感,才会格外珍惜并尽量利用我们的生命。

他写道:"生命的价值并不在于它的长短,而在于我们怎样利用它。你活得够与不够不在于年龄。"他又写道:"既然我看到了我的生命在时间上是有限的,我就想从分量上拓展它。我想借我所控制的速度、借我所利用的活力补偿它的流动的急速来遏止它的飞行速度。在短促生命的范围内,我必须使它更加深刻、更加充

实。”

这里我们看到了一种崭新的人生观——一种同中世纪基督宗教和古代塞涅卡迥然有异的人生观，人不再是自己命运的奴隶，而是自己命运的主人——自己命运的筹划者，人生也不再意味着忍耐、受苦、消极无为，而是可以依照自己的筹划过得生气勃勃、轰轰烈烈、奋发有为。从中我们已可窥见处于上升时期的西方资产阶级的崭新的精神风貌。

（参见段德智:《西方死亡哲学》，第140～142页，北京大学出版社，2006年版）

（二十七）卢梭:老年人应当学习死亡

卢梭（1712～1778年）是18世纪法国启蒙运动中平民思想家的杰出代表，他对法国大革命和后世的影响并不小于伏尔泰。其代表作《论人类不平等的起源和基础》（1755年）和《社会契约论》（1762年）是人类政治思想史上最感人的杰作。

在卢梭看来，人们“关切生存，厌恶死亡”并非出于理性的判断，而是出于人的天性和本能，用他自己的话说就是，这些是“人类天生的唯一无二的欲念”。正是基于这样一种考虑，他提出了在对待生死问题上“愚昧倒比知识更为可取”的“怪论”以及“老年人应当学习死亡”的观点。

老年人应当学习死亡这个观点是卢梭晚年在他的自传性著作《一个孤独的散步者的梦想》里集中提出来的。他在这部因病未能完成的最后一部重要著作里系统地讨论了老年人与死亡问题，深有感触地提出了“一个老年人如果还该学习的话，那就只该学习怎样去死”这样一个观点。为什么老年人特别应该学习死亡呢？卢梭指出，这首先是因为厌恶死亡、眷恋生存是人的天性，这种天性决不会因人的年岁增高而丧失。相反，人年事越高越是眷恋生命。卢梭在谈到老年人的这种恋生心理时指出，所有的老人都比孩子更眷恋生活，都比年轻人更舍不得离开尘世。这是因为，他们的全部努力都是为了这一生命，但在生命行将结束时却发现往日的辛苦全是白费。他们的事业、他们的财产、他们夜以继日的劳动成果，当他们离开尘世时统统都得放弃。

卢梭认为，老年人之所以应当学习死亡，还有一层理由，这就是老年人行将就木这个事实。他在《一个孤独的散步者的梦想》这部著作里写道："我们在呱呱落地的时候就已进入一个竞技场，直到身死时才能离开。当赛程已到终点时，学习如何把车驾得更好又有什么用呢？这时该想的只应是怎样离去。"

至于老年人学习死亡的秘诀，在卢梭看来，从根本上说无非是两条。一是要认识到死亡的绝对必然性，从而做到"一切听天由命，不再跟这必然对抗"。二是要有一个能够使心灵感到充实、圆满的精神寄托。只要我们不迷恋于身外之物，做到这一点并不太难。他说，心灵无须到自身之外就能找到它可以寄托、可以凝聚它全部力量的牢固的基础，时间对它来说已不起作用，现在这一时刻可以永远持续下去，既不显示出它的绵延，又不留下任何更替的痕迹；心中既无匮乏之感也无享受之感，既不觉苦也不觉乐，既无所求也无所惧，而只感到自己的存在，同时单凭这个感觉就足以充实我们的心灵。只要这种境界持续下去，处于这种境界的人就可以自称为幸福。

卢梭进入老年后，更深层地反省自我、反省人生，先后写下了《忏悔录》(1781～1788 年)、《对话录，或卢梭批判让·雅克》(1780～1782 年)以及《一个孤独的散步者的梦想》(1782 年)等不朽的自传体著作，也可以说是他自己学习死亡的收获和总结。而且，除自杀一条外，卢梭大体上是实践了自己的生死观的。

卢梭虽然自杀而死，但他死时心灵却出奇地平静。临终前，他还劝慰其太太说："可别太伤心，你看，那天空有多透明。我就是要去那里。"卢梭对他自己灵魂的去处是满怀信心的。因为他自信他有一颗高尚而纯洁的心灵，自信他对人类社会做出了“时间对它来说已不起作用”的贡献，自信他毕生从事的反对封建等级制度斗争的正义性。“不管末日审判的号角什么时候吹响，我都敢拿着这本书（指《忏悔录》——引者注）走到至高无上的审判者面前，果敢地大声说：请看！这就是我所做过的，这就是我所想过的，我当时就是那样的人。……请你把那无数的众生叫到我跟前来！让他们听听我的忏悔……然后，让他们每一个人在您的宝座前面，同样真诚地披露自己的心灵，看看有谁敢于对您说：‘我比这个人好！’”卢梭是一个至死都义无反顾的反封建斗士。

（参见段德智：《西方死亡哲学》，第170～172页，北京大学出版社，2006年版）

（二十八）拉美特利：我们既不怕死，也不求死

拉美特利（1709～1751年）是18世纪法国机械唯物主义的典型代表。他沿着唯物主义一元论的方向修正和发展了笛卡尔的机械唯物主义思想。笛卡尔讲动物是机器，拉美特利则进而宣布“人是机器”。

在拉美特利看来，笛卡尔的重要功绩就在于“他第一个完满地证明了动物是纯粹的机器”，而他自己的使命则在于继往开来，进一步完满证明人归根结底也“只是一些动物和一些在地面上直立着爬行的机器而已”。依照拉美特利的观点，人与最完善的动物相比，无非是多上几个齿轮，多上几条弹簧，脑子和心脏的距离成比例地更接近一些，因此所接受的血液更充足一些。

“自然的法则不可磨灭。”人作为动物和机器是注定有生有死的。至于我们死后究竟如何我们是绝对“一无所知”的，因而是根本无须考虑的，而且这也正是我们幸福快乐地度过一生的基本条件。“我们不要说整个机器或整个动物在死亡以后是完全消灭，或是换上另一形式，因为关于这个我们绝对地一无所知。……我们

连自己的来源都不知道，又怎能知道我们的命运呢？让我们安于这个不可克服的无知吧，它是我们的幸福所依托的条件。”

总之，在拉美特利看来，只有像他这样来对待死亡的人，才称得上“明智、正直”，才能“安于他的命运”，并因此而获得“快乐”。一个人对死亡有了这层认识，则“他接近死亡的时候，既不怕死，也不求死”，他也就会因此而热爱生命、亲近自然，决不会损毁自己或别人心里的“自然的感情”，而且他还会充满着“人道的爱”，热爱人的品格，甚至他的仇敌身上所表现出的品格，一句话，他就会因此而成为一个“完人”。

（参见段德智：《西方死亡哲学》，第172～174页，北京大学出版社，2006年版）

（二十九）狄德罗：活要活得充实，死要死得愉快

狄德罗（1713～1784年）是“百科全书”派的首领，他以组织编纂人类历史上第一部影响深广的《百科全书》（即《一个人文学者团体编纂的百科全书或科学、艺术和工艺详解辞典》）而在西方思想史上享有盛名。他的生死观简单说来就是：“活要活得充实，死要死得愉快。”

在狄德罗看来，对人来说，最根本的就是要活得充实。人的生活越充实，对人生就越少眷恋。所谓充实，就是“为大自然年年周而复始的创造”提供“贡献”，也就是要使自己的有限人生内蕴永恒不朽的内容；而且，“充实的生活”就是“忙碌的生活”，而“忙碌的生活”一般又都是“清白的生活”，同时，凡生活忙碌的人，一般就“不大想到死亡，也就较少恐惧”。

人活得越充实、死得越愉快的另一层理由是因为“生活充实的人”也就是“生活在自然状态中”的人，这样的人就会懂得人总是处于大自然的“普遍的、共同的秩序中”，处于自然万物无限循环的“洪流”中，就会懂得生生死死原本是人类的“共同命运”，因而也就

“不会对所见必然普遍运行的秩序进行反抗”。依照狄德罗的“人学”,人就是这么一个生、老、死亡的生物。“谁想向科学院提供一个人或动物逐渐形成的情况,就只有用物质的因素来说明,这些物质因素逐步产生的结果便是一个迟钝的生物,一个有感觉的生物,一个有思想的生物,一个解决岁差问题的生物,一个卓越的生物,一个奇妙的生物,一个衰老、萎弱、死去、消解而化为腐土的生物。”明白这个道理的人自然也就死得甘心了。

人之所以活得越充实、死得越愉快,还有一层理由,就是生活充实的人懂得自然的奥秘,也懂得死亡的真谛,即生生死死只是一种形式的变换而已。他写道:“生命是什么呢?——生命,就是一连串的作用与反作用——我活着,就以块体的方式作用与反作用——我死了,就以分子的方式作用与反作用。”这样,他就从物质永恒和不灭的原理出发提出了人根本无死以及我们无须介意生死的问题:“那么,我就根本不死了?——不死,当然不死,在这个意义之下我根本就不死,不但是我,无论什么东西都不死——诞生,生活,死去,是形式的变换——取这个形式或者取那个形式有什么关系呢?”

公正地说,狄德罗本人是不折不扣地实践了自己的生死观的:他活得充实,死得愉快。说他活得充实,是因为他毕生置个人生死于不顾,几十年如一日致力于宣传新观念和新思想,不仅撰写了一系列振聋发聩的哲学著作,而且还作为主编,百折不挠,前后历时25年之久,组织编纂了长达28卷的流芳百世的划时代著作——《百科全书》,为人类的精神文明做出了无可比拟的贡献。甚至到了晚年,他还壮志不已,决心为在俄国出版一部未经窜改的《百科全书》献出余生,发誓:“如不能向恶毒的敌人正当复仇,我死不瞑目。如不竖立一座丰碑,我死不瞑目。……如不在世上留下时间无法消灭的若干痕迹,我死不瞑目!我将为此献上我生命的最后15年……”尽管事情未能如愿,但狄德罗的人生追求和勃勃雄心由此可见一斑。无怪乎恩格斯如此推崇狄德罗，把他看作为了“对真理和正义的热诚”（就这句话的正面的意思说）而献出“整个生命”的志士仁人的光辉典范。

狄德罗为了推进人类哲学和文化事业，真可谓殚精竭虑、呕心沥血，但他对自己的死亡却毫不介意，只把死亡看作愉快的长眠。临终前，面对着神甫的恐吓和劝诱，狄德罗平静地回答道：“好吧，我死后，随便人们把我葬在哪里都行，但是我要宣布我既不相信圣父，也不相信圣灵，也不相信圣族的其他任何人！”狄德罗为了资产阶级的解放事业而“竭力劳动”了一生，而在“备受辛苦”以后，又抱着“极愉快”的心情“看着入眠的时辰临近”；即使在对极乐的天国生活不存丝毫幻想的情况下，他仍能诚恳地说：“死亡对我来说愉快无比。”

（参见段德智：《西方死亡哲学》，第 175～177 页，北京大学出版社，2006 年版）

（三十）康德：想得越多，做得越多，你就活得越长久

康德（1724～1804 年）是德国古典哲学的奠基人。关于死亡问题，他既对笛卡尔等人关于灵魂不死的理性提出了质疑，而且也对 18 世纪法国唯物主义哲学家关于灵魂不死的理性否定提出了质疑，并对之作出了新的证明即道德证明，断言灵魂不死虽然没有逻辑的确定性，却还是有道德的确定性。他还提出了自由人自己选择去死这样一个近代死亡哲学的重大命题。

虽然颂扬了待死的自由态度，但这只是相对于待死的奴隶态度或懦夫态度而言的。他作为一个近代死亡哲学家，和笛卡尔、斯宾诺莎、拉美特利、狄德罗一样，在处理生死关系时其理论中心始终放在“生”这一层面上，放在如何使人生更为充实这一层面上，从而提出了“想得越多，做得越多，你就活得越长久”的著名命题。

康德的这一命题是基于如下一条原理的，这就是："劳动是享受生命的最好方式，无聊则是人生最可怕的负担。"为什么劳动是享受生命的最好方式呢？这是因为所谓生命无非是痛苦和快乐这两种感情的"连续不断的相颉颃的活动"，而"痛苦又是活力的刺激物"，没有痛苦我们就会"进入无生命状态"。劳动显然是"一种辛苦的事务"，它本身是不快的。然而它的成果却能引起我们的欣赏和快感，而且哪怕是长时间劳累的消除也是我们可感觉到的愉快的重要源泉。因此，离开了劳动就没有生命享受可言。相反，对于一切注意他的生命和时间的人（即有教养的人）来说，无聊无疑是"一种压抑人的甚至可怕的重负"。因为无聊这种在人心里所知觉到的"感觉的空虚"会激发起一种恐怖、一种空虚的恐怖，使人仿佛预感到一种"缓慢的死亡"，它被认为比由命运女神迅速剪断生命之线还要痛苦。

康德由此得出结论说，最令人愉快的生活就是处于紧张劳动状态中的人所过的生活。从心理学角度看问题，这是不难理解的。因为一个人如果在整个一生的绝大部分时间里都用无聊来折磨自己，他自然就会每天都度日如年；相反，如果他每天都有干不完的事，每天都处于紧张劳动状态，他自然就会惋惜每一瞬时间的流逝，从而在不知不觉的愉快生活中享受了自己的一生。所以在康德看来，令人愉快的生活莫过于处于紧张劳动状态中的人所过的生活。

不仅如此，康德还认为，处于紧张劳动状态中的人所过的生活是十分充实的生活，也是一种延年益寿的生活。一个人虽然在整个一生的绝大部分时间里都用无聊来打发自己，每天都有度日如年之感，但在生命结束时却又每每抱怨生命的短促，这是为什么呢？其间的道理其实很简单。因为他一生过得很单调很贫乏，没有什么丰采，没有什么亮点，他临终回首往事时，便记不起什么有意义的事情来，仿佛是一片空白，于是就产生了自己生活的时间比自己实际度过的时间为短的错觉。相反，那些毕生都处于紧张的创造性工作的人，一生过得很紧张、很热烈、很丰采、很充实，当他临终回首往事时，以各式各样变化多端的工作标志着的整个生命诸多阶段便蜂拥而至，其总体便会给老年人激起一种“想象”，“觉得所经过的生命时间比按年代计算所确定的要更长久”。

康德总的结论是：“为了实现一个伟大抱负去进行按部就班、勇往直前的工作，结果就充实了时间（工作延长生命），这是使自己生活快乐但又满足于生活的唯一可靠的手段。‘想得越多，做得越多，你就活得越长久（哪怕是在你自己的想象中）。’”这些可以看作康德留给后人的醒世良言。

（参见段德智：《西方死亡哲学》，第187～188页，北京大学出版社，2006年版）

（三十一）费尔巴哈：尽管有死，也定要充分地度过一生

费尔巴哈（1804～1872年）是19世纪上半叶德国最重要的唯物主义哲学家。关于死亡问题，他强调必须从人本学的观点来理解死亡和不死。费尔巴哈的人本主义死亡哲学与基督宗教的和唯理论者的根本不同点就在于，它以人的本性为出发点，以提高人的属地的生命与人的价值为宗旨，并且因此是“与人相协调的”。他的这种“与人协调”的死亡哲学集中到一点就是：尽管有死，也定要充分地度过一生。所谓“充分”有两层意思，一是指人应当在自己所从事的事业中努力寻求不死；一是指人应当愉快地享受自己的有限人生。一言以蔽之，就是“人应当做一切属于人应该做的事情”。

他在《从人本学观点论不死问题》中针对基督宗教的厌世主义和禁欲主义的人生观写道：人难道还应当用超自然的、假装的厌恶和憎恨——这是真正的基督宗教的必然后果——来对待睡眠、吃

喝吗？不，人应当愉快地睡眠，愉快地吃，愉快地喝。但是，他也应当愉快地醒，愉快地思考问题，愉快地劳动。在娱乐时，他不应当因为想到劳动而对当然是暂时的娱乐感到扫兴，但是，在劳动时，他也不应当想到娱乐，而是应当在劳动中、在活动中寻找乐趣。“一般说来，他应当做一切属于人应该做的事，应当做一切正是与他此时此刻的本性相符合的事；也就是说，他应当愉快有兴地去做一切事，在做的时候，他应当意识到他由此将完成他的规定。”针对为了上帝牺牲人、为了宗教上的奢望而牺牲人的现实需要的社会现实，费尔巴哈慷慨陈词：“他不应相信上帝的无处不在，而是应当相信人的无处不在，应当相信，人不仅存在于教堂之中……不仅存在于书斋中或办公室中，而且，也存在于卧室、餐室和童室之中，总而言之，应当相信，人存在于他所站着和行走着的一切地方和角落。”这样，我们在费尔巴哈的死亡哲学中便见到了19世纪中叶德国资产阶级激进派的哲学宣言。从这篇宣言中，我们可以隐约地听到文艺复兴时期人文主义者“我是人，凡是人的一切特性，我无不具有”的战斗呼叫。而且，这呼叫通过费尔巴哈又在现代死亡哲学中得到了更为激昂的回响。

（参见段德智：《西方死亡哲学》，第208～209页，北京大学出版社，2006年版）

（三十二）雅斯贝尔斯：直面死亡，抓紧现在，永不停息地从事实践

雅斯贝尔斯（1883～1969年）是存在主义的奠基人之一。他极其重视死亡问题，认为体验死亡这样一种“边缘处境”就是筹划人生，就是在从事哲学思考。雅斯贝尔斯虽然认为从事哲学即是学习死亡、体验死亡这一边缘处境。但是，他的用意却不在于劝诫人们像中世纪基督宗教信徒那样“渴望”死亡、渴望彼世生活，也不在于使人们对将来必至的死亡陷入单纯的无限恐惧，而是在于宣

扬一种积极的人生态度，要求人们面对着死亡，从现在做起，不断地实现向世界、自我和彼岸世界的超越。

雅斯贝尔斯有一个很重要的范畴——“历史性”。他说：“哲学信仰要求在认识有限性的条件下视历史性为唯一的实现方式。”他认为，历史性范畴不同于历史，后者指客观的在时间中流逝的事件的总和，前者则意指创造历史的主体的独特结构，后者表现着实存的时间性、有限性，前者则是生存本身的一个规定性，是达到“超越存在”的“唯一方式”。诚然，“我们正在走向将来”，但将来对人来说归根到底是一个绝对的失败，我们不过“仿佛是处于死刑缓期执行时期的人”。因此，历史的全部意义正在于“当前现在”。鉴此，他认为，对于人生来说，最为重要的就是要直面死亡，抓住抓紧“当前现在”，无论如何不要“丧失当前现在”。他写道：“如果说从事哲学活动就意味着学会死亡，那么这不是说我因想到死亡而恐惧，因恐惧而丧失当前现在。”但是，怎样才能不丧失“当前现在”呢？这就是要全身心地投入当前的行动和实践，不断地实现自由和超越。用他自己的话说，就是：“我按照超越存在的尺度永不停息地从事实践，从而使当前现在对我来说更为鲜明。”

那么，死亡与“当前现在”、与当前“实践”又是什么关系呢？雅斯贝尔斯认为，死亡不应该成为我们实现自由和超越、达到超越存在、成为我们自己的障碍，而应该成为我们“以超越存在的尺度永不停息地从事实践”的巨大助力。因此，雅斯贝尔斯宣称，哲学信仰“要求采取高傲的人生态度，这种态度虽然并不‘盼望’死亡，但把死亡当作一种一直渗透到当前现在里来的势力而坦然承受下来”。这里，雅斯贝尔斯所表达的也正是海德格尔的“向死而在”和“向死的自由”的思想。

（参见段德智：《西方死亡哲学》，第238～239页，北京大学出版社，2006年版）

（三十三）海德格尔：向死而在

海德格尔（1889～1976 年）是最著名的存在主义哲学家。他的主要著作《存在与时间》（1927 年）是存在主义哲学的“圣经”。海德格尔向包括古希腊罗马哲学在内的整个西方传统哲学挑战，要求对“存在的意义”作出新的规定。按照他的观点，西方传统哲学中“存在”这个范畴，实质上指的只是“存在者”即事物，但真正的“存在”当是“人的存在”，亦即“此在”。海德格尔认为，此在最本己的可能性是死亡，只有获得一个充分的“死亡概念”，我们才能对“存在的意义”有一个“源始的”认识。因此，他在《存在与时间》中赋予死亡以生存论——本体论意义，并用了很大篇幅来讨论死亡问题。

海德格尔认为，死亡是“此在最本己的可能性”，“只要此在生存着，它就实际上死着”。而且，死亡不仅是此在最本己的、无所关联的可能性，它同时就是“最极端的可能性”，亦即“此在之不可能的可能性”。这就是说，此在这种能在超不过死亡这种可能性。作为普通的可能性，我们可以把它们设想为悬欠或“悬临”（impending，bevorstehen），死亡作为“此在之不可能的可能性”，自然是一种与众不同的悬欠或悬临。

海德格尔认为，只要此在存在，它就包含有一种它将是的“尚未”，即始终悬欠在外的东西。因而，在此在身上始终存在着一种持续的“不完整性”，这种“不完整性”无疑将随着死亡而告终。但是，向来尚未到头的存在者的临终到头（以此在方式提尽悬欠）具有不再此在的性质，并且包括着一种对每一此在都全然不能代理的存在样式。这就使得死亡这种悬欠或悬临有别于月亮的悬欠、不成熟果子的渐趋成熟等等。

例如，人们可以说，月亮尚未盈满就总还有一角悬欠着。这种尚未随着覆盖月亮的阴影消退逐渐缩小，而最后在满月之际总能作为整体而现成摆在那里。但此在则根本不可能作为整体而现成摆在那里,而且此在所悬欠的“尚未”不可能是一种“悬搁在外的它者”,它也不可能像月亮那样靠外在力量趋向“盈满”。

死亡作为此在的悬欠或悬临甚至也不同于不成熟的果子渐趋成熟。在果子成熟过程中,果实尚未是的那种东西绝不是作为尚未现成的片断积拢到果实上来的,它自己把自己带向成熟。尚未、不成熟不是作为随随便便的规定性,而是作为组建因素,包括到果实的本己存在之中。就此在也是自己把自己带向死亡而言,死亡这种悬欠与果子趋向不成熟的悬欠大体相当。但是,如果从存在论上的终结结构着眼,成熟这种“终结”则同死亡这种“终结”大相径庭。因为,随着成熟,果实也就穷尽了它的一切可能性,也就完成了。但此在却永远是“未完成的”,随着死亡,此在不仅没有穷尽它特有的种种可能性,反倒是被取走了这些可能性,因为“未完成的此在”也因此而结束了。

结束不等于完成。它有种种样式,如停止、就绪、消失等。但结束的这些样式中没有一种可以恰当地标画“作为此在之终结的死亡”。例如,就停止这种样式而言,可以有各种不同的存在论的意义。雨停了,意味着这不再现成存在。而“路止了”,则不仅没有使路消逝,反而把路确定为这一条现成的路。可见,停止这种结束可以意指过渡到不现成状态,但也可以意指恰恰随着终结才是现成的。如果我们依照结束的这些意义来领悟死亡,把它领悟为停止、就绪和消失,则此在就会因此而被设定为现成在手的事物了。

那么,死亡所意指的结束究竟是什么意思呢?在死亡中,此在并未完成,也非简简单单地消失,更不曾就绪或作为上手事物(工具)颇可资用。正如只要此在存在,它始终就已经是它的尚未一样,它同样也总已经是它的终结。因此,死亡所意指的结束意味着的不是此在的存在到头、停止、就绪或消失,而是“这一存在者的一种向终结存在”。“死亡是一种此在刚一存在就承担起来的去存在的方式”。“刚一降生，人就立刻老得足以去死。”

总之，死亡作为此在之不可能的可能性，作为此在的生存方式，其基本意涵在于此在的“向终结存在”，亦即“向死而在”。

（参见段德智：《西方死亡哲学》，第 239～243 页，北京大学出版社，2006 年版）

（三十四）怀特海：人的不死是实现出来的价值的不死

怀特海（1861～1947 年）是 20 世纪实在主义思潮的重要代表。在死亡哲学方面，他与弗洛伊德强调死亡无可避免性的努力相反，强调人的不死性，提出人的不死是所谓实现出来的价值的不死的观点，这在一定意义上可以看作对尼采“永恒重现”学说的一个响应。

怀特海认为，宇宙包括两个层面，即两个世界：一个是他所谓的“活动世界”，即现实世界；再一个是他所谓的“价值世界”，“价值就其本性而言是无时间的和不死的，其本质并不根源于任何暂时的环境”。价值世界实质上是一个可能的世界，他又称之为“永恒的客体”。

在怀特海看来，活动世界（事物世界）和价值世界犹如“马德堡半球”，是互相关涉、互相依存的。这是因为，一方面“活动世界”是一个富于创造性的世界、一个富于创造力的世界。它创造什么呢？自然是不朽的“价值”，是把不朽的价值实现出来。另一方面，所谓价值不是别的，只是一种在活动世界里实现出事物的能力，因此，它若离开了创造活动，离开了事物世界，就变成了抽象无益、不可捉摸的东西。因此，活动世界（事物世界）与价值世界不过是同一个具体宇宙的两个层面，它们互相关涉、互相融合，如果离开了价值世界，活动世界就不可能存在；如果离开了活动世界，价值也就失去了它的意义。

怀特海把自然界、把现实世界理解为一个过程——一个现实事物的变化和创造过程，一个作为价值载体的永恒客体进入实际事态，不死价值由可能性转化为现实的过程。而在这一转化过程中，价值作为永恒客体始终保持着它的不死性。但是，如果这样，则现实世界的事物，作为实现出来的价值，就必定会具备价值世界的印记或特征，也就是说必然会具备不死性，而且从中我们还可以引申出一个更为深邃的观点，这就是：在变化中内蕴着某种不变的东西，在有死的事物中内蕴着作为实现出来的价值的不死性。对怀特海来说，在这方面的典型例证便是现实世界（变化世界）里人格的"同一性"。因为人格"同一性"问题最有效地说明了变与不变、有死与不死的关联，而人身上的这种不变性和不死性正是他自己在创造活动中实现出来的价值不死，而且这还意味着"在一个世界里暂时的人格性包含着另一个世界里的不朽的人格性"。

（参见段德智：《西方死亡哲学》，第262～263页，北京大学出版社，2006年版）

（三十五）罗素：让死的恐怖缠住心，是一种奴役

罗素（1872～1970年）是西方现代最著名的哲学家之一。在死亡哲学方面，罗素从"拒斥形而上学"这样一个原则出发，断言个人有死与不死的问题不是一个属于哲学的问题，而是一个属于科学和宗教的问题。但是，他又认为，尽管如此，哲学还是有责任使人们免于偏见的羁绊，首先是免于死亡恐惧的羁绊。这样，摆脱死亡恐惧的问题就作为罗素死亡哲学的一个中心问题被提了出来。

在罗素看来，摆脱死亡恐惧的根本途径在于破除宇宙目的论和人类中心论，认识到整个人类必然灭亡这样一个道理。罗素认为，人作为生活在宇宙中的一种生物，我们的生死是服从因果必然律的，而在因果必然律的范围内，我们的自由是十分有限的，这就是说，我们可以利用科学技术延长我们的生命，但无论如何我们也

不可能“长生不死”。罗素特别地批判了宇宙目的论这种盲目乐观主义的理论。指出，地球虽然可能在一段相当长的时间内仍然适宜于人居住，但不可能永远如此。也许地球上的大气将逐渐扩散，也许月亮将与地球相撞，即便这些事情不发生，那么当太阳爆炸时，我们无论如何都将毁灭。而且，即便我们在太阳爆炸前能够离开地球“以最精湛的科学技术在宇宙中游弋”，人类也不可能“永远延续”。因为热力学第二定律告诉我们：总的说来，能量总是在从较浓集的形态转变成不太浓集的形态；最终它将完全变成一种不可能再发生变化的形态。那种情况一旦发生，生命就必然随之终止。罗素引用詹姆斯·秦斯的话说：“对于宇宙来说就同对于人类来说一样，唯一可能的生命是向着坟墓前进的。”

罗素认为，既然如此，则“为我们必不免一死而恐惧、而悲叹，在这上面耗费时间徒劳无益”。而且，问题还不止如此，因为“让死的恐怖缠着心，是一种奴役”。所以，他告诫我们，在任何时候，在任何情况下，都应当避免对死的“焦虑或恐惧”，都应当尽可能地把我们的心思“转到旁的事情上去”。

“旁的事情”是指什么事情呢？罗素认为即为某种远大的、非个人的、甚至是超出于人类的目标服务。凡是善于促进生活的人，就是内心里有“精神生活”的人，也就是同一个理想的不朽世界接触的人，也就是善于把“一些不朽的东西投入到我们人的生存里去”的人，这样的人也就是从“死亡中走出来”的人。

（参见段德智：《西方死亡哲学》，第263～266页，北京大学出版社，2006年版）

二、临终之言

古人云，人之将死，其言也善，所以遗书（包括遗言）是最能见出当事人的思想、人品、内心世界的文字材料，也是最能见出当事人死亡观与死亡智慧的特殊文体。本书从大量材料中选取了一小部分，供读者研读、思考。

周武先生的《中国遗书精选》（华东师范大学出版社，1994 年版）收集了中国自古至今重要遗书 289 封，洋洋大观，可供阅读参考。本书关于中国部分的遗书，主要选自该书。在此，向周武先生表示衷心感谢。

（一）诸葛亮：《临终遗表》

诸葛亮（181～234 年），三国时杰出的政治家和军事家。字孔明。琅琊阳都（今山东沂南县）人。东汉末年，曾隐居隆中（今湖北襄阳西），留心世事，被称为“卧龙”。建安十二年（207 年），向刘备提出占据荆、益两州，谋取西南各少数民族统治者的支持，结好孙权，对抗曹魏，统一全国的建议，即著名的《隆中对》，从此成为刘备的主要谋士。刘备称帝后，出任丞相。建兴元年（223 年）刘禅继位，受封为武乡侯，领益州牧，主持蜀汉的军政大事。当政期间，以持法谨严著称，史称他“科教严明，赏罚必信，无恶不惩，无善不显”。同时励精图治，推行屯田政策，改善和西南各族的关系。曾五次出兵伐魏，争夺中原。建兴十二年(234 年)与魏司马懿在渭南相拒，病死于五丈原军中，葬定军山(今陕西勉县东南)。有《诸葛亮集》。

临终遗表

伏念臣赋性拙直，遭时艰难，兴师北伐，未获全功，何期病在膏肓，命垂旦夕。愿陛下清心寡欲，约己爱民，达孝道于先君，布仁心于寰宇，提拔隐逸，以进贤良，屏黜谗奸，以厚风俗。臣家成都有桑八百株，薄田十五顷，子弟衣食，自有余饶。至于臣在外任，无别调度，随身衣食，悉仰于官，不别治生，以长尺寸。若臣死之日，不使内有余帛，外有盈财，以负陛下。

(参见周武:《中国遗书精选》，第 37 页，华东师范大学出版社，1994 年版)

点评

这是诸葛亮临终前以“遗表”形式向后主刘禅报告的“家庭财产”:“桑八百株，薄田十五顷”，按照汉代和三国时期的官俸制度，是一个很低的数字。“子弟衣食，自有余饶”，是指家人不靠裙带关系在朝廷混饭吃，而是和普通百姓一样从事种植和养蚕等农事活动，自食其力。“臣在外任，无别调度，随身衣食，悉仰于官”——自己的衣食起居全靠官俸;“不别治生”——除了俸禄之外没有别的生计，不搞经营，也不依靠灰色收入发财致富。所以临死时，内无多余的衣物，外无多余的钱财。向上级公布了财产，是要接受上级和所有同僚乃至老百姓的监督呀！诸葛亮君子坦荡，要的就是这个效果，或许还是有意为之——自己不在了，子孙们不许利用自己的“余荫(热?)”发财，请所有人来监督我们家！

看了这份"遗表",除了对这位古代位至丞相的官员充满敬意之外,笔者已别无话说。但却不由自主、顺理成章地产生联想——如今某些贪官、蛀虫、渣滓,他们利用手中的权力都干了些啥呀!他们肆无忌惮地贪污受贿几千万元乃至上亿元,有房产几百套,这样的数目、这样的行为简直是丧心病狂啊!这完全超出了一般人所能理解的界限——他们要那么多财富干吗呀!

于是我明白了史铁生的一句话:人与人的区别,远远大于人与猪的区别。

(二)顾宪之:《终制》

顾宪之(446～509年),南朝大臣,字士思。吴郡(今属江苏)人。宋元徽年间为建康令,强力为政,甚得民和,时人号之为"顾建康"。建武年间,改授辅国将军、晋陵太守,政绩昭著,深孚时望。后以风疾辞归故里,六年后卒于家。著有诗、赋、铭、赞及《衡阳郡记》数十篇。

终　　制

夫出生入死,理均昼夜,生既不知所从来,死亦安识所往?延陵所云,精气上归于天,骨肉下归于地,魂气则无所不之,良有以也,复茫昧难征,要若非妄,百年之期,迅若驰隙。吾今预为终制,瞑目之后,念并遵行,勿违吾志也。

庄周澹薹,达生者也。王孙士安,矫俗者也。吾进不及达,退无所矫,常谓中都之制,久理惬情。衣周于身,示不违礼;棺周于衣,足以蔽臭;入棺之物,一无所须,载以楯车,覆以粗布,为使人勿恶也。汉明帝天子尊,犹祭以杅水脯糗;范史云烈士之高,亦奠以寒水干饭。况吾卑庸之人,其可不节哀也!丧易宁戚,自是亲亲之情;礼奢宁俭,差可得由吾意。不须常施灵筵,可止设香灯,使致哀者有凭耳。朔望祥忌,可权安小床，暂设几席，唯下素馔，勿用牲牢。蒸尝之祠，贵贱罔替，备物难办，多致疏怠。祠先人自有旧典，不可有阙，自吾以下，祠止用蔬食时果，勿同于上世也。示令子孙，四时不忘其亲耳。孔子云："虽菜羹瓜祭，必齐如也。"本贵诚敬，岂求备物哉？

（参见周武：《中国遗书精选》，第103页，华东师范大学出版社，1994年版）

点评

顾宪之性清俭，虽累官宰郡，却资无担石。辞官归家后，不免饥寒。《终制》是他临终所为的敕子书。他是个明达于生死者："夫出生入死，理均昼夜，生既不知所从来，死亦安识所往？"所以根本没有必要在丧葬及祭祀礼仪上多费钱财和工夫，但求以"诚敬"为本，"四时不忘其亲"即可，反对厚葬及烦琐的丧葬与祭祀礼仪。这在当时的士大夫中是一种难得的识见。明智、达理可以化解死亡的恐惧，可以进入豁达、超迈的境界，古人尚能做到，今人呢？

（三）长孙皇后：《遗嘱》

长孙皇后（？～636年），初唐车骑将军、右骁卫将军长孙晟之女，名相长孙无忌的妹妹，太宗皇后，因卒谥文德，故又称文德皇后。长孙皇后性仁孝俭素，好读书，常与帝从容商略国事，帝处罚官人不当，她待帝怒息后为之申理，使宫中刑无枉滥，深得太宗宠爱。著有《女则》十卷。

遗　嘱

"玄龄事陛下久，小心缜密，奇谋秘计，未尝宣泄，苟无大故，愿勿弃之。妾之本宗，因缘葭莩以致禄位，既非德举，易致颠危，欲使其子孙保全，慎勿处之权要，但以外戚奉朝请足矣。

妾生无益于人，不可以死害人，愿勿以丘垄劳费天下，但因山为坟，器用瓦本而已。乃愿陛下亲君子，远小人，纳忠谏，屏谗慝，省作役，止游畋，妾虽殁于九泉，诚无所恨。儿女辈不必令来，见其悲哀，徒乱人意。

（周武：《中国遗书精选》，第 125 页，华东师范大学出版社，1994 年版）

点评

长孙皇后病逝于贞观十年（636 年）六月，临终遗嘱太宗，语重心长。她希望太宗继续重用房玄龄，对本宗则慎勿处之权要。同时还希望太宗亲君子、远小人、纳忠谏等，体现了她对社稷的一片忠心。在《遗嘱》中，她还诚恳谦逊地对太宗说，我生平没有做什么有益于天下的事情，死不可厚费。况且葬者，藏也，只是为了使人看不见遗体。自古圣贤都崇尚俭薄，唯无道之世才大修陵墓、劳费天下，被有识者讥笑。所以我请求因山而葬，不须起坟，俭薄送终即可。她怕太宗不肯答应，曾进一步申明：自古以来没有不败之帝业，像这样薄葬，也免得日后有人贪财掘墓，使我暴尸于众。何况以山为陵和实行薄葬，既比平地修筑高大的坟墓巍峨壮观，又可以节省费用，为儿孙辈做出俭约的榜样。长孙皇后蔑视前古帝王后妃大修陵墓，实行厚葬的恶习，执意要求挖个山洞草草薄葬，作为一代盛世皇后，对待死亡能有如此之态度，千载之下，令人敬佩。

长孙皇后的《遗嘱》让我们看到，一个人的精神境界对于死亡态度、临终表现何其重要。境界高尚，死得坦荡；境界卑下，死得委琐。一个一辈子只知为个我而活的人，无论如何都不可能有长孙皇后这样的识见。他们生时只知享受，死了不能享受了因而惊恐不安，揪心难受。他们苦苦祈盼死后还能延续生时的享受，君不见当今已有人用纸扎的小姐陪葬，与长孙皇后比一比，直令人扼腕浩叹！

(四) 白居易:《醉吟先生墓志铭》(节选)

白居易(772～846 年),唐代大诗人。字乐天,晚号香山居士。德宗贞元十四年(798 年)中进士,授秘书省校书郎,后入翰林院。曾多次上书请除弊政,并写作了大量的讽喻诗。后因上表请求严缉刺杀宰相武元衡的凶手,为权贵排挤,贬江州(今江西九江)司马。历任忠州(今四川忠县)、杭州、苏州等地刺史以及太子宾客、太子少傅等职。长篇叙事诗《长恨歌》、《琵琶行》等,至今犹脍炙人口。有《白氏长庆集》、《白香山集》等。

醉吟先生墓志铭(节选)

先生姓白名居易,字乐天。……乐天幼好学,长工文。累进士拔萃制策三科。始自校书郎,终以少傅致仕。前后历官二十任,食禄四十年。外以儒行修其身,中以释教治其心,旁以山水风月、歌诗琴酒乐其志。

大历六年正月二十日生于郑州新郑县(今新郑市)东郭宅,以会昌六年某月日终于东都履道里私第,春秋七十有五。以某年月日葬于华州下邽县临津里北原,衬侍御仆射二先茔地也。启手足之夕,语其妻与侄曰:"吾之幸也,寿过七十,官至二品。有名于世,无益于人,褒优之礼,宜自贬损。我殁,当敛以衣一袋,以车一乘,无用卤薄葬,无以血食祭,无请太常谥,无建神道碑,但于墓前立一石刻吾《醉吟先生传》一本可矣。"语讫,命笔自铭其墓云:

"乐天乐天!生天地中七十有五年。其生也浮云然,其死也委蜕然。来何因?去何缘?吾性不动,吾行屡迁。已焉已焉!吾安往而不可,又何足厌恋乎其间?"

(参见周武:《中国遗书精选》,第 154 ～155 页,华东师范大学出版社,1994 年版)

点评

白居易以诗名于世，是唐代继李白、杜甫之后又一位杰出的诗人。但与李白、杜甫略有不同，他“始以校书郎，终于少傅致仕，前后历官二十任，食禄四十年”，一生绝大部分时间都是在仕宦生涯中度过。晚年无所系挂，心情闲适，曾仿效陶渊明《五柳先生传》作《醉吟先生传》，历述其放浪于诗酒之间的生涯，从此自号“醉吟先生”。

《醉吟先生墓志铭》是白居易于病逝前夕自撰的墓志铭。其中说自己“外以儒行修其身，中以释教治其心，旁以山水风月、歌诗琴酒乐其志”，确实是非常到位的自我总结，只不过不同时期各有侧重而已。而他“启手足之夕”对妻子和侄子说的那一段话，以及自书的铭文则体现了诗人对待死亡的通脱与超然，显示了释道对他晚年精神的深刻影响。这是哲学家的胸怀和境界，他把自己的生命置入宇宙的规律的运行中，以终极眼光看待自己的死亡，所以他能化解死亡的恐惧，以一种愉快的心情接受死亡的来临。白居易的死亡观，比较集中体现了中国传统文化的人生智慧。

（五）李贽:《遗言》

李贽(1527～1602 年)，明代思想家、文学家。号卓吾(笃吾)，别号温陵居士。回族。泉州晋江(今属福建)人。曾任河南辉县教谕、南京刑部员外郎、云南姚安知府，后辞官不仕。晚年专事著述讲学，认为儒家经典“乃道学之口实，假人之渊薮”，反对“咸以孔子之是非为是非”，受王阳明心学的影响，主张以己心的是非为是非，终被统治者以“敢倡乱道，惑世诬民”罪名逮捕，自杀于狱中。主要著作有《焚书》、《藏书》、《续焚书》、《续藏书》、《李温陵集》等。《中国遗书精选》载其遗书多篇，这里节选其《遗言》。

遗　言

春来多病，急欲辞世，幸子此辞，落在好朋友之手，此最难事，此余最幸事，尔等不可不知重也。

倘一旦死，急择城外高阜，向南开作一坑：长一丈，阔五尺，深至六尺即止。即如是深，如是阔，如是长矣，然复就中复掘二尺五寸深土，长不过六尺有半，阔不过二尺五寸，以安予魄。既掘深了二尺五寸，则用芦席五张填平其下，而安我其上，此岂有一毫不清净哉！我心安焉，即为乐土，勿太俗气，摇动人言，急于好看，以伤我之本心也。虽马诚老能为厚终之具，然终不如安余之心为愈矣。此是余第一要紧言语。我气已散，即当穿此安魂之坑。

未入坑时，且阁我魄于板上，用余在身衣服即止，不可换新衣等，使我体魄不安。但面上加一掩面，头照旧安枕，而加一白布中单总盖上下，用裹脚布廿字交缠其上。以得力四人平平扶出，待五更初开门时寂寂抬出，到于圹所，即可妆置芦席之上，而板复抬回以还主人矣。既安了体魄，上加二三十根椽子横阁其上。阁了，仍用芦席五张铺于椽子之上，即起放下原土，筑实使平，更加浮土，使可望而知其为卓吾子之魄也。周围栽以树木，墓前立一石碑，题曰："李卓吾先生之墓。"字四尺大，可托焦漪园书之，想彼亦必无吝。

尔等欲守者，须是实心要守。若实与余不相干，可听其自去。我生时不著亲人相随，没后亦不待亲人看守，此理易明。

幸勿移易我一字一句！二月初五日，卓吾遗言。幸听之！幸听之！

（参见周武：《中国遗书精选》，第 271 页，华东师范大学出版社，1994 年版）

点评

《遗言》主要是李贽对自己死后葬事的安排。需注意的主要是以下几点：(1)回族的丧葬方式；(2)要求俭朴薄葬；(3)奇特的丧葬方式中蕴涵的死亡观、丧葬观："我心安焉，即为乐土。"他告诫家人、亲友"勿太俗气，摇动人言，急于好看"，如果那样的话就"伤我之本心"了。李贽一生特立独行，一生勇敢地反世俗、反正统、反道学、反虚伪，主张活出个性，活出真实的自我。在封建时代，这种主张，这种精神，殊为罕见。这种精神亦体现在对自己下葬方式的安排上，诚可谓把独立个性进行到底！由此可以看出，李贽有强大的精神个性，这是他一生行迹的力量源泉。

（六）吕坤：《遗命》

吕坤(1536～1618 年)，明朝大臣。字叔简，别号新吾。河南开封府宁陵县(今河南宁陵县)人。隆庆进士，官至山西巡抚、刑部左侍郎。居官 30 余年，两袖清风，62 岁时称病乞归，83 岁去世。著有《去伪斋集》、《呻吟语》等。

遗　命

衣衾仅周身，不重袭，枕拊以经史。不敛含，一毫金珠不以入棺，一寸缣帛不以送葬。明器如生，丧具以纸，余照《家礼》行。不点主，不远谢。不动鼓吹，不设宴饮。风水阴阳僧道家言，一切勿用。恤典任有无，毋乞祭葬。士民任臧否，毋玷乡祠。至于状、碑、传、表、丧家首所汲汲，儿辈无然。善恶在我，毁誉由人。盖棺论定。无藉于子孙之乞言耳。

(参见周武：《中国遗书精选》，第 276 页，华东师范大学出版社，1994 年版)

点评

吕坤是中国历史上有名的清官，长期居官而家无厚产，向为人所称道，与此相对应，他的《遗命》也常常被人提及，风范后人。吕坤的《遗命》值得注意的有以下几点：(1)俭葬，节葬，薄葬。(2)拒绝任何世俗流行的浮华不实的丧葬形式，拒绝任何热闹虚礼，平静地活，安宁地死。(3)高尚地活，坦荡地死，活出高度的自信，因而告诫儿孙辈不必去为自己追求身后的溢美之词（“状、碑、传、表、丧家首所汲汲，儿辈无然”；“善恶在我，毁誉由人”）。(4)吕坤为什么有如此高度的自信？因为他有“经史”在心。生时“经史”随身，死后“经史”为伴（“枕柎以经史”）。——这一点最引人注目，最能体现死者的个性，最能见出他的为人。经史在心，有强大的精神资源作支撑，就站得高、看得远、就活得崇高、活得大气，就能够坦荡面对死亡。

吕坤实在是一个活得明白、死得坦然的人，上述《遗命》可以证明，至今仍流传甚广的著作《呻吟语》可以证明。《呻吟语》中记载着他一生对人生世事的感悟，比较集中体现了中华民族的人生智慧，至今仍有启发意义。

（七）方声洞：《赴义前禀父绝笔书》

方声洞（1886～1911年），字子明，福建侯官（今福州市）人。自1902年起，两度赴日本留学，先后在成城军校和千叶医校就读。1903年在东京参加拒俄义勇队。1905年加入同盟会，任中国留学生总代表、同乡会议事部长、同盟会福建支部部长等职。1911年4月27日参加广州起义（黄花岗之役），随黄兴攻入督署，奋勇直前，后驰攻督练公所，中途饮弹牺牲，时年仅25岁。

《中国遗书精选》选方声洞遗书两份，兹录其一。

赴义前禀父绝笔书

父亲大人膝下：跪禀者，此为儿最后亲笔之禀。此禀果到家者，则儿已不在人世者久矣。儿死不足惜，第此次之事，未曾禀告大人，实为大罪。故临死特将其死之原因，为大人陈之：窃自满洲入关以来，凌虐我汉人，无所不至。迄于今日，外患逼迫，瓜分之祸，已在目前。满洲政府，犹不愿实心改良政治，以图强盛；仅以预备立宪之空名，炫惑内外之观听，必欲断送汉人之土地于外人，然后始大快于其心。是以满政府一日不去，中国一日不免于危亡。故欲保全国土，必自驱满始，此固人人所共知也。儿蓄此志已久，只以时未至，故隐忍未发。迩者，与海内外诸同志，共谋起义，以扑满政府，以救祖国。祖国之存亡，在此一举，事败则中国不免于亡，四万万人皆死，不特儿一人；如事成则四万万人皆生，儿虽死亦乐也。只以大人爱儿切，故临死不敢不为禀告。但望大人以国事归心，勿伤儿之死，则幸甚矣。夫男儿在世，不能建功立业，以强祖国，使同胞享幸福，奋斗而死，亦大乐也。且为祖国而死，亦义所应尔也。儿刻已念有六岁矣，对于家庭本有应尽之责任，只以国家不能保，则身家亦不能保，即为身家计，亦不得不于死中求生也。儿今日极力驱满，尽国家之责任者，亦即所以保卫身家也。他日革命成功，我家之人，皆为中华新国民，而子孙万世亦可以长保无虞，则儿虽死亦瞑目于地下矣。惟以此以往一切家事，均不能为大人分忧，甚为抱憾！幸有涛兄及诸孙在，则儿或可稍安于地下也。惟祈大人得信后，切不可过于伤心，以碍福体，则儿罪更大矣。幸谅之。兹附上致颖媳信一封，俟其到汉时面交，并祈得书时，即遣人赴日本，接其归国。因彼一人在东，无人照料，种种不妥也。如能早归，以尽子媳之职，或能稍轻儿不孝之罪，临死不尽所言，惟祈大人善保玉体，以慰儿于地下。旭孙将来长成,乞善导其爱国之精神,以为将来为国报仇也。临书不胜祈祷之至。敬请万福金安。儿声洞赴义前一目禀于广州城。

家中诸大人及诸兄弟姊妹、诸嫂、诸侄儿女及诸亲戚统此告别。

(参见周武:《中国遗书精选》,第394页,华东师范大学出版社,1994年版)

点评

这是方声洞在参加广州起义前夕写给父亲的绝命书。方声洞是抱着为国牺牲的赤诚之心回国参加赵声和黄兴组织和领导的“辛亥广州三月二十九日之役”的。当时,在日本留学的同盟会成员讨论回国共襄义举的人选时并没有方声洞,他的任务是留在日本接替林文的工作,领导同盟会的革命活动,但林文和林觉民回国效命后,他经过深思熟虑,毅然决定回国,乃别妻乘船离开日本,取道香港转赴广州。在赴义前一天,即1911年4月26日,他提笔写下了《起义前禀父绝笔书》,希望父亲能从这封绝命书中,了解他的心迹和志向。

阅读方声洞的《起义前禀父绝笔书》,值得注意的有以下几点:(1)方为国“赴义”是自己主动选择的,是清醒的、理性的、自觉的,而非“不得不”;(2)他才25岁,正值青春岁月;(3)家国一体的责任感和使命感。国家利益至高无上,祖国命运高于家庭利益,高于个人生命。

方声洞的《起义前禀父绝笔书》与林觉民的《与妻书》一起,共同构成辛亥革命时期志士用生命谱写的人生乐章,它们既是烈士慷慨赴义的宣言,又是情浓于血的家书,感人至深,荡气迴肠。

（八）李晚：《与家兄诀别书》

李晚（1874～1911年），又名晚发，字晚军。广东云浮县（今云浮市）人。因家境清贫，从小便辍学。后到香港学习缝纫。逐渐萌发民族革命思想。1899年，同几位革命党人返回广东，在家乡云浮租民房作为联络机关，从事革命活动。后被清政府发觉，遂逃往南洋。1911年春，从南洋到香港，协助黄兴筹划广州起义。4月27日下午，随黄兴攻打两广总督衙门，不幸饮弹而亡，时年39岁。

与家兄诀别书

景芝家兄鉴：

敬复者，昨天说及去年余妻区氏与甥往南洋访弟，适因归国两不相遇。弟此次理应返乡一行，但军情紧急，不出三日兄便知矣。此行成败不可知，任其事而怕死非丈夫也，余明知无济，只在实行革命宗旨，决以生命为牺牲。推倒满清，建设中华民国，事成则汉族光明，或败身殉，愿毋我念。恳兄代告余妻区氏一言，苦守韬儿，他日继父之志，幸毋忘之。此别。

谨请

福安

辛亥三月二十八夕

弟晚发手

（参见周武：《中国遗书精选》，第397页，华东师范大学出版社，1994年版）

点评

这是李晚在起义的前一天写给他哥哥的诀笔书。起义前夕，因广州时局骤然变化，一部分人主张改期，李晚却坚决主张按期起义。在起义前一天，他对黄兴说："吾辈此行，早置生命不顾，任其事而怕死，非丈夫也。今明知无济，只在实行革命宗旨，决以生命为牺牲，庶足以振聋发聩，使国民皆知救国之义务，而共表同情，其收效正不在远。"

读李晚《与家兄诀别书》可以看到：(1)在"革命"大义面前，人的与生俱来的怕死本能荡然无存，为了革命，革命者可以自觉主动地选择死，"革命"所给人的精神力量之强大，非一般为自然本能所支配者所能想象。(2)"明知无济"，也"决以生命为牺牲"，目的是要以鲜血和生命唤起国民的清醒。这种"知其不可而为之"、"我不下地狱谁下地狱"的精神，至为崇高，至为悲壮。在革命者这里，"死"已经不是无奈的结局，而是主动选择的革命手段。

(九)夏明翰：《就义诗》

夏明翰(1900～1928 年)，湖南衡阳人。出生于没落封建士绅家庭。1916 北年考入衡阳湖南省立第三甲等工业学校。1920 年夏，到长沙从事学生爱国运动。1921 年冬，由毛泽东介绍加入中国共产党。1925 年以后先后担任中共湖南省委委员兼农委委员、中共湖南长沙地委书记、区委委员兼农民部长、湖南省农民协会秘书等取务，主要从事农民运动。1928 年 1 月，调任中共湖北省委委员。2 月，因叛徒出卖被捕。2 月 9 日，英勇就义，时年 28 岁。

就义诗

砍头不要紧，
只要主义真。
杀了夏明翰，
还有后来人。

(参见周武：《中国遗书精选》，第 475 页，华东师范大学出版

社,1994 年版)

点评

夏明翰在牺牲前,执行官问他有什么遗言,他大声说:"有,给我纸笔来!"昂然挥笔写下这首就义诗。

这是世间流传最广的一首红色革命诗,也是无产阶级革命战士留下的最为独特的"遗书"。读之,可以感知烈士临刑前大义凛然、壮怀激烈的情怀以及英雄主义和乐观主义精神。这首特殊的诗最核心的一个词是——主义。"主义"就像精神原子核,内蕴的力量是强大的、无限的、无坚不摧的,甚至是不可思议的。在持有"主义"、坚信"主义"的人面前,死,简直微不足道,完全丧失了威慑人的作用。人类之所以为人类,"主义"是一个最为明确的标志、最为明确的证明。

读懂了这首诗的精神内核,就理解了一切革命者之所以蔑视死亡,在死亡面前大义凛然的秘密。

(十)杜永瘦:《给妻子的遗书》

杜永瘦(1906～1928 年),原名永寿,字鹤龄。湖北荆门县(今荆门市)人。1925 年加入中国共产党。"五卅"惨案后入黄埔军校,曾参加北伐战争。1927 年到武汉,任学兵团政治指导员。大革命失败后,先后任中共湖北省军委秘书、鄂西特派员等职。不久,因省军委负责人叛变而被捕。1928 年 3 月英勇就义,时年 22 岁。

给妻子的遗书

这是最后的谈话了!我在写这封信的时候,我含着满眶的热泪,可是这宝贵的泪珠,我不愿意使他夺眶而出,因为我觉得流泪是一件极可耻的事，所以我始终是含笑着，文妹！请你用笑来答复我吧！

我的命运的决定，不是在今日的堂讯，而是在平时，我对于我自己命运的估量，亦早知有今日。我不是时常对你说过吗？这就是乐园，是我最后的归宿，光荣的死。我含笑，我更望你含笑。我快乐，我愿你比我更快乐！文妹，欢忻（欣）鼓舞地来欢送我吧！

你觉得太孤寂吗？人世上多的是革命的伴侣！你悲苦吗？人世上多的是寡妇孤儿！时代的牺牲者多着呢！

你的前途应当是“干”！你的责任应当是“干”！你的命运更使你不得不“干”！干呵！只有干才是你的出路——人类的出路！勉之！

你的一切，我都相信得过，然而你的痴情，我觉得是你前途的障碍，快乐的恶魔！不要痴想着我吧！

母亲的爱我，恐怕比你还要利（厉）害吧！她孤苦一身，只剩我这个活宝贝，现在失掉了！是何等的伤感呵！你应当设法隐瞒她，混得一时是一时，这是你主要的责任。别的话不愿说而且不忍说，你自己去想吧！

我觉得我现在已是一个很清闲的人，身上千斤的担子，已经卸了！快乐呵！我的许多朋友，你应当告知他们我是怎样怎样的快乐，叫他们不要悲悼！

我万没有料到今天还能与你作最后的通信，这封书是如何的宝贵呀！然而我不愿意你保存这一点墨迹，使你烦恼终身，我愿你如有浮云般的一眼便过，文妹听我的话呀！

几乎忘却了！还有我的小宝宝——我们爱的结晶，可怜他未出娘胎先失掉了父亲，无父之儿，将来谁人关照！我的意见是弃掉了，以免你的拖累，你自己斟酌行事吧！不说了！

母亲！文妹！小宝宝！一切的朋友们！别了！明晨拍拍

的枪声，是我们最后一刹那诀别的标志！听着吧！再见！

S·一九二八年三月二十七日

说明："S"为杜永瘦的代名。

（参见周武：《中国遗书精选》，第478页，华东师范大学出版社，1994年版）

点评

这是杜永瘦就义前给妻子的遗书。字里行间洋溢着一个革命者视死如归的精神以及对妻子、亲人的深情。

值得注意的是：(1)杜此时才22岁；(2)杜视为革命而死为"乐园"、为"光荣"、为"快乐"，他"始终是含着笑"面对死亡；(3)他要求他亲爱的妻子也不要为他的死而悲凄，而希望她也"含笑"、"快乐"，希望她"欢忻(欣)鼓舞地来欢送我吧"；(4)要求妻子继承遗志继续干革命。22岁，严格说还是一个孩子，但他的英雄主义和乐观主义精神感人至深，让人敬佩之至！

（十一）鲁迅：《遗嘱》

鲁迅(1881～1936年)，现代伟大的文学家、思想家。原名周树人，字豫才，浙江绍兴人。1902年赴日本学医，后弃医从文，立志用文学改变国民精神。回国后先后在杭州、绍兴等地任教。辛亥革命后曾任南京临时政府和北京政府教育部佥事，并在北京大学、北京女子师范大学任教。1918年以"鲁迅"的笔名发表中国现代文学史上第一篇白话小说《狂人日记》，从此成为五四新文化运动的伟大旗手。1926年曾往厦门大学、中山大学任教。1927年回上海，1930年起先后参加中国左翼作家联盟和中国民权保障同盟等组织。一生著译1000余万字，后人编为《鲁迅全集》。

1936年秋，鲁迅病势危重，在重病中曾写杂文《死》，叙述养病时的所思所想，其中列有下列"遗嘱"。

遗　嘱

我只想到过写遗嘱,以为我倘曾贵为宫保,富有千万,儿子和女婿及其他一定早已逼我写好遗嘱了,现在却谁也不提起。但是,我也留下一张罢。当时好像很想定了一些,都是写给亲属的,其中有的是:

一,不得因为丧事,收受任何人的一文钱。——但老朋友的,不在此例。

二,赶快收敛,埋掉,拉倒。

三,不要做任何关于纪念的事情。

四,忘记我,管自己生活。——倘不,那就真是胡涂虫。

五,孩子长大,倘无才能,可寻点小事情过活,万不可去做空头文学家或美术家。

六,别人应许给你的事物,不可当真。

七,损着别人的牙眼,却反对报复,主张宽容的人,万勿和他接近。

此外自然还有,现在忘记了。只还记得在发热时,又曾想到欧洲人临死时,往往有一种仪式,是请别人宽恕,自己也宽恕了别人。我的怨敌可谓多矣,倘有新式的人问起我来,怎么回答呢?我想了一想,决定的是:让他们怨恨去,我也一个都不宽恕。

(参见《鲁迅全集》第六卷,第634～635页,人民文学出版社,2005年版)

点评

这是重病中的鲁迅心里想嘱咐家属的关于自己后事的安排。面对随时可能到来的死亡,鲁迅从容、淡定、理性、深沉,还是他的风格、他的语气，一如往日安排生活中其他的事情。

在现代文学史、文化史、思想史上，鲁迅的思想被公认为是最深刻的。《遗嘱》中简单的几条，集中体现着他的个性和人格，体现着他的生命哲学和死亡意识，体现着他对世故人心深刻犀利的洞察。最能体现鲁迅个性的是，他对怨敌至死都不宽恕。临死，病弱得连笔都拿不起了，但心理上仍是一个斗士，仍然保持着战斗的姿态。这充分显示他具有坚强独立的精神世界，具有独特的强力意志。在中国特定的文化语境下这一点显得尤为可贵。有人据此攻击鲁迅心胸狭窄，实在是对他的最大误解，或者说是最大污蔑。说来复杂，欲明其详，还是细读鲁迅的书吧！

（十二）傅雷:《临终前给姻兄的信》

傅雷（1908～1966 年），著名翻译家，原名怒安。上海南汇县（今南汇区）人。1927 年底，赴法国自费留学，就读于巴黎大学文科。回国后曾在上海美专、昆明国立艺专执教，因无法与俗人共事，每次都在半途绝裾而去，最后，选择了闭门译述的事业，把法国文坛巨匠罗曼·罗兰、巴尔扎克、伏尔泰、梅里美的名著介绍给中国读者。新中国成立后，任上海作协理事、上海作协书记处书记、市政协委员等职。1957 年被划为“右派”，“文革”中被红卫兵揪斗、凌辱，感到大地虽阔却难容身，夫妇双双于 1966 年 9 月 3 日自尽。1979 年 4 月，平反昭雪，彻底恢复政治名誉。

临终前给姻兄的信

人秀（注：傅雷夫人朱梅馥的胞兄）：

尽管所谓反党罪证（一面小镜子和一张褪色的旧画报）是在我们家里搜出的，百口莫辩的，可是我们至死也不承认是我们自己的东西（实系寄存箱内理出之物）。我们纵有千万罪行，却从来不曾有过变天思想。我们也知道搜出的罪证虽然有口难辩，在英明的共产党领导和伟大的毛主席领导之下的中华人民共和国，决不至因之而判重刑。只是含冤不白，无法洗刷的日子比坐牢还要难过。何况光是教育出一个叛徒傅聪来（注：傅聪：傅雷之长子，钢琴家，因受父亲“右派”株连，在一次出国演出后留居国外。），在人民面前已经死有余辜了！更何况像我们这种来自旧社会的渣滓早应该自动退出历史舞台了！

因为你是梅馥的胞兄，因为我们别无至亲骨肉，善后事只能委托你了。如你以立场关系不便接受，则请向上级或法院请示后再行处理。

委托数事如下：

一、代付九月份房租 55.29 元（附现款）。

二、武康大楼（淮海路底）606 室沈仲章托代修奥米茄自动男手表一只，请交还。

三、故老母余剩遗款，由人秀处理。

四、旧挂表（钢）一只，旧小女表一只，赠保姆周菊娣。

五、六百元存单一纸给周菊娣，作过渡时期生活费。她是劳动人民，一生孤苦，我们不愿她无故受累。

六、姑母傅仪寄存我们家存单一纸六百元，请交还。

七、姑母傅仪寄存之联义山庄墓地收据一纸，此次经过红卫兵搜查后遍觅不得，很抱歉。

八、姑母傅仪寄存我们家之饰物，与我们自有的同时被红卫兵取去没收，只能以存单三纸（共 370 元）又小额储蓄三张，作为赔偿。

九、三姐朱纯寄存我们家之饰物，亦被一并充公，请代道歉。她寄存之衣箱贰只（三楼）暂时被封，瓷器木箱壹只，将来待公家启封后由你代领。尚有家具数件，问菊娣便知。

十、旧自用奥米茄自动男手表一只，又旧男手表一只，本拟给敏儿与×××，但恐妨碍他们的政治立场，故请人秀自由处理。

十一、现钞 53.30 元，作为我们火葬费。

十二、楼上宋家借用之家具，由陈叔陶按单收回。

十三、自有家具，由你处理。图书字画听候公家决定。

使你为我们受累，实在不安，但也别无他人可托，谅之谅之！

傅雷　朱梅馥

一九六六年九月二日夜

（参见段文菡:《傅雷》，第 138～141 页，山东画报出版社，1998 年版）

点评

1966 年 8 月 30 日，“红卫兵”、“造反派”上门抄家四天三夜，后在阁楼上查到一只亲友寄存多年的箱子，并从箱子里翻到一面老式小镜子，背面嵌着一张蒋介石像，又从一本褪色的旧画报上翻到一张宋美龄的照片，于是硬诬傅雷“窝藏反党罪证”，并一再追问是谁的？傅雷拒绝回答，他深知，一旦说出来，马上就会连累别人。他只是反反复复地申明一点——那不是他的箱子，于是引来更大的折磨和凌辱。9 月 2 日上午，傅雷夫妇被拉到大闸口站在长凳上戴上高帽子批斗。这对傅雷夫妇来说不啻是一种人格侮辱！傅雷是个孤高不与众合的人，也是个寂寞而且甘于寂寞的人，他可以忍受其他，但绝对无法忍受“窝藏反党罪证”的罪名以及随之而来的残酷的人格侮辱！在那个“驱人于自杀之途的环境”中，对于不愿苟且的正直的知识分子来说，除了死，别无选择！于是于当夜写下遗嘱后夫妻二人自杀身亡。

传记表明，傅雷禀有刚硬倔强、甚至是暴烈的脾气，当他受到污辱时可以想象他是多么的愤怒，但遗嘱写得何其平静、冷静、坦荡、从容！这种巨大的反差让我们体会出傅雷内心的决绝选择：士可杀不可辱，死不足惜，但人格的清白要坚决维护。人格尊严高于生命，傅雷以死表明了强烈抗争。其耿直刚硬、凛然不可冒犯的形象永远留在后世人心中。

（十三）彭德怀：《临终遗言》

彭德怀（1898～1974 年），原名得华，号石穿，湖南省湘潭县人，中华人民共和国十大元帅之一；彭德怀是德高望重的老一辈无产阶级革命家、军事家和政治家，是中国共产党、中华人民共和国与中国人民解放军的卓越领导人之一。1959 年 7 月，彭德怀在中共中央政治局扩大会议（庐山会议）期间，不顾个人安危，为民请命，勇于直言，写信给毛泽东主席，对“大跃进”和人民公社化运动中的错误提出批评，遭到错误的批判，在中共八届八中全会上被错定为“右倾机会主义反党集团”的首领，免去国防部长等职务。1966 年“文革”开始后受到残酷迫害，于 1974 年 11 月在北京逝世。1978 年平反，恢复名誉。

临终遗言

我死以后，把我的骨灰送到家乡，不要和人家说，不要打扰人家。你们把它埋了，上头种上一棵苹果树，让我最后报答家乡的土地，报答父老乡亲。

我不能再工作了。在这样的黑屋里，我住一天嫌多，想到工作，我觉得再活上十年才好哩。你们年轻，要努力工作，要学一门本事，为人民添砖盖瓦，不要去追求名利，搞那些吹牛拍马、投机取巧的事。

我一生有许多缺点，爱骂人，骂错了不少人，得罪了不少人。但我对革命对同志没有两手，我从来没有搞过那种阴谋。这方面，我可以挺起胸膛，大喊百声：我问心无愧。

（参见周武：《中国遗书精选》，第 691 页，华东师范大学出版社，1994 年版）

点评

这是金戈铁马数十载的彭德怀元帅在弥留之际的最后几句话。1974 年 9 月，彭德怀生命垂危之际，仍喃喃而言："我犯有很多错误，但我不搞阴谋，在这点上我是清白的。""已经审查 8 年了，现在还没有结论。""我从来不怕死，现在问题没有搞清楚，我要见毛主席。""历史是最无情的。历史会审判他们，也会对我作出正确的评价。"11 月 29 日，这位"横刀立马"的彭大将军离开了人世，当时身边没有一个亲人。

这样一位对中国革命和建设立下了巨大功勋而蒙受巨大冤屈的人，临终时想的竟然是化灰肥树报答父老乡亲，想的是为祖国为人民继续工作，想的是鼓励年轻人做正直的人。不过，最震撼人心的是，他临死都念念不忘表明心迹：我问心无愧。这是多么沉痛的呼喊，之所以喊出这样的话，是因为一生清白的他至死都没有盼来一个还他清白的结论，使他至死仍背负着巨大的政治包袱，他愤懑不平、死不瞑目。由此可见，要想让人死得安宁，必须有一个清明阳光的政治环境，不让好人受冤屈。

（十四）国外名人遗书、遗言选录

说明：余世存先生的《非常道 II——20 世纪中国视野中的世界话语·临终第四，非命第五》和尚巾、吴晓宁等编写的《名人最后的话》中，辑录了世界范围内各界名人的诸多遗书、遗言，内容丰富，各有精彩。其中折射出各不相同的人生观、死亡观及超越死亡的智慧。本书择录其中一小部分。感谢余世存、尚巾、吴晓宁等先生的辛苦劳动。

因为篇幅短小、内涵易懂，故省略作者介绍及点评。

1. 麦金莱：被刺杀后还让人保护刺客：别让人伤害了他

1901 年 9 月 6 日，麦金莱在出席布法罗泛美博览会时，被一名无政府主义者射伤。身中两枪的麦金莱让人保护刺客："别让人伤害了他！"八天后，他在布法罗去世，享年 58 岁。麦金莱是美国建国后被刺身亡的第三位总统。他以微弱的声音说出自己最喜爱的圣歌歌词："上帝，我离你越来越近了。"此后，便昏迷过去，再也没有醒来。

2. 甘地：被刺客打伤后捂住伤口说：请宽恕这个可怜的人

1948 年 1 月 30 日，甘地在信徒们陪同下，参加一次祈祷会。当他步入会场时，早已隐藏在人群中的纳图拉姆走到甘地面前，一面弯腰向甘地问好，一面迅速掏出枪，抵住甘地枯瘦赤裸的胸膛连放三枪，殷红的鲜血染红了他洁白的缠身土布。甘地捂住伤口，发出最后的声音："请宽恕这个可怜的人！"

3. 马克·吐温：我们还会相逢呀

1910 年 4 月 21 日，马克·吐温因狭心症不治逝世。临死时，他的病床旁聚集了很多人，作家含笑着与他们作了最后诀别："再见，我们还会相逢呀！"

4. 托尔斯泰：世界上有千百万人在受苦，为什么你们只想到我一个

1910 年 11 月 7 日清晨，弥留之际的托尔斯泰对一直守护在他身边的医生说了最后一句话："世界上有千百万人在受苦，为什么你们只想到我一个？"

5. 爱迪生:那边真美

1931 年 8 月 1 日,爱迪生身感不适。8 月 4 日《纽约时报》刊登的医疗公报称:“爱迪生先生就像在危险丛生的海峡中航行的一条小船,也许能安全通过,也许会触礁。”10 月 13 日爱迪生撞上了“暗礁”,并陷入昏迷。临终前,他曾清醒过一会儿。“那边真美!”他说。1931 年 10 月 18 日,爱迪生逝世,终年 84 岁。

6. 丘吉尔:我已准备好了去见上帝

丘吉尔,第二次世界大战时英国首相,为打败希特勒法西斯立下了卓著功勋。作为政治家,他有功有过,人们对他的评价毁誉参半,他自己对此心中有数。临终前他依旧风趣幽默地说:“我已准备好了去见上帝,不管上帝是否已准备好了酷刑来质问我。”

7. 弗利德:我坚信,有一些东西,是邪恶永远无法战胜的

1942 年,艺术家弗利德接到被遣送的通知。当地的小店主回忆说,弗利德走进她的商店说:“希特勒邀请我去赴会呢,您有什么保暖的衣服吗?”小店主给了她一件灰色的外套,又暖和又耐穿,怎么都不肯收钱。弗利德最后送了她一张画。弗利德曾说:“这里是如此祥和,哪怕在我生命的最后一刻,我都坚信,有一些东西,是邪恶永远无法战胜的。”

8. 托洛茨基:娜塔莎,我爱你

早在 1937 年的大审判中,革命家托洛茨基就被斯大林缺席判处死刑。在 1940 年 8 月 20 日,这一判决终于被执行了。托洛茨基被特务击伤头部,他意识到自己生命垂危,也许是害怕在袒露爱意之前死去,他对妻子说:“娜塔莎,我爱你!”他说得庄重、严肃,虽然微弱。

9. 瓦特:我要向各位致十二万分的谢意

瓦特,英国发明家,高效率蒸汽机发明者,他的发明开辟了近代工业新纪元。1819年8月25日,当他即将离开人世时对在场的亲戚、朋友、家人说:"各位对我表示的关心爱护,令我感念不已。看来,我就要离开人世了,趁我还能说话,我要向各位致十二万分的谢意。"

10. 林德伯格:我死后,我身体里的分子将回到大地和天空中去

1974年8月26日,美国飞行员林德伯格死于癌症。在去世后4年,他的《价值标准的自述》与公众见面,书中用超越世俗的一笔作为结尾:"我死后,我身体里的分子将回到大地和天空中去。它们来自星辰,而我就是星辰。"

11. 切·格瓦拉:我在想,革命是不朽的

1967年10月9日,39岁的切·格瓦拉被枪杀。一位当地妇女剪下了他带血的头发,转给了他的古巴亲人。闻讯赶来的神甫清扫了留在地上的血迹,神甫想对他说:"上帝相似你。"据说他死后的样子酷似受难的基督,他的遗言是:"我在想,革命是不朽的。"

12. 萧伯纳:我早就知道无论我活多久,这种事情迟早总会发生的

1950年11月2日,萧伯纳在赫特福德郡埃奥特圣劳伦斯寓所因病逝世,终年94岁。临终前他对女佣说:"太太,你想让我像古董一样永远活下去吗?我已经完成了我要做的,我要走了。"萧伯纳毕生创造幽默,他的墓志铭虽只有一句话,但恰巧体现了他的风格:"我早就知道无论我活多久,这种事情迟早总会发生的。"

13. 维特根斯坦:告诉他们,我度过了极为美好的一生

1951 年 4 月 20 日,哲学家维特根斯坦在他失去知觉以前,对看护他的贝文夫人说:“告诉他们,我度过了极为美好的一生!”

14. 爱因斯坦:我已尽了我的责任,是该走的时候了

1955 年 4 月,爱因斯坦的生命到了尽头。两个月前,他说:“我已经达到了这样的境界:把死亡看做是一笔最终总是要偿还的旧债。”13 日,他说:“当我必须走时,就应该走。人为地延长生命是毫无意义的,我已尽了我的责任,是该走的时候了。我会走得很体面的。”他坚持不注射吗啡。18 日凌晨,爱因斯坦停止了呼吸。

15. 萨特:我很爱你,亲爱的小海狸

1980 年 3 月 20 日,哲学家萨特住进医院,4 月 15 日辞世。人们以为他进去后很快会出来,但终究没有出来。陷入昏迷之际,他给波伏瓦留了最后一句:“我很爱你,亲爱的小海狸。”

16. 纳吉:如果现在需要用我的生命来证实共产主义并非人民的敌人,我情愿作出这一牺牲

1958 年 6 月 16 日早晨 6 时,纳吉被处以绞刑。这个有着 40 多年党龄的国际共产主义工人运动的知名人士结束了生命,罪名是“阴谋暴动推翻匈牙利合法制度,叛国投敌,军事哗变”。“如果现在需要用我的生命来证实共产主义并非人民的敌人,我情愿作出这一牺牲。”纳吉在绞刑架上喊出的最后一句话是:“社会主义的、独立的匈牙利万岁!”

17. 马歇尔:简葬我,一如军中忠诚为国之寻常将士

1959 年 10 月 16 日,马歇尔病逝,全美国举哀一日。他留有

遗言:“简葬我,一如军中忠诚为国之寻常将士。切忌铺张,典式毋盛,追悼会宜简,到场只限族亲,尤须悄然为之。”葬礼按其遗言进行。这位为打败法西斯建立了丰功伟绩的一代英才静静地长眠于阿灵顿公墓。

18. 海森堡:人们去了,但他们的功绩却留了下来

1976年2月1日,物理学宗师海森堡在慕尼黑逝世,他在床榻临终前说的最后一句话是:“人们去了,但他们的功绩却留了下来。”其墓志铭暗含他的测不准原理:“他在这里,也在别处。”

19. 释迦牟尼:为了解脱自己,务必努力,不得休止

释迦牟尼,佛教创始人。公元前486年,他在传教途中不幸身染重病。临终时,他嘱咐弟子和信徒们说:“啊!所有爱我的人,请别忘了我下面的话:一切诞生的东西,都有死亡的一天,为了解脱自己,务必努力,不得休止。”

20. 阿基米德:请让我画完这个圈圈,再杀我……

阿基米德,古希腊物理学家、数学家,生于叙拉古城。公元前212年,罗马人攻入叙拉古城,阿基米德知道牺牲已不可避免,仍拒绝一切劝说独自回到书房,继续研究几何图形。罗马士兵闯进书房用刀剑对着他,他平静地说:“请让我画完这个圈圈,再杀我……”没等他说完,罗马士兵一剑刺死了他。

21. 艾森豪威尔:亲爱的,我们要分手了,上帝召我去了

当死亡临近时,艾森豪威尔想着他的家人。他在病床上说:“我永远爱我的妻子,我永远爱我的儿女,我永远爱我的国家。”他嘱咐儿子要好好照料妈妈,临终时他注视着妻子,紧紧握着她的手,轻轻地说:“亲爱的,我们要分手了,上帝召我去了。”说完,他的

心脏就停止了跳动。

22. 玻利瓦尔:在临终的时刻,我想着祖国的福利

玻利瓦尔(1783～1830年),委内瑞拉革命家,拉丁美洲西班牙殖民地独立战争杰出领袖,他领导委内瑞拉等南美洲国家推翻了西班牙在南美洲长达300年的殖民统治,被誉为“拉丁美洲解放者”、“南美的华盛顿”。他主张拉丁美洲洲际联合和团结,但结果是各国陷于分裂和争斗。他心情沮丧,抑郁而死。临终前,他怀着深深遗憾,留下遗言:“在临终的时刻,我想着祖国的福利。如果我的死会有助于停止纷争和加强团结的话,我将毫无怨言地走进坟墓。”

23. 达尔文:我一点也不怕死

1882年4月19日,达尔文在73岁时心脏病猝发。当他从昏迷中醒来,看着守护在身边的妻子和孩子们欣慰地说:“我一点也不怕死。”之后安祥地告别人世。

24. 达·芬奇:一生利用得很充分,临终一定会觉得很幸福

达·芬奇是意大利文艺复兴时期卓越代表人物,在绘画等多方面都有杰出建树。但他对于自己一生所取得的巨大成就却并不在意。1519年5月2日,在生命的最后一刻,他留下了如下遗言:“一生过得很美好,夜里一定会睡得很香甜。一生利用得很充分,临终一定会觉得很幸福。可惜的是,我一生中从来也没有做过一件值得一提的事。”

25. 狄德罗:走向哲学的第一步就是不信神

狄德罗是18世纪法国启蒙思想家、唯物主义哲学家、无神论者,即使在生命垂危之际,牧师一再劝导仍未能动摇他的信仰。在

他逝世前一天，朋友们聚在他病床前讨论哲学，他说："走向哲学的第一步就是不信神。"这句话成为他留在人间的最后声音。

26. 伏尔泰：让我安静地去死吧

伏尔泰是法国18世纪启蒙运动中伟大的思想家，反对宗教、教会和教士的狂热。1778年5月30日晚，神甫来到奄奄一息的伏尔泰床边问他："您承认耶稣基督的神性吗？"伏尔泰答："让我安静地去死吧！"当晚11时，84岁的伏尔泰溘然长逝。

27. 华盛顿：我死以后，葬礼从简，两天内下葬……

华盛顿，美利坚合众国的奠基人，第一任总统，卸任后回归自己的农庄。1799年12月患病，医疗总不见效，当他感到自己将要告别人世，便告诉医生不要再操心了。14日晚10时左右，他从昏睡中醒来，对副官交代自己的后事："我死以后，葬礼从简，两天内下葬……"说完便闭上眼睛辞别了人世。

28. 柯罗：我衷心希望天堂里也有绘画

柯罗是19世纪法国著名画家，毕生忠于绘画，其作品的质量和题材的丰富，超越了同时代人。1875年2月22日，柯罗在病床上用微弱而缓慢的声音说："我衷心希望天堂里也有绘画。"说完微笑着闭上眼睛驾鹤西游。

29. 雷诺兹：我知道这个世界的一切都有个终结站……

雷诺兹，18世纪英国著名肖像画家，曾创建英国皇家美术学院，曾任该院院长。1792年2月23日，病中的他意识到自己的生命即将完结，但他依然乐观从容，他面对悲痛欲绝的家人，吃力而又平静地说："我知道这个世界的一切都有个终结站，如今，我的终站也逼在眼前。”说完，安详地死去。

30. 卢梭：可别太伤心，你看，那天空有多透明，我就是要去那里

卢梭，18世纪法国杰出启蒙思想家、哲学家、教育家、文学家，信奉天赋人权说，提出“人民主权”思想，主张在法律面前人人平等。他的著作在法国大革命时期被当作“革命圣经”读，为此深受封建政府和教会迫害，长期漂泊国外。1778年7月，身心俱悴的卢梭在病榻上对夫人说：“可别太伤心，你看，那天空有多透明，我就是要去那里。”说完撒手归西。

31. 潘恩：我度过了对人类真诚而有益的一生

潘恩，18世纪美国独立战争时期政论家、民主主义者和启蒙学者，一生孜孜不倦地为美国和欧洲人民的自由民主事业而奋斗。晚年的潘恩仍是孑然一身，当病魔缠身，他感到自己将不久于人世时，对守护在身边的人说了如下一段话：“我度过了对人类真诚而有益的一生；我毕生的时间都花在做有益的事情上，我是怀着完全镇静而顺从的心情应造物主的意愿而辞世的。”

三、直面死亡

死亡就在眼前，怎样去应对它，这是对人的重大考验。平时在书斋里思考、清谈死亡是一回事，当死神真的突然降临怎样应对又是一回事。死亡面前见本色，于是有本节的设计。

（一）屈原：亦余心之所善兮，虽九死其犹未悔

屈原（约公元前340年至前278年）出生于贵族世家，具有雄才大略，二十多岁时便官居左徒高位。司马迁《史记》中说他："博闻疆（强）志，明于治乱，娴于辞令。入则与王图议国事，以出号令；出则接遇宾客，应对诸侯。"屈原外交上主张合纵抗秦，内政上主张修明法度，举贤授能。以当时楚国的实力，屈原的主张若能贯彻始终，最终统一天下的未必就是秦国。

但是，屈原生不逢时。这是一个黄钟毁弃、瓦釜雷鸣的时代。屈原文华四射、才情孤高，却对官场的潜规则一无所知，周围佞臣的一番谗言便足以决定他被抛弃的命运。楚怀王相信屈原有野心，从此将他束之高阁。这期间，怀王虽因中张仪骗局而丧师失地，两次惨败于秦，因而再度起用过屈原，但屈原联齐抗秦政策得到的"配合"却是怀王再度屈从强秦的威逼利诱，忽纵忽横，只图一

时苟安，最后连自己也受骗入秦，被当作藩臣囚禁起来，终于忍辱含悲，客死他乡。而如果说楚怀王是贪利受骗，接着即位的顷襄王则是在大敌当前一味畏怯妥协，乃至竟与秦结为婚姻，以求一时苟安。而先已被五年流放汉北，发愤写出著名长诗《离骚》的屈原，当他被顷襄王再度放逐时，面对大好河山的断送，其悲愤忧伤之情已是可想而知了。他目睹了曾经是充满希望的故国怎样被漆黑一团的腐败政治所毁亡。顷襄王二十一年（公元前631年），攻陷楚国郢都的秦将白起曾这样描述当时楚国的形势："是时楚王侍其国大，不恤其政，而群臣相妒以功，谄谀用事，良臣斥疏，百姓心离，城池不修，既无良臣，又无守备。"这样腐败的国家想要抵御秦国铁骑的锋锐，怎么说也只是一厢情愿的事情。

再一次被流放的屈原，抱着以死殉国的决心，向长沙走去。长沙曾经是楚国的发源地，一如他的《哀郢》所言："鸟飞返故乡兮，狐死必首丘。"他至死犹不忘返本归宗，期待着以生命来感悟已入穷途的顷襄王和楚国的民众。眼见官场人格普遍堕落，国家命运无可挽救，给忠贞自守的屈原带来的困惑与痛苦是难以言喻的。同在《哀郢》中他深深叹息：

外承欢之汋约兮，谌荏弱而难持。
忠湛湛而愿进兮，妒被离而鄣之。

这是说，奸佞小人表面上弄姿作态，讨楚王欢喜，其实都是软骨头，根本不可指靠。忠心耿耿的人有心报效国家，却被遮天盖地的谗言圈了个水泄不通。现实的这一冷酷反讽给屈原带来的是一种深深的忧患意识。爱国忧民的悲思、高洁不屈的独立人格决定了屈原不可能与恶浊的现实妥协。他带着旷世的悲怨、不屈的希求，在一个忧愤深广的精神领域中苦苦求索：这一求索的结果，众所周知，乃是死的选择。

近代以来被认为不是屈原所作的《渔父》一篇，无疑也从一个侧面反映了屈原之死的必然性。屈原赴死的途中曾见一渔父。渔父认出屈原是三闾大夫，不解他何以这般憔悴，屈原乃道：举世皆浊我独清，众人皆醉我独醒，所以才遭到放逐。对此渔父说出一番很有哲理的话来，他说：圣人不拘于事物表相，所以能与世道共进。世人皆浊，何不随波逐流？众人皆醉，何不同饮同醉？你何苦远离流俗，一味深思，而遭此放逐？屈原的回答充分显示了他固执的人格追求。他道：我听人说，人新洗了头，总要把帽子掸掸，洗了澡，总要把衣服掸掸。这是不愿以自己洁净的身体去沾染外界的灰尘。我宁愿投身湘水、葬身鱼腹，又怎能以我洁白的皓皓人格去蒙受世俗的污垢？渔父乃莞尔一笑，鼓桨而去。

这段故事中的渔父似乎是庄子避世哲学的一个化身。庄子以一个超乎社会之上的自然之道来蔑视社会，以极富有浪漫精神的想象哲学来同善恶、齐生死。这一回避现实的出世精神因此成为一种极有诱惑力的"逍遥游"。屈原具有庄子一样的浪漫想象，其《天问》中对宇宙人事追根求源的探索精神决不逊于庄子齐生死万物的超越哲学。但屈原性格中更有省身独特的一面。他与楚王同宗的高贵血统，他的自负的人格，他的强烈的忧国忧民精神，盖言之，他的身世、理想和价值观念都使他必然要走修身、齐家、治国、平天下的道路。这是儒家积极入世的传统。"随波逐流"的圣人之道非为他所能效法，渔父那闲云野鹤式的隐世哲学亦远不足以消除他心中的积怨。他需要的是将精神与肉体一齐放置到邪恶的熔炉中冶炼，以痛苦为代价获得生存的意义。这只能是以身殉道的超越。

（参见陆扬：《死亡美学》，第 81～83 页，北京大学出版社，2006 年版）

点评

屈原死了，他的死给后人留下了极大的遗憾和震撼。用另一种眼光看，或者以为屈原迂腐、固执，不知进退，不知变化，然而屈原的伟大正在于此，没有了这些还有屈原么?！屈原的死，有人理解为精神崩溃了，但也可以理解为不但不是崩溃，相反，恰恰是因为他的人生信念、精神支柱太执着太刚硬太强大了。他的精神信念大于一切高于一切直至生命，当精神信念无法实现时，他宁愿以一死来维护。至死，他的精神信念都是超强的、不变的，这怎么能是崩溃了呢?！回到本书题旨上来，“心何以安”，或者说屈原的精神支柱在哪里？细致考察起来，毫无疑义是信仰、是道义、是真理、是责任，这一切都表现为一种崇高的精神，这是他生命的唯一支撑，是他的精神家园，他为此而生为此而活，最后也为此而超越了死亡。正如他自己所说：“亦余心之所善兮，虽九死其犹未悔。”

屈原以死完成了自己的人格形象，这一形象以其高洁、耿介、执着等极为丰富的精神内涵凝结为一个精神符号，成为后人立身处世的光辉榜样。人生在世，理想与现实冲突，怀才不遇，忠诚遭患，在任何时代尤其是封建时代，随时都可能发生，它不只是个别现象，而毋宁说是普遍现象。这一困境直接挑战了士大夫所信奉并赖以安身立命的人生信条，怎么办？不少人为了世俗利益选择了放弃、逃避和屈服，但也有人选择了坚守。在选择坚守的人中，屈原的形象就可能起了相当大的作用。历代文人士大夫留下了大量歌颂屈原的文字就是明证。困境中的人可能没有屈原那份独立和坚强，但只要心中有屈原在，他们的心灵就有所皈依，就有了精神支柱。屈原为困境中的人起到了指引和救赎的作用，正所谓“虽不能至，心向往之”。

(二) 苏东坡:吾生无恶,死必不坠

说明:苏东坡一生为官耿介忠直,文才出众,但命运困顿坎坷,屡遭贬谪,直至被贬当时的蛮荒之地海南岛。元符三年(公元1100年)正月,宋哲宗逝世,徽宗即位,向太后听政,下诏苏东坡移廉州安置。六月,苏东坡离开海南北归,在颠沛流离的路途中,染疾,时轻时重,终至不治,1101年七月二十八日病逝于常州。恶疾缠身,随时都可能死去。面对死神,苏东坡是怎样应对的呢?请看苏东坡研究专家王水照先生和他的学生崔铭合著《苏轼传——智者在苦难中的超越》(天津人民出版社,2000年版)中的记载:

转眼到了七月,苏轼缠绵病榻已经一月有余。十二日忽觉病势减轻,精神颇佳,他说:

> 今日意喜近笔砚,试为济明戏书数纸。

于是起床手书《惠州江月五首》,第二天又作《跋桂酒颂》,一并送给钱济明(苏轼朋友)。

大家都为他感到高兴。谁知此时病势骤减实非吉象,而是回光返照。到十四日晚上,病情极度恶化,一夜高烧,伴以牙床出血,全身无力。第二天,他在《与钱济明书》中详述道:

> 某一夜发热不可言,齿间出血如蚯蚓者无数,迨晓乃止,困惫之甚。

从病象来看,兼有瘴毒、肠胃、心肺、血液之类的多种疾病。苏轼具有医药知识,存世的《苏沈良方》相传便是他与沈括收集的验方。此时他分析自己的症状,自我诊断:

> 细察疾状，专是热毒，根源不浅，当专用清凉药。已令用人参、茯苓、麦门冬三味煮浓汁，渴即少啜之，余药皆罢也。

可是自病自诊，却有失误。“专用清凉药”，虽是对症下药之举，但除“麦门冬”系清凉药外，“人参”、“茯苓”却是温药.可能为了补气而一并服用。其实应先治“热毒”再作补气。

药物无效，气浸上逆，无法平卧，只好日夜倚坐床头。晋陵县令陆元光送来“懒版”，此物“纵横三尺，偃植以受背”(《梁溪漫志》)，类似于今日的躺椅，靠在上面，感觉舒服多了。

苏轼自知不起，十八日，将三个儿子叫到床前，交代了后事，他说：

> 吾生无恶，死必不坠。(我平生未尝为恶，自信不会进地狱——林语堂《苏东坡传》译文。下同)

面对死亡，他平静地回顾自己的一生，光明磊落，无怨无悔，自信必能升入自由、自主的精神“天国”。他对生命意义的透辟理解，对人类自身终极关怀的深刻领悟，消融了濒死的痛苦和对死亡的恐惧。

二十三日，苏轼睡醒过来，看到径山寺长老维琳名刺，得知他冒着暑热远道前来探病，惊叹不已，连忙写信邀他于夜凉时来家对榻倾谈。

还在十几年前，苏轼任杭州知州时，就聘请维琳主持径山寺法席。径山古刹由唐代宗时牛头宗法钦禅师正式开山，但维琳却是云门宗法嗣。苏轼先后两次任职杭州时，与僧道交游频繁，是他接受佛教思想的最重要时期。他三上径山，写作诗文近二十首。

而今苏轼是劫后余生，病入膏肓；维琳远道专程探疾，话题自然集中到生死问题上。

二十五日，病情更见加剧，苏轼手书一纸与维琳道别：

> 某岭海万里不死，而归宿田里，遂有不起之忧，岂非命也夫！然死生亦细故尔，无足道者。维为佛法为众生自重。
>
> ——《与径山维琳》

虽然已觉大限将至，但心里非常平静。

二十六日他与维琳以偈语应对，他答道：

> 与君皆丙子，各已三万日。
> 一日一千偈，电往那容诘。
> 大患缘有身，无身则无疾。
> 平生笑罗什，神咒真浪出！
>
> ——《答径山琳长老》

苏轼生于宋仁宗景祐三年（农历丙子年）(1036年)，至此时已在世二万三千四百六十日，这里说三万日，是举成数而言。五六两句是他四年前所作《思无邪铭》中的成句（仅改“病”为“疾”），说明直至病危之时，苏轼仍神智清明，记忆一如往常。在这篇《铭》的《叙》中，他说：

> 夫有思皆邪也，无思则土木也，吾何自得道？其唯有思而无所思乎？

在《虔州崇庆禅院新经藏记》中，也提出过“能使有思而无邪，无思而非土木”的两难命题，他的答案是：只要努力寻找“思”与“无思”之间的契合点，是可以达到“浩然天地间，唯我独也正”的境界的。“大患缘有身，无身则无疾”，意思是人生的苦难来自俗谛，勘破俗谛则还我本真之身。“无身”也就是本真之身。结尾“平生笑罗什”两句，维琳也不懂，询问之后，苏轼索笔写道：

昔鸠摩罗什病亟，出西域神咒，三番令弟子诵以免难，不及事而终。

明确表示对迷信虚妄的摒弃。这便是苏轼一生的绝笔。

二十八日，苏轼处于弥留状态，他已失去听觉、视觉，维琳在他耳边大声说：“端明宜勿忘西方！”（“现在，要想来生！”）

苏轼喃喃回应道：“西方不无，但个里着力不得！”（“西天也许有。空想前往，又有何用？”）

钱世雄在旁，也凑近耳畔大声说：“固先生平时履践至此，更须着力！”（“现在，你最好还是要做如是想。”）

苏轼又答道：“着力即差！”（“勉强想就错了。”——上述对答反映了苏轼的道教道理，意为解脱之道在于自然，在不知善而善。苏轼至死不迷信。）

苏迈含泪上前询问后事，不答，湛然而逝，时为建中靖国元年（公元1101年）七月二十八日。

苏轼病逝的消息很快传遍了全国，四方震悼，山河同悲。“吴越之民，相与哭于市，其君子相与吊于家；讣闻四方，无贤愚皆咨嗟出涕。”（苏辙《亡兄子瞻端明墓志铭》）形成群众性、自发性的吊唁活动。

（参见王水照、崔铭：《苏轼传——智者在苦难中的超越》，第625～628页，天津人民出版社，2000年版）

（三）文天祥：人生自古谁无死，留取丹心照汗青

文天祥（1236～1283年），南宋大臣、文学家，字履善，一字宋

瑞，号文山。江西吉州庐陵县(今吉安县)人。21岁时高中状元。理宗开庆元年(1259年)，元大军压境，宦官董宋臣主张迁都，他上疏请斩宋臣，并建议御敌之策，未被采纳，自请罢归。后历任刑部郎官，知瑞、赣等州。1275年元兵东下，又应诏起兵勤王，入卫临安。次年任右丞相，使北至元军营中谈判，被扣留，后于镇江脱险，流亡通州，由海路南下，至福建与张世杰、陆秀夫等坚持抗元。两年后督师进入洱西，恢复州县多处，不久为元重兵所败，退入广东，继续抵抗。次年在五坡岭(今广东海丰北)被俘。元将张弘范命他作书招降张世杰，乃书所作《过零丁洋》诗以明志，1279年被押往大都，迭经威胁利诱，始终不屈，最后被杀害于大都南城柴市。

在中国历史上，文天祥是个妇孺皆知、人皆景仰的人物。这并不仅仅因为他以社稷安危为重，屡次上书指斥权臣误国，更重要的是因为他在使北与抗元斗争过程中所体现出来的浩然正气，以及在囚居大都的三年岁月里所表现出来的凛然不屈、忠贞不贰的志节。有人曾这样赞扬他：身任相国，扶颠持危，文天祥和诸葛亮是相同的，但他慷慨尽节；举义倡勇，杀身不异，文天祥又和张巡一样，但他位至宰相。“名相烈士，合为一传，三千年间，人不两见”。

文天祥本来是完全可以不死的，元朝统治者最初也并没有杀他的意图，而是千方百计地设法软化他，使他以事宋之心事元。自从文天祥于海丰五岭坡被俘以来，劝诱他投降者接踵而来：先是元朝大将张弘范，继而是已降元的南宋宰相留梦炎和德祐皇帝赵显，继而是元朝权倾朝野的平章政事阿合马和丞相孛罗，甚至连元世祖忽必烈也亲自劝降，许之以宰相或枢密之隆位显爵。这是历史上从来没有过的异乎常规的劝降活动，由此可见元朝统治者的良苦用心，但元朝统治者并不能易其心志，他们所做的所有劝降努力都遭到了文天祥的严词拒绝，决不归附。至元十九年(1282年)十二月初九日，元朝统治者下令处死文天祥，他神志泰然地对狱吏说：“我事毕矣！”即被带上刑具，押到柴市。到了刑场，文天祥问围观的百姓,孰为南北,南面再拜而从容就义。

在生与死之间,文天祥毫不迟疑地选择了后者。选择是需要信念的,这种信念概而言之,也就是忠诚与气节。而这种忠诚与气节又是由儒家文化化育而成的。文天祥,“加之以斧钺,而志不畏;临之以汤镬,而心不惊”,最后从容就义,实质上就是这种信念的践履。从这个意义上说,他的殉宋,也是殉文化的一种特殊表征。文天祥就义后的第二天,其夫人欧阳氏来收领遗体,在他的衣带间发现了一篇附有序言的“自赞”。其序曰:“吾位居将相,不能救社稷,安天下,军败国亡,辱为俘囚,其当死久矣。被执以来,欲引决而无间。今天与之机,谨南向再拜以死。其赞曰:孔曰成仁,孟曰取义,惟其义尽,所以仁至。读圣贤书,所学何事?而今而后,庶几无愧。宋丞相文天祥绝笔。”这篇“自赞”其实就是他的遗书。自起兵勤王以来,文天祥早已置个人的生死于度外。被执以后不久,他写下了“人生自古谁无死,留取丹心照汗青”这样震古烁今、大义凛然的诗句,用以明志。在囚居大都的岁月里,他又将自己悲愤郁结之情寄之以啸歌,编成了《指南后录》和《集杜诗》,既是悲壮的咏叹,也是真实的纪事抒怀。读其诗,观其行,其忠其节约略可知矣!

文天祥用自己的生命祭奠了宋朝的灭亡,也用自己的生命实践了自己的誓言,真可谓“义尽而仁至”了。他的大忠大节系于此,他的受人景仰亦在于此。

(参见周武:《中国遗书精选》,第 194～197 页,华东师范大学出版社,1994 年版)

点评

诚如周武先生所言,在中国历史上,文天祥是个妇孺皆知、人皆景仰的人物。他身居高位,被俘后不但可以不死,而且照样可以坐享高位。但他一一拒绝了这些诱惑,他决心以死实践他的大忠大义:“孔曰成仁,孟曰取义,惟其义尽,所以仁至。”仁、义高于生命，为仁、义而死，灵魂安宁（“读圣贤书，所学何事？而今而后，庶几无愧”）。他超越死亡的力量源于信仰，源于道义，道义是他的灵魂归宿、精神家园，由此可见文化的伟力！

（四）方孝孺：便十族，奈我何

方孝孺（1357～1402 年），明朝学者，字希直，浙江宁海县人。自幼聪敏绝伦，饱读儒家经典，后师从大儒宋濂，恒以明王道致太平、辅明王树勋业为己任。洪武十五年（1382 年）曾受朱元璋召见，其才颇受赏识，却未被见用。后此十年隐居田园，杜门著述。洪武二十五年（1392 年）初，再次受召见，被委为陕西汉中教授。惠帝即位后应召为翰林博士，旋升侍讲学士，预经筵，备顾问，日侍左右，极力辅佐之。建文四年（1402 年）六月，燕王朱棣亲率“靖难之师”攻破南京，明惠帝朱允炆于混乱之中不知所终，方孝孺与齐泰、黄子澄等惠帝的肱股之臣则被朱棣目为“奸臣”搜捕下狱，历时三年之久的所谓“靖难之役”，最后以燕王朱棣的夺位成功而告终。

这是一场骨肉相残的战争。在这场旷日持久的战争中，朱棣以藩王夺位，无论从哪个角度来讲，都有点名不正而言不顺。就儒家的正统观念而论，这无疑是“篡逆”行为。朱棣为了使夺位之举合法化，称其师为“靖难之师”，并把这场战争冠之以“靖难之役”。尽管如此，但自古以来君位相传以嫡以长的更迭规则却不是可以轻易逾越的。为了给自己的统治提供合法性的依据，使自己的夺位之举更加冠冕堂皇，同时也为了堵塞天下人之口，朱棣必须寻求士林中最有影响力的能够领袖群伦的人物的合作与支持。在当时的士林中，无论道德还是文章，方孝孺无疑都是朱棣所要寻求的这样一类人物。

然而，朱棣召用方孝孺起草即位诏书，除了寻求合作与支持外，又明显地包含着杀鸡儆猴的意味。对于自少年时代起便“以伊尹周公自望、以辅明王树勋业自期”的方孝孺来说，他早已择定了

“明主”，这个“明主”就是惠帝朱允炆，因而他拒绝为“篡逆”者朱棣起草即位诏书是十分自然的。这一点，朱棣应当说是心中有数的：早在他从北平举兵发难时，姚广孝便以孝孺为托，他说：“南方有方孝孺者，素有学行，武成之日，必不降附，请勿杀之。杀之，则天下读书种子绝矣。”朱棣当时表示首肯。朱棣明知其“必不降附”，却偏在夺位之后屡次召用方孝孺为他起草即位诏书，在遭到严词拒绝之后，又派镇抚伍云将其强执而来，令其草诏。对于方孝孺而言，这不啻是一种奇耻大辱。于是出现了一场意气十足的激烈廷对。朱棣从御座上缓步下来，婉言对方孝孺说：“先生毋自苦，予欲法周公辅成王耳。”方质问：“成王安在？”朱棣答道：“彼自焚死。”方厉声问道：“何不立成王之子？”朱棣说：“国赖长君。”方追问：“何不立成王之弟？”朱棣无言可对，乃强词夺理，说：“此朕家事。”并叫人取来笔札，对方孝孺说：“诏天下，非先生草不可。”方严词骂道：“死即死耳，诏不可草。”朱棣乃以“独不畏九族乎”相恐吓，方义无反顾地说：“便十族，奈我何？”朱棣还强令他草诏，方取笔大书“燕王篡位”四字。朱棣震怒之下，诏令将方孝孺磔杀，并夷灭十族。据统计，仅此一狱，无辜坐诛者多达 873 人。毫无疑问，朱棣此举有为意气所激的一面，但更包含着堵塞天下人之口的用意。对于朱棣来说，如果深孚群望的方孝孺降附，为己所用，自然很好。不肯降附，杀之，又可以震慑人心，告诫士人夺位“此朕家事”，用不着别人置喙！这当然也是历代帝王惯用的伎俩。

方孝孺是从容走向刑场的。他用血泪和生命报答了他所效忠的明主，他作《绝命词》表达心迹：“天降乱离兮孰知其由？奸臣得计兮谋国用犹。忠臣报国兮血泪交流，以此殉君兮抑又何求！呜呼哀哉兮庶不我尤！”

《绝命词》既是方孝孺的自挽歌，也是他奉献给明惠帝朱允炆的最后一腔赤诚。这一年，他仅 46 岁。同时被绑赴刑场的有他的弟弟方孝友。看到弟弟与自己一道受戮，方孝孺眼泪不禁潸潸然而下。孝友见此情景,乃赋诗一首以明心志:"阿兄何必泪潸潸,取义成仁在此间。华表柱头千载后,旅魂依旧到家山。"弟兄俩相与砥砺,慷慨赴死!

历来论史者,咸以方孝孺之死节为愚忠,为迂腐,是"盲目追求某种狭隘迂腐的精神价值目标而徒然地牺牲自己的生命",因而根本"不值一赞"。另一些好心者因为当初迎附朱棣的失节之臣如杨士奇、杨荣、杨溥等后来皆成为一代名臣而不无惋惜地说:"使(方孝孺)稍稍迁就,未必不接近三杨。"这些其实都是一种似是而非的说法,是一种没有道义感甚至也没有是非感的论调。明成祖朱棣后来成为有为之君是事实,但他的杀人之举也同样是事实,不能因为他是有为之君而轻易抹去他夷人十族的罪责。杨士奇等人后来曾做过贡献成为一代名臣是事实,但他们的"节"也同样是事实,不能因为他们后来成为一代名臣而轻易抹去他们"失节"的人格污垢。应当把道德的评判与历史的评判严格地区分开来,正如不能以道德的评判取代历史的评判一样,也不能以历史的评判取代道德的评判。

(参见周武:《中国遗书精选》,第 207~210 页,华东师范大学出版社,1994 年版)

点评

方孝孺之死是中国历史上最有名、最让人惊心的事件之一。对于他的死的评论,历来有争议,本书同意上述周武先生的观点,应当把道德的评判与历史的评判严格地区分开来。正如不能以道德的评判取代历史的评判一样,也不能以历史的评判取代道德的评判。况且,更进一层,即使从历史的角度评判,也应当把他放到当时的历史背景下,用当时的而不是当下的思想标准来评判他。

在中国历史上,作为文人儒士,方孝孺恐怕是死得最为惨烈、最震撼人心、最让人同情,也最引人思考的。从本书主旨角度看,方孝孺在死亡面前的表现是绝对勇敢、毫无惧色的，可以说他在精神上是绝对超越了死亡的。他何以能做到这一点？就因为他的政治信仰和道义观念。他以惨烈的代价实践了“士可杀而不可辱”、“杀身成仁”、“舍生取义”这些即使是现代人也耳熟能详的道义观念，证明了“信仰”、“道义”所蕴含的超强的精神力量。方孝孺之死所体现出来的浩然正气、凛然风骨，至今仍让人肃然起敬。

（五）谭嗣同：有心杀贼，无力回天，死得其所，快哉快哉

1898 年 6 月，谭嗣同应诏赴京变法，时年 33 岁。临行前夜，他和夫人李闰惜别，夫妻二人对坐弹琴，以琴声相娱。谭不胜其情，手写《戊戌北上留别内子》，赠予李闰。诗曰：婆娑世界善贤劫，净土生生此缔缘。十五年来同学道，养亲抚侄赖君贤。他再三向妻子表白衷怀：“视荣华如梦幻，视死辱为常事，无喜无悲，听其自然。”

8 月 21 日，谭嗣同抵北京。9 月 5 日，光绪下诏授给他和林旭、刘光第、杨锐四品卿衔，参与新政。令下之日，还给四人一道“密谕”，要他们努力辅佐变法，不要有所顾虑。次日，光绪又召见谭嗣同，表示自己是愿意变法的，只是太后和守旧大臣阻挠而无可奈何。自此，谭嗣同等四人成为光绪的主要助手，经常同光绪见面，替他审阅奏文、草拟谕旨，并充当光绪与康有为间的联系人。

当谭嗣同抵京时，维新派与顽固派的斗争已是剑拔弩张。顽固派策划利用光绪陪同慈禧到天津阅兵的机会，由荣禄发动兵变，罢黜光绪帝，推翻一切新政，让慈禧太后重新上台垂帘听政。消息传来，光绪极为恐慌，于 9 月 14 日和 9 月 17 日连续两次给康有为下密诏，说他自己“位且不保”，要康等赶快设法相救。因杨锐耽搁，直到 9 月 18 日早上，光绪的两道密诏才由林旭带给康有为。

康有为、梁启超和谭嗣同几个变法书生抱头痛哭一场，决定冒

险。一方面，请托江湖朋友即会党首领毕永年等人带领侠士潜入颐和园，试图捕囚慈禧，让其今后不得干政；一方面，希望游说新军首领袁世凯发动兵变，诛杀荣禄，发兵围困慈禧居住的颐和园。成败最关键的因素仍在袁世凯这样的军人的向背。谭嗣同自告奋勇去游说袁世凯。当天晚上，谭嗣同夜访袁世凯，要袁带兵入京，除掉顽固派。袁世凯虚与委蛇，声称先回天津除掉荣禄，然后率兵入京。袁世凯于20日晚赶回天津，立即向荣禄告密，荣禄又密报给慈禧。

9月21日，慈禧太后发动政变，将光绪帝囚禁于中南海瀛台，并假借光绪帝的名义，吁请慈禧"训政"。慈禧重新执掌清廷大权后，首先下令捉拿康有为，查抄康的住地南海会馆。当天下午，谭嗣同与梁启超等人筹商对策。谭与大刀王五计议密召"京津健儿"去中南海瀛台劫出被幽禁的光绪，未成；又与梁启超去找英国传教士李提摩太及容闳等人，准备促请英、美、日驻华公使出面"设法保护皇上"，再次落空。谭嗣同对梁启超说："我们前几天想救皇上，既已无法可救；今日想救康先生，也已无法可想。现在我已无事可做，惟有一死！"

9月22日，北京城内风声更紧。谭嗣同找出自己多年的诗文书信稿本，其中包括《仁学》手稿，来到梁启超避居的日本驻华使馆中，交给梁启超，请梁保管，并要梁早点逃往日本。梁劝他一道出走，谭嗣同说："不有行者，无以图将来；不有死者，无以召后起。"梁启超后来将"无以召后起"改为"无以酬圣主"。

大刀王五也劝谭嗣同出走，并愿做他的保镖。但谭嗣同决心已定，拒绝出走，并取下随身所带的"凤矩"宝剑赠送给王五。日本使馆的几位友人与他联系，表示可以为他提供"保护"，并劝他去日本，谭嗣同断然拒绝，他说："各国变法无不从流血而成。今日中国未闻有因变法而流血者，此国之不昌也。有之，请自谭嗣同始。"

9月24日，谭嗣同在浏阳会馆被捕。他的师父通臂猿胡七多年后写有《谭嗣同就义目击记》，说当时他和王五如何保护谭嗣同。当天晚上，胡七跑到浏阳会馆送信说："懿旨一下，人马立即发动；人马一发动，你就插翅难飞！"但是，"谭先生听了这个惊人消息，若无其事地把红漆枕头箱打开，里面藏着七封家书——他父亲寄来的信。他模仿父亲的手笔，写好一封假信就烧掉一封真信，只留信封不烧，把假信套在信封里面，每封假信都写着父亲训斥儿子的内容"。

为了不连累父亲，谭嗣同在被捕前伪造了 7 封父亲训斥自己、最终与自己断绝父子关系的家信。后来谭嗣同被捕，慈禧太后看了谭嗣同伪造的信后，认为谭继洵不是不教子，而是谭嗣同这个儿子太不听话，因此，破例没有让谭继洵"连坐"，让他回家养老了事。

谭嗣同在狱中，意气自若，终日绕行室中，拾取地上煤屑，就粉墙作书。看守问他做什么，谭嗣同笑答："作诗耳！"可惜看守没有文化，想来谭嗣同诗当不止一首。他留下的是经梁启超改过的《狱中题壁》："望门投止思张俭，忍死须臾待杜根。我自横刀向天笑，去留肝胆两昆仑。"

9 月 28 日，谭嗣同与其他 5 位志士就义于北京宣武门外菜市口，跟他崇拜的英雄文天祥隔着 600 年相逢于同一个地方。他们被杀时，刑场上观看者有上万人。谭嗣同神色不变，临终时还大声说："有心杀贼，无力回天，死得其所，快哉快哉！"

谭嗣同死后，他的战友梁启超写下了感人的"呜呼烈矣"的《谭嗣同传》，梁启超说："春秋三十有三。就义之日，观者万人，君慷慨神气不少变。"梁启超说："谭嗣同遇害，年仅三十三，使假以年，则其学将不能测其所至。仅留此区区一卷，吐万丈光芒，一瞥而逝，而扫荡廓清之力莫与京焉，吾故比诸彗星。"

1899 年，谭嗣同的遗骸运回原籍，葬在湖南浏阳城外石山下。墓前华表是谭嗣同同乡宋渐元所撰对联："亘古不磨，片石苍茫立天地；一峦挺群山奔赴若波涛。"

（参见余世存：《大民小国》，第 53～56 页，江苏文艺出版社，2012 年版）

点评

从本书主旨（“超越死亡”）出发，谭嗣同和文天祥及其他烈士一样，是主动赴死、真正超越了死亡的人。面对死亡，一般人本能趋向是恐惧、是逃避，而谭嗣同则与之相反，他是有机会逃生而不逃，反而主动迎上去。他最让人敬佩、最震撼人心的就是这一点。

他为什么能够做到这一点？无他，就因他具有超强的对国家对民族对大众的责任感和使命感，他把国家前途、大众命运看得至高无上，远远超越家庭利益和个人生命，所以，为国家、为民族、为大众牺牲，他视为“快乐”。这种精神感天地、泣鬼神，如精神原子核，将永远裂变、释放出强大的精神能量，影响一代又一代人。至今，即使被认为人心似乎已经麻木，为国为民已被某些“后现代”嗤之以鼻的年代，谭嗣同仍然在悄无声息感动着千千万万心尚未死的中国人，包括年轻人。这种“感动”，就是中国的希望，中华民族的希望。

（六）宋教仁：我们是革命党人，哪里还怕他们来暗杀我们吗

宋教仁（1882～1913 年），字遁初，号渔父，汉族，湖南桃源人。伟大的民主革命先行者、“中华民国”的主要缔造者，民国初期第一位倡导内阁制的政治家。中华民国临时政府唐绍仪内阁的农林部总长，国民党的主要筹建人。1913 年被暗杀于上海，享年 32 岁。

1. 中国史上空前的民主旋风

1913 年 1 月，他离开故乡湖南桃源，由常德坐船到长沙，从长沙到武汉，然后顺江而下，安庆、南京、上海、杭州都留下了他的脚

印，这一路他刮起了中国史上空前的民主旋风。在当时举行的国会参众两院选举中，他领导的国民党胜出。作为一个政治家，再也没有比选举胜利更高兴的了。当他顺江而下时，胜券已经在握，他到处发表讲演，充满了自信，言论风采倾动一时。他的政治主张里有一条，由国会的多数党推出内阁总理。他在长沙演讲时说，为今之计最需要的是尽快组织完善政府，如要政府完善，首先要有政党内阁，现在国民党就处在这样一个地位。他还说，向来我们湖南人做事都是勇往直前，为各省之冠，湖南人当仁不让。作为多数党的领袖，他几乎就是不二的总理人选，他一生攀到了最高的巅峰，他并不知道顶点即是终点，子弹已悄悄为他准备好了。

2. 当总统当总理都是为民服务

当时有舆论攻击宋教仁想当总理，3 月 12 日、3 月 15 日，就在遇刺前不久，他接连在报纸上发表两篇文章进行回击。他说，世人往往有很奇怪的心理，说人要想当总理或者当总统或者当国务员，就是称他为有野心，其实国家已经成为民国，国民自应该负责任，有人愿意进而为国服务、负责任，并不是争权夺利，不能以争权夺利来看待。这样岂不是把民国时代的职务与帝王时代的官位相提并论了？今天我们应该有民国的人、应该有民国的看法，把愿意来承担国家责任的人不看作是想当官的人，因为民国的当官是没有好处的，是承担国家责任、为国服务的。他在《答匿名氏驳词》中说，世人污蔑我想当总理，由来已久。虽然没有这个事，但是我不想辩解，我反而是以此来激励我自己来当总理。所以他说，一个人立志要当总理，难道是一件坏事吗？我实在不理解。国家既然是共和政治，那么国民人人都应该负责任。有人有自信、有能力、愿意为这个国家负最大的责任，国家应该欢迎，人民应该欢迎。他还举例说，美国小学生写作文，如果说他立志将来长大以后要为国服务，当总统，只会传为佳话。如果几十年后这位小学生真的当了总统，举国都会把这篇作文当作一篇至宝，因为这个人有志气，他的理想是要做总统。这跟一个人立志当科学家一样，总统不就是政治家嘛。共和国的职位不是专制国家的职位。人如果有自信，可以当仁不让。世人只当问其有此能力与否，不能说他不应该有这样的志向。深愿将来，能担当这个责任的人，人人都有这个希望，因为在共和国家，当总统当总理都是为国服务、为民服务。

文章发表以后再也没有人攻击他了，他很高兴，当时，前沪军都督、同盟会的老搭档陈英士说："钝初，你不要快活，小心他们会用暗杀的手段对付你。"他大笑说："我们是革命党人，哪里还怕他们来暗杀我们吗？"

3. 国家之事虽有危害，还是要并力为之

于右任曾要他小心："你要当心，你到北京去还是坐轮船比较稳妥些。叫他不要坐火车去，坐船。"在这之前，谭人凤跟他也说过，责任内阁现在很难成功，你不要急于当总理。当时有一些秘密报告说，有些会党的头目，领了北京的经费，要他注意戒备。他的回答是："总理，我没有觊望之心，载酒游江也是乐事，但是责任内阁是时势之必要，未便变其主张也。"对于戒备之说，他认为是杯弓蛇影之事，请不要顾虑。

到了上海还有人要他小心暗杀。他回答："光天化日之政客竞争，岂容有此种卑劣残忍之手段。我的意思，其他政党和官僚当中的人未必有此，这不过是谣言。"所以他不相信。而且即使不是谣言，他说，我难道因此就不要我的责任了？不要担负我的责任了吗？我还是要去，北京还是要去。所以，很多人劝他，他都无动于衷，也没有任何的防备，身边连卫士都没有。

临出发前，也就是1913年3月20日晚上，他在《民立报》的同伴徐血儿提醒他："先生此行责任重大，宵小，那些小人，可能都不利于你先生。所以前途恐怕有不测的危险。愿先生慎重防卫。"这

个提醒是很及时的，但是也没有说服他。他笑着说："无妨，我此行统一全局，调和南北，正正堂堂，何足畏惧。国家之事虽有危害，还是要并力赴之。"

他没有听从任何人的劝告，当晚在闸北火车站陪同他的有于右任、黄兴、廖仲恺、吴铁城、拓鲁生等人，他跟黄兴、廖仲恺走在一起，就在这时一枪打中了他的腰部。

4. 临终托付的三件事

枪响之后，他抱住于右任说了一番话："南北统一是我向来的主张，各位朋友，你们不要因为我被暗杀这件小事而相争，而误了我们的国家。"

之后，黄兴以宋教仁的名义给袁世凯发了一个电报，电文今天看来应是黄兴拟的，但内容符合宋教仁的临终遗愿。他对袁世凯没有任何的怀疑，希望袁"开诚心，布公道，竭力保障民权，俾国会得确定不拔之宪法，则虽死之日，犹生之年"。

他临终的时候托付三件事给于右任，很具体的三件事。第一，关于他的书，留在南京、北京和东京的那些书全部捐给南京图书馆。第二，"我本寒家，老母尚在，如我死后，请克强与公及诸故人为我照料"。第三，"诸公皆当勉力进行，勿以我为念，而放弃责任心。我为调和南北费尽心力，造谣者及一班人民不知原委，每多误解，我受痛苦也是应当，死亦何悔"？黄兴根据他的第三条遗言起草了给袁的电报。

宋教仁死了，"中华民国"无论是爱他的、恨他的、喜欢他的、不喜欢他的、支持他的、反对他的，南北、朝野都陷入了失去的痛苦。有一位叫程沧波的小学生，后来成了南京《中央日报》总编辑，当年他 12 岁，在常州的一个小学读书，国文老师给他们起了一个作文题目就叫《祭宋教仁》。他很不理解，老师为什么要起这样的题目，这题目对他们来说实在太难了。小学生还不懂得，老师在课堂上起这个题目是老师的心痛。

整个中国报纸上到处都是挽联，都是祭文。这些挽联包含了那一刻整个民族的痛苦。因为一场战争一触即发。中华民族的道路要改弦易辙，民主宪政在中国昙花一现。议会选举虽然选出来国民党占多数的议会，但是它的前途吉凶未卜，"中华民国"往何处去，国民党往何处去，都面临着新的抉择。

（参见傅国涌：《宋教仁：愿人人都有当总统的希望》，摘自《报刊文摘》，2013－04－12）

点评

明知有危险，却坦然自在行，这里或许有书生轻敌的一面，但最根本的原因是他心中浩然之气使他忘却生死，他对国家、民族的担当使他彻底超越了对死亡的恐惧。

（七）李叔同：病重之后拒绝医疗探问，一心念佛，安然圆寂

1942 年 9 月，这是弘一大师生命中最后的一个月。可他仍然在为弘法做着最后的努力。

9 月 1 日，弘一大师在温陵养老院为戒坛，教演出家剃度仪式，为广翰、道祥两沙弥证明传授沙弥戒。9 月 24 日、25 日，又讲《八大人觉经》、《净土法要》。弘一大师在讲经的时候，精神虽然兴奋，但他的声音语气已微带黯然神伤之意。到了 10 月 2 日，大师为转道、转逢二老写大柱联，又为晋江中学学生书写中堂百余幅。这之后，大师身体遂觉得不适，发热，饭也吃得很少了。

弘一大师其实已真正意识到自己将不久于人世。在这之前，他开始向教内外的友人做种种最后的告别。

他给弟子龚天发写信，作最后的遗训："窃谓居士曾不邪淫、不饮酒戒，今后当尽力护持。若犯此戒，非余之弟子也。余将西归

矣，书此以为最后之训。”

这时王梦惺汇寄旅费，请大师赴永春弘法，弘一大师回书曰：“朽人老态日增，精神怕恍惚，未能往尊邑弘法，至用歉然……不久闭门净养，谢绝缘务，诵经念佛，冀早生极乐耳。承寄旅费，已无所需，附以寄返，乞改作他用。”

弘一大师将前述遗嘱写好之后，把它交给了随侍在侧的弟子妙莲法师，嘱咐他将来填上日期后分寄夏丏尊和刘质平两位。

对于自己的后事，弘一大师也写了一纸嘱咐：“余于未命终前，临命终时，既命终后，皆托妙莲师一人负责。他人无论何人，不得干预。”

弘一法师病重以后，拒绝医疗探问，一心念佛。他告诉妙莲法师：“你在为我助念时，看到我眼里流泪，这不是留恋人间，或挂念亲人，而是在回忆我一生的憾事。”

接着，弘一大师又用一种平静的口吻说：“当我呼吸停止时，要待热度散尽，再送去火化，身上就穿这破旧的短衣，因为我福气不够。身体停龛时，要用四只小碗填龛四脚，再盛满水，以免蚂蚁爬上来，这样也可在焚化时免得损伤蚂蚁。”

对于这些嘱咐，妙莲强忍着热泪一一答应。

10 月 10 日下午，弘一大师用颤抖的双唇说：“妙莲，研些墨，我想写几个字……”

妙莲把墨备妥，轻轻地将大师扶下床。大师用尽了最后一点力气，庄严地写下了四个大字：“悲欣交集。”

这是弘一大师一生最后的遗墨。

写完这些字后，大师再不做别的事情，只管念佛。

10 月 13 日晚 7 时 45 分，大师呼吸急促，8 时正，妙莲法师贴近大师慈祥的脸庞，知道大师已往生西方。

弘一大师没有痛苦，平静而安详地斜卧泉州不二祠温陵养老院晚晴室的板床上，他的眼角沁出晶莹的泪花。

（参见陈星:《说不尽的李叔同》，第155～157页，中华书局，2005年版）

点评

毕竟是修行得道的大师，你看他死得多么庄严、自在、安详、淡定。重病拒绝医药，拒绝治疗，拒绝探问，一心念佛，直至自然衰弱命终，一切都在他的安排掌控之中。临终前像平时一样，他心态极其沉着冷静，平静地了却尘缘，平静地安排身后之事，他以庄严肃穆的心情迎接了人生中最后一件大事。临终，他以自身为师范留下大智慧开示世人。

（八）瞿秋白:在刑场草坪上盘腿而坐，点头微笑:这里很好

1935年2月，瞿秋白和邓子恢、何叔衡等同志化装成商人，离开瑞金向山区转移。2月18日，瞿秋白一行来到福建省委所在地汤屋，由省委派人武装护送。24日清晨，瞿秋白等同志渡过汀江，到了长汀县水口乡牛庄岭附近，因天落雨，便在农民家里休息。正在烧饭的时候，被敌人发现了，国民党军分成三路包围上来，在敌我兵力悬殊情况下，激战半小时，护送的同志大半牺牲了，瞿秋白落入了敌人的手中。

国民党军当即把他吊在屋梁上用鞭子抽打，瞿秋白被打得不省人事。当他醒来时，敌人又几次刑讯:想从他的口中得到共产党的秘密、红军的秘密，但都是枉然的。敌人对他没有别的办法，只好把他戴上手铐脚镣，关入监狱。瞿秋白在狱中化名"林祺祥"。

当瞿秋白刚刚离开苏区的时候，据说暗藏的敌人已向蒋介石告密。瞿秋白被捕不久，又有叛徒告密，蒋介石即电告三十六师师部说瞿秋白已被该师逮捕，并要他们把审问情况汇报。这时还没有发现瞿秋白，他们即命令各团把俘虏的姓名、年龄、籍贯、相貌特

征详细造册，送到三十六师师部。师部从表册上看到：林祺祥，江苏人，四十岁左右，军医，清瘦，谈吐文雅，以形迹可疑被捕。但是，虽然多次刑讯，瞿秋白始终没有暴露自己的身份。

敌人在俘虏中发现了一个在中央苏区教育部做收发工作的青年，于是就想出了一条诡计：布置他突然和瞿秋白见面，观察他的表情，用这样的办法来辨认。瞿秋白于是被带到了一间屋子里，不一会儿，敌人又把这个青年带进来。这个青年一进门，看到了瞿秋白，先是一怔，脚步突然停住，脸上露出惊诧的表情。敌人便认出瞿秋白来了。

"你们原来彼此认识吗？……"敌人尖声怪气地问道。

"这算是演了一幕很滑稽的戏！"瞿秋白从椅子上站起来说道，"我的事你们已经知道，不必多问了！"

这时，国民党中央组织部部长陈立夫派了中统特务和共产党的叛徒从南京赶到长汀来劝降，他们对瞿秋白说："你如果要生存下去，不一定叫你做反共工作，可以担任大学教授，……或者做点编译工作。……"

"人爱自己的历史，甚于鸟爱它的翅膀。请勿撕破我的历史！"瞿秋白斩钉截铁地回答说。

"识时务者为俊杰。你可以学学顾顺章。"这两个特务和叛徒又厚着脸皮，以叛徒顾顺章怎样受国民党"优待"为例，对瞿秋白说。

"我是瞿秋白，不是顾顺章！我愿做一个不识时务的人，不愿做个出卖灵魂的'识时务者'！"瞿秋白对这两个劝降的特务和叛徒表示了轻蔑和鄙视。他们只好灰溜溜地走开了。

这时瞿秋白写下了驳斥敌人污蔑苏区的"供词"和自我解剖的《多余的话》，在一张狱中拍摄的照片上又写道：

"如果人有灵魂的话，何必要这个躯壳！"

"但是，如果没有的话，这个躯壳又有什么用处?!"

“这并不是格言，也不是哲理，而是有些意思的话。”

他已把生死完全置之度外！

敌人用尽了一切手段，都没有能够动摇瞿秋白的坚贞的革命意志和革命气节。敌人终于露出了狰狞的面目。蒋介石于是发出电报：就地枪决！

在杀害瞿秋白的前一天，敌人拿出电报给他看，带着威胁的口吻，阴险地对他说：“瞿先生最后应再三斟酌，如能回心转意，尚可望‘蒋公’收回成命。”瞿秋白轻蔑一笑置之，断然地回答说：“头可断，志不可改！我们共产党人的哲学，就是鞠躬尽瘁，死而后已。为革命而立之年死，是最大光荣。”

1935 年 6 月 18 日，上午 8 时，瞿秋白被押到长汀中山公园的中山亭。他在就刑餐时，悠然独酌。

“杀尽了共产党员，‘革命’便可成功了。”敌人得意地说道。

“共产党员是杀不尽的！没有共产党，革命是不会成功的。”瞿秋白带着轻蔑和鄙视回答敌人说。

敌人在亭中给他照了相。照相完毕，他高唱《国际歌》和红军歌曲，缓步走向刑场。他走出了长汀的西门，到了罗汉岭脚下的草坪上，点头微笑说：“这里很好。”面对罗汉岭，盘腿而坐。他高呼：

中国共产党万岁！

中国革命胜利万岁！

共产主义万岁！

敌人的枪声响了！在枪声中，瞿秋白倒下了！

（参见王士菁：《瞿秋白传》，第 194～198 页，四川人民出版社，1985 年版）

点评

关于瞿秋白的死，梁衡在他的著名散文《觅渡，觅渡，渡何处？》中有过恰当的评价。他说：“当一个人从道理上明白了生死大义之后，他就获得了最大的坚强和最大的从容。这是靠肉体的耐力和感情的倾注所无法达到的，理性的力量就像轨道的延伸一样坚定。”他还说：“一个真正的知识分子向来是以理行事的，所谓士可杀而不可辱。文天祥被捕，跳水、撞墙，唯求一死。鲁迅受到恐吓，出门都不带钥匙，以示不归之志。毛泽东赞扬的朱自清宁饿死也不吃美国的救济粉。秋白正是这样一个典型的已达到自由阶段的知识分子。”

由“自由阶段”这几个字，笔者联想到了西方人对自由的理解。肤浅的理解是，“我要做什么，就做什么”，即想怎么样就怎么样；而深入的理解应该是，“我要做什么，就偏偏不做什么”，即想怎么样偏不怎么样。想怎么样偏不怎么样，这叫什么自由？这叫理性自由、意志自由、精神自由！这才证明自己是自己的主人，证明主我能管住客我，理性能管住感性，意志能管住本能。这才是人之所以为人啊！从这儿出发，我们就理解了历史上那么多的先烈、志士在死亡面前的无所畏惧、宁死不屈了。

像向忠发、顾顺章之流曾经位居共产党总书记、政治局委员，但被捕后一经威胁利诱，立马投降，因为他们还没有走出本能的支配（怕死），信仰、主义在他们那里是假的，而贪生怕死的生物本能才是真的。看来他们还没有进入“自由”境界，还没有上升到人的层次啊！

（九）杨靖宇：民族尊严的旗帜

杨靖宇于 1927 年加入中国共产党，后被派往东北领导抗日斗争。1933 年建立以磐石县（今磐石市）玻璃河套为中心的抗日游击根据地，多次率部取得重大胜利。他的威名令敌人闻风丧胆，以致孤身一人作战，牺牲多时，敌人仍不敢靠近。中国人民英勇抗敌的决心和气概在他身上得到了最好的诠释。他是中国人民的好儿子、中国共产党的好党员。

1940年初，正是长白山区最冷的季节，气温下降到零下40多摄氏度，东北抗日联军的战士们依然出没在林海雪原，与日寇的重兵周旋。为了保存革命力量，杨靖宇将部队化整为零，分散活动。他自带一部在抚松、蒙江、通化一带坚持。2月，由于叛徒的告密，他的行踪暴露，日本出动大批兵力，日夜搜索。经过一次次战斗，粮食和弹药断绝，他身边的战士越来越少，最后只剩下6个人了。大家又累又饿，只得靠在一起取暖。经过一番深思，杨靖宇决定6名战士分开行动。可是他们谁也不愿离开敬爱的首长。杨靖宇深情地对他们说："多活一个人就多一份革命力量，死在一起又有什么意思呢？分开走，目标小，能够突围出去，将来还会见面的。"大家都不作声了。临别时，杨靖宇紧紧地握着战友的手叮嘱道："为了革命，我们要坚持到底，就是死，也不能泄露党的机密，也不能向敌人屈服投降！"

杨靖宇带着两名战士在森林里又转了两天，来到大东沟附近，被敌伪特务发现。在交战中，两名战士先后牺牲，敌人从战士身上搜出杨靖宇的印章，断定杨靖宇就在附近，立即将包围圈在这一带，并派出大批特务化装成进山打柴的农民搜寻杨靖宇。此刻，只剩下杨靖宇一个人孤军苦战了。几天来，他瘦弱得连树皮都啃不动了，只能从棉衣里拉出一丝丝棉花，和着一团团冰雪，塞进嘴里充饥。而且他正发着高烧，严重的关节炎还使他的双腿失去了知觉，但他无所畏惧，仍巧妙地同敌人周旋。

2月23日，杨靖宇孤身一人来到蒙江县保安村三道崴子，结果被打扮成农民的特务发现。特务立即带着敌伪军将杨靖宇包围。杨靖宇倚着一棵百年古松，双手持枪，与敌激战，打死了好几个敌人。左手负伤，鲜血直流，他便顽强地用右手握枪射击，最后在敌人的密集射击下壮烈牺牲。

敌人用炮车将杨靖宇的尸体拉到县城，日本侵略军的中将三木终于看到了这个与他在东边道(今吉林东部及辽东地区)战斗了好几年的杨靖宇。他摘下军帽恭恭敬敬地给杨靖宇敬了个礼。然而这个残暴的日本军官实在无法理解这位英雄的铮铮铁骨、耿耿丹心。他不明白是什么力量支配着他与严寒、饥饿搏斗，一直战斗到最后一分钟。于是他下令将杨靖宇的尸体解剖，要看看杨靖宇吃了什么药物，使他这么坚强，要看看他的身子是铁打的，还是钢铸的，特别要看看杨靖宇的胆有多大，敢这样和关东军顽抗到底。尸体解剖后，包括三木在内的敌人都惊呆了：他的胃里只有没消化的树皮、草根和棉絮，一颗粮食都没有。他已经很多天没吃食物了，他完全是凭着意志力坚持与敌人顽强战斗的！

日寇最后残忍地将杨靖宇的头颅砍下，并拍了照，冲洗了几麻袋照片，撒向抗联活动的地区，妄图吓倒抗日军民。杨靖宇的遗体被掩埋在大雪之中。几天后，敌人为杨靖宇刻了一个假头，给他完尸下葬。原来，三木杀害杨靖宇后，夜夜梦见他的威武形象，醒来总是头痛难忍，因而就想了这么个办法作为解脱。

杨靖宇的头颅被敌人泡在药水罐里，存放在日本关东军司令部医务科，日本投降后，被长春医学院接管。中共党组织决定设法取回杨靖宇的头颅。长春的中共地下工作者派军医刘亚光打入国民党的一个卫生队。刘亚光借去医学院给国民党军官巡诊的机会潜入解剖室，找到了杨靖宇和另一位抗日联军将领陈翰章的头颅罐。他冒着生命危险，借运医疗器械之名将其偷运出来。1948 年 12 月，杨靖宇头颅被护运哈尔滨。经生前战友辨认，得到确认。

1957 年，杨靖宇烈士陵园在吉林省通化市建成。1958 年 2 月，黑龙江省委和哈尔滨市党政军民举行了隆重的将军头颅恭葬仪式。至此，杨靖宇的头颅和躯体合葬在了一起。

（参见水中鱼等：《名人之死》，第 78～79 页，新世界出版社，2012 年版）

点评

杨靖宇将军的故事是从少年时就听说的,从那时至今,每每想起,不仅仅是感动,而是震惊和震撼。他把信仰、道义支配下的意志力发挥到了极限,他的勇武惊天地、泣鬼神,以至于连残忍至极、恨不得吃他的肉喝他的血的日本鬼子也不得不对他肃然起敬。杨靖宇的精神是中华民族精神的一个代表,是一颗历史时空中永远闪亮的明星。

(十)张自忠:活要活个样子,死也要死个样子

张自忠将军是第二次世界大战期间牺牲在战场上的中国最高级将领。他曾说:“我不管枪不如人,炮不如人,总要拼命地干一场,做个榜样给人看,尽我所有的力量报效国家,活要活个样子,死也要死个样子!”最后他真正实践了自己的誓言,其死气壮山河。

1940年5月,日军集结30万重兵由随县(今湖北随州)、钟祥、信阳向襄樊(今襄阳)进犯。张自忠亲率3个团由宜城北上,过汉水,至枣阳截击日军,奋战9昼夜,在追击中陷入日军重围。5月16日,退至宜城南瓜店。

日军从四面八方包围上来,越来越多,形势越来越紧。张自忠指挥残余部队进行反抗,并命仅有的骑兵向敌后抄袭,自己爬到一个小山头督战。此时敌人越来越近,并将炮架上山头,往这里射击。张自忠为减少伤亡,命令一班幕僚及随员都向各处散开,而自己却毫不顾忌,仍大喊着指挥还击。这时,一发炮弹落在了不远处,他的左臂被弹片炸伤,血流如注。但他不肯包扎,只不时地用手按一按,以减少流血,仍是大声疾呼地督战。这时部队伤亡已经很重,战况十分惨烈。

部下都劝张自忠往东北的山脚下移一移,因为这时敌人的包围已渐成马蹄形,唯有东北的山脚下还比较安全。但他坚决不肯,

他威严地说:“我奉命追截敌人,决不能自己退却!”随后,他命令左右的人全部散开,而他仍带着高级参谋张敬来回督战。张自忠的神威,助长了全线官兵的勇气,任凭敌人攻击得多么凶猛,始终没有人退下来。每个山头除非官兵伤亡尽了,否则敌人就无法占据。在短短的时间内,日军也付出了空前的代价。

这时74师代师长马贯一电话告急,弹药殆尽。张自忠让参谋转告:“子弹打完了,要用刺刀杀,刺刀断了,要用拳头打,用牙齿咬!”随后,他又让随从副官给马贯一亲笔便笺:“马贯一,你当兵就跟着我,我绝不会辜负你。现在到了国家民族生死存亡之际,正是我们军人杀敌报国之时,这次对敌作战,你只管拼命打,打好了完全是你的功,打不好我完全负责!”

其实,张自忠不说这番话,马贯一也会如此去做,毕竟他跟随张自忠枪林弹中闯过了这么多年,太了解自己的长官了。张自忠不是靠只言片语的激壮言词服人,而完全是靠了战火练就的一个军人的尊严立于士兵们的心中。

然而,说了此番话,张自忠好像才吐出一口积在心中多年的压抑。不管世人如何看我张自忠,我就是我,在真枪实弹面前,在生死关头,我张自忠没有半点对不起国家、对不起民族、对不起父老乡的地方!我对得起良心!我的将士们对得起良心!

此时,敌人不知怎的,知道了在这山中不多的中国人中有33集团军总司令张自忠,于是集中朝这里涌来。已经负伤的张自忠操起一杆步枪,向敌人射去,一个鬼子应声而倒。但就在他再次瞄准的时候,却遭到鬼子的一阵扫射,他中弹了。他的参谋马寿堂赶忙扶住他。张自忠无力地扯开上衣:“快帮我堵上!”胸口喷出的血溅了马寿堂一身。

“你快走!去多杀几个鬼子……我这样死得好,死得光荣,对国家、对民族,对长官,良心都平安!”张自忠说完,苍白的脸上含着笑意就闭上了眼睛。马寿堂刚要抱起张自忠,“呀呀”的叫声逼近，鬼子已经到了眼前，端着刺刀就向马寿堂刺来，就在一刹那的工夫，马寿堂看到张自忠眼睛圆睁，便怒吼着跃身握住了刺来的长枪，一颗子弹射向张自忠的小腹，又一颗射入他的右腮……马寿堂也随之身子一震，昏死过去……

关于张自忠为国捐躯的瞬间，日本231部队战地记者有所记载："第4分队的藤冈一等兵……端着刺刀向敌最高指挥官模样的大身材军官冲去，此人从血泊中猛地站起，眼睛死死盯住藤冈。"当时冲到距这个大身材军官只有不到3米的距离时，藤冈竟被中国军人射来的眼光吓得愣在原地。这时第3中队长堂野拔枪击中了军官的头部。藤冈"像是被枪声惊醒，也狠起心来，倾全身之力，举起刺刀，向高大的身躯狠狠扎去"。两个日本军人发现这个人身上的"第一号伤员证章"，还有一支金笔，上面刻着"张自忠"三个字。两人大为震惊，不禁倒退几步，恭敬地敬了军礼。日本军医用酒精仔细清洗遗体，并包扎好伤口，郑重装殓，放进赶制的棺材里。此棺被葬于一处山坡上，并立了墓碑，上书"支那大将张自忠之墓"。

张自忠将军殉国后，33集团军自冯治安副总司令以下，在无尽的悲哀中举行了公祭仪式。然后，张自忠的灵柩经宜昌运往重庆。途经巴东、巫山、万县、忠县、涪陵时，各地群众都在江边举行隆重的公祭仪式。两岸供桌不绝、香烟袅袅。

到达重庆时，蒋介石一身戎装，率领重庆国民政府全体要员一同迎接中华民族的优秀儿子张自忠。朝天门码头上的蒋介石，凝视着缓缓而来的轮船，缓慢地抬起右手，向烈士忠魂致以庄严的军礼。灵柩下船时，蒋介石亲为执绋。国民政府为张自忠将军举行了隆重的国葬。

与此同时，全国各地都先后举行了规模不同的追悼和公祭仪式。在延安的追悼大会上，朱德总司令和中共中央领导人均亲往参加，深切悼念为国捐躯的张自忠将军。

（参见水中鱼等：《名人之死》，第74～76页，新世界出版社，

2012年版）

点评

70多年过去，张自忠将军为国捐躯的壮烈，依然让人热血沸腾、肃然起敬。他明知死亡随时可能发生，但作为集团军总司令，为壮士气，不撤退，不转移，始终在最危险的第一线，终至壮烈捐躯。他的死所激发、所感召、所调动的精神力量，不啻是一颗精神原子弹，极大地鼓舞了中国人的抗战士气。

这样的英雄，确确实实永垂不朽，中国儿女会世世代代记住他。

（十一）毛泽东：弥留之际还在读书看文件，关心国内外大事

（1976年）8月26日，毛泽东的心脏病又一次发作。

危病中的毛泽东向工作人员索要南宋洪迈撰写的《容斋随笔》。这是他生前要读的最后一本书。

9月2日，毛泽东的病情恶化。

9月3日，毛泽东病危。

9月8日，毛泽东进入弥留状态。即使大限将至，他仍以超人的毅力，顽强地同死神抗争。

据徐涛、吴旭君统计，毛泽东在9月8日这天先后看文件、看书十一次，共两小时五十分钟。而他所做的这一切是在身上插着静脉输液管、胸部安有心电图监护导线、鼻子里插着鼻饲管和氧气管的情况下，由别人用手托着书和文件完成的。

周福明后来回忆："那天主席一觉醒来，向守候在旁的医务人员说什么。医务人员半天都没有听出来，就马上跑到值班室找身边的工作人员。我闻讯赶到，主席从喉咙里发出微弱的声音，几乎听不清。我连忙从床边抓起纸和笔，把笔塞到主席手中。主席艰

难地握着铅笔，在我举着的纸上费了很大的气力，半天才划了三个道，就再也写不动了。过了一会儿，他又用握着铅笔的手慢慢地抬起，非常吃力地在木床头上点了三下。我立刻反应到，主席说的话是和'三木'有关。'主席，您是不是要看有关三木的消息。'我轻声地问。主席默默地点点头。"

三木就是三木武夫，当时日本自由民主党总裁、内阁总理大臣。他正在日本进行大选。此时病势垂危的毛泽东依旧关切地注视着他在日本大选中的情况。

也正是这一天，医务人员从医疗监视器上发现主席的心脏有些异常，现场的气氛开始一直处于极为紧张的状态。

入夜了，政治局委员们排着队走到毛泽东的病榻前，同他做最后的诀别。

当时，毛泽东的意识尚清醒，只是发不出音来。他微睁的双目，看到叶剑英从身边走过，突然明亮了起来。毛泽东努力挪动已经不听使唤的手臂，轻轻相招。可是，叶剑英只顾伤心，泪眼模糊，并未察觉。待他即将走出病房时，毛泽东再次吃力地以手示意，招呼他回来。一位工作人员见此情景，马上跑到休息室找到叶剑英说："首长，主席招呼您去！"

叶剑英立即回到毛泽东的卧榻前："主席，我来了，您还有什么吩咐？"叶剑英全神贯注，低下头来，准备聆听毛主席的最后叮咛。毛泽东睁大眼睛，注视着叶剑英，嘴唇轻轻地翕动，但嗓子里无论如何发不出声音。毛泽东用最大的力气，紧紧地握着叶剑英的手晃动着。好一阵，毛泽东累了，闭上了眼睛，叶剑英才退出来。

也许，毛泽东在自己心脏停止跳动的前夕已经清醒地预见到，在他离去后，党和国家将面临新的危机，因而对叶剑英要有所嘱托吧。叶剑英感到肩上的担子更重了。

几个小时后，9 月 9 日零时 10 分，毛泽东的心脏停止了跳动。

一生中流击水，在革命高潮的风头浪尖上搏击奋进的毛泽东，永远地安息了……

（参见顾保孜:《毛泽东最后七年风雨路》,第 286～288 页,人民文学出版社,2010 年版）

点评

毛泽东临终前一天的表现,典型地体现出他超人的意志、强悍的性格、伟人的气象。已经弥留之际了,还要求看书看文件,还在关心国际形势,还在安排后事,直至彻底昏迷。这实在是一个奇人、一个强人、一个超人！他的这种表现,用佛家眼光看,可能叫迷,叫愚,叫痴,叫无明——到这个时候了你还那么执着放不下啊?！那还有什么用啊！但是,换一种眼光,那叫绝对的无私忘我,叫完全彻底,叫崇高伟大！有这种表现,才叫毛泽东！

已经到了临终时刻,毛泽东的神志还异常清醒,这时候他对死亡没有丝毫的恐惧,没有痛苦和哀伤,而是一如既往地沉浸于他的责任中、他的角色中。他不是有意识地主观要求自己这样做,而是无意识地自自然然这样做。换句话说,他的主体意识退隐了,他已经完全化在他的责任或者说角色中了——责任、角色人格化了。这是何等的崇高和伟大,他用他超人的意志,用他的责任感即角色意识超越了死亡。

（十二）周恩来:临终表现与后事安排

（1975 年 10 月）周恩来知道自己将不久于人世。半个多世纪以来,他一直处在时代激流的中心位置,经历过多少次血和火、生与死的考验,使得他虽然面对死亡,却内心坦然、神态自若,没有丝毫悲观失望和烦躁不安的表现。唯一使他感到遗憾的,就是自己再不能像以前那样工作了。尽管如此,周恩来的头脑仍在想,他的眼睛仍在看。他关注着国内政局的变化,思考着党和国家的前途和命运。开始,他还能勉强支撑着自己看报、看文件,后来却不得不靠医护人员帮助念了。面对着因江青一伙不断反扑而趋于恶化的形势，医务人员常常看到周恩来眼望天花板，时而陷入深思，时而轻轻地摇头叹息。

和周恩来相濡以沫整整五十载的妻子邓颖超，不顾自己体弱多病，紧紧守候在丈夫身边，从精神上给周恩来以更多的关怀和慰藉。他们以彻底唯物主义者的态度，共同商量“后事”。邓颖超回忆说：

> “我自己是共产党员，我用无产阶级的坚韧性，高度地克制我内心的痛苦，在他病中还要用愉快的精神和恩来同志一起同疾病做斗争。当他知道自己的病不能挽救时，一再叮嘱我，死后不要保留他的骨灰。这是我和恩来在十几年前共同约定下来的。”“一九五八年，恩来首先把他死去的父亲，我把自己死去的母亲以及重庆办事处的一些死去的同志的坟墓平掉，进行深埋。恩来还把他在淮安几代亲人的坟墓，也托人平掉，改为深埋，把土地交公使用。在中央做出人死后实行火葬这个决定不久，我们二人共同商定，互相保证，把我们的骨灰撒到祖国的大好河山去，撒到水里、土里去。”“他自己就曾经讲过：人死后为什么要保留骨灰？把它撒在地里可以做肥料，撒在水里可以喂鱼。他还主张人死了以后应该做尸体解剖。在他病重住院期间，他曾专门交代医务人员：现在对癌症的治疗还没有好办法。我一旦死去，你们要彻底解剖检查一下，好好研究研究，能为国家的医学发展做出一点贡献，我是很高兴的。”“恩来对他的后事，曾经对我说过，丧仪要从简，规格不要超过中央的任何人。”“一定不要搞特殊化。”

（参见邓颖超：《继承遗志，永远前进》（1976 年 1 月 15 日同周恩来身边工作人员、医务人员和亲属的谈话），载《不尽的思念》，第 625 页，中央文献出版社，1987 年版）

在这生离死别的最后时刻，他们之间该有多少要说的话啊！可是，他们谈论的仍然是如何严于律己，遵守组织决定，如何为人民、为后代造福。至于他们认为不应该谈论的其他“心里话”，始终没有讲起。邓颖超回忆道：

> 有一次，我们在一起交谈，他对我说：“我肚子里还装着很多话没有说。”我回答他：“我肚子里也装着很多话没有说。”当时双方都知道最后的诀别不久就会残酷无情地出现在我们的面前，然而我们把没有说的话终于埋藏在各自的心底里，永远地埋藏在心底了。

（参见邓颖超：《一个严格遵守保密纪律的共产党员——为纪念建党六十一周年作》，载《人民日报》，1982—6—30）

从12月中旬起，终日卧床的周恩来已无法进食，所需要的食物由医护人员用管子直接灌入胃里。这时周恩来的身上插满了各种管子，进食、输血、输液、排液……以至于连翻身都受到限制。为了减少周恩来的痛苦，医生不得已使用了安眠药和止痛针。但是，不时袭来的剧痛，仍使周恩来常常浑身颤抖、大汗淋漓。就是在这种状态下，他仍表现出高度的自制力。医生张佐良回忆：“总理用的止痛药，开头打一针可管上四五个小时，后来管两三个小时……他疼得实在不行时，就把我叫进去，说，我很疼，能不能哼一哼，叫唤叫唤。听到这里我的眼泪都掉出来了，我说，总理，你现在愿意怎样就怎样吧！”护士许奉生说：“这时总理是很痛苦的，可他从来不哼也不叫。有一次他正睡觉，一下让病痛惊醒了，就问，我喊了没有？我们说，你叫叫没关系的，如果你疼，你就哼哼，就叫，没关系。他摇摇头。”（张佐良、许奉生现场回忆，电视历史回顾纪实片《伟人周恩来》，第15集）

12月20日上午，周恩来体温达三十八度七。应约来谈对台工作的罗青长来到周恩来的床前。周恩来非常吃力地向罗青长询问台湾近况以及在台的一些老朋友的情况，并且嘱咐道：不能忘记那些对人民做过有益事情的人们……不到十五分钟的谈话周恩来竟两次被病痛折磨得说不出话来，最后进入昏迷状态。（罗青长：《铭记不忘——回忆周总理在“文化大革命”中对我的亲切嘱咐》，载《人民日报》，1979—1—9）

到12月底，病危中的周恩来因为长时间没有修面理发，他的容貌已完全变了：花白的头发蓬长，胡须几乎把嘴唇遮住，灰黄的面部布满一块块的老年斑，深陷的眼窝发黑，双目更不见原有的神韵和风采。过去一直为周恩来理发的北京饭店职工朱殿华，几次托人捎信请求来给总理理发。周恩来知道后，告诉工作人员说：朱师傅给我理发二十多年，看我现在病成这个样子，他会难受的，还是不要让他来了。谢谢他了！

病危之际，周恩来多次询问毛泽东的身体状况，询问中央其他领导人的健康，并对一些党内领导干部、民主党派人士、高级知识分子、文艺界人士以及过去身边工作人员的处境和下落表示关切。他嘱咐叶剑英说：要注意斗争方法，无论如何不能把权落到“他们”手里。

1976年1月5日凌晨，医生为生命垂危的周恩来做最后一次手术。随后，接到周恩来病危通知的在京中央政治局成员、国务院负责人等陆续来到医院。

1月7日，周恩来病情继续恶化，气息已变得十分微弱，长时间处于昏迷状态。医疗组成员、护理人员等昼夜守护在病房，随时准备抢救。深夜11时，弥留中的周恩来从昏迷中苏醒。他微睁双眼，认出守在他身边的吴阶平大夫，用微弱的声音说道：“我这里没有什么事了。你们还是去照顾别的生病的同志，那里更需要你们……”这是周恩来留下的最后的话。

1976年1月8日上午9时57分，周恩来的心脏停止了跳动。

中共中央副主席、中华人民共和国国务院总理、全国政协主席周恩来与世长辞，终年 78 岁。

（参见中共中央文献研究室编撰、金冲及主编：《周恩来传》第四卷，第 2146～2151 页，中央文献出版社，1998 年版）

点评

周恩来是中国共产党第一代革命家中最受广大人民群众尊敬和爱戴的人之一，人民对他的尊敬不仅仅是“敬”，而是“敬”中充满深情。他在各方面的表现近乎完美，尤其是，他在道德上太纯洁无私，太崇高伟大了。他把他的一生献给了党和人民，献给了国家。高尚的道德境界和革命家的胸怀让他从思想上真正超越了死亡——“面对死亡，却内心坦然，神态自若，没有丝毫悲观失望和烦躁不安的表现。唯一使他感到遗憾的，就是自己再不能像以前那样工作了。”他对自己后事的安排是他唯物主义世界观和彻底无私的精神境界的体现。周恩来，一生活得高尚、死得坦然，以一生行迹把自己塑造成一个伟大纯粹的人。

周恩来不存骨灰，没有墓碑，但他活在千千万万、世世代代中国人的心里。人民心里有他、爱他、敬他，那就是他的墓碑。

（十三）邓小平：他什么都没留下，只留在人们记忆中

1997 年 2 月，全体政治局常委都接到通知不要出京，留在家中待命。不是发生了什么意外变故，而是一个既定的进程日益迫近终点：邓小平走到他生命的最后时刻，医院的报告说他已经病危。自从 1994 年春节以后，他就再也没有公开露面了，境外的媒体就像那个总是高喊“狼来了”的孩子，至少 100 次说他“病危”，他却在京城里自己那个四方形的院落中，过得既舒适又洒脱。这一次没有谁说什么，可是“狼”真的来了。

只有他的家人和党的新一代领袖们知道这个消息。根据医生解释，他的心脏健康，肝脾也好，没有老年人常见的糖尿病或者前

列腺炎，致命的问题发生在神经系统，这在医学上叫作“帕金森综合征”，是一种没有办法根治的疾病。“他患帕金森症的时间也长，治了十几年呢。”吴蔚然说，“到后来，越来越差。”疾病蔓延到呼吸器官，一发不可收拾。1996 年 12 月的一个清晨，他一觉醒来，觉得呼吸不畅。按照过去多年的习惯，他本应走到卫生间里去洗脸刷牙，然后坐在一个小方桌子边上喝一杯茶，开始吃早餐，有牛奶和鸡蛋。秘书通常在这时进来，把他要用的东西放在办公室里——眼镜、手表、放大镜，还有一摞文件和报纸。他把这一天剩下的大部分时间花在办公室里。这里有一个办公桌，但他不喜欢坐在那里，通常是坐在一个单人沙发上批阅文件或者翻看报纸。他喜欢看地图，喜欢翻字典，有时候看看《史记》或者《资治通鉴》，但他更喜欢看《聊斋》。他喜欢打桥牌、游泳、看人家踢足球，但他最经常的运动是散步。他喜欢散步，对他来说，那是锻炼，是休息，也是思考。有人说这是他在“文化大革命”被贬、离群索居在南昌郊区那个小院子时养成的习惯，那条著名的“小平小道”就是他在那三年里踩出来的。现在，在京城中心他家的院落中，也有这么一条小路。每天上午 10 点钟，护士就会进来，提醒他出去散步。他的贴身工作人员王士斌精心丈量过这个院子，说它长 50 米、宽 40 米，绕院子一圈是 188 米。还说，“中国的许多重大决策，是他在那条小路上边散步边思考出来的”。可是这个早晨，他觉得自己什么也做不了了。咳嗽不止，令他不能正常呼吸，不能下咽食物，更无法完成他的这些活动。身边的医生已经不能应付这个局面，只好把他送进医院。

从他的家到中国人民解放军总医院（也叫三〇一医院），不过 10 公里，可是在那一天，这是世界上最漫长的 10 公里了。“没有想到，他这一走就再也没有回来。”卓琳后来这样说。元旦那天下了小雪，把京城变成一片白色。对北方人来说，这意味着吉祥和丰年。可是在三〇一医院，看不到一点喜庆气氛。邓小平的病房设在院子南端一栋小楼的顶层，一条汽车匝道从地面一直延伸上来。病榻周围总是站着很多人，还有些医生护士进进出出，但有时候只有随身医生黄琳和他在一起。他看到电视里面正在播放一部纪录片，就凝神看起来。有一阵子，他的精神好一些，可还是看不清楚电视屏幕上那个远远走过来的人是谁。

“那边，走过来的那个，”他问，“是谁啊？”黄笑了：“那个是您啊。您看清楚了。”那个人走近了。他终于看到了自己，动动嘴角，笑一笑。黄告诉他，这电视片名叫《邓小平》，是中央电视台刚刚拍摄的，有十二集呢。他什么也不说，只一集一集地看下去。黄知道他耳背，听不见，就俯身靠向他的耳畔，把电视里面那些颂扬他的话一句句重复出来，忽然感到这老人的脸上绽出一丝异样的羞涩。直到五年以后，黄还能记得那个瞬间：“不知道我形容得准确不准确，就是被表扬以后不好意思的那种感觉。”

他从早到晚陷在疾病的折磨中，难得有这样的表情露出来。黄曾见过这样的病，那是很折磨人的，有些人会呻吟，有些人会叫喊，或者跟医生护士述说怎么难受，有时候还会发脾气。可是，“他是个非常坚强的人”。黄琳说：“我能体会他临终前还是比较痛苦的，但一声不吭。就是这样，而且我觉得他很平静。”他有时候昏昏沉沉地睡着，有时候异常清醒。还是不说话，他已经不再评价别人，也不再在意别人对他的评价。黄觉得他一定明白自己已经病入膏肓，问他还有什么话想说。他在 1992 年说了那么多话，现在总该再给中国人留点什么吧！黄这样想。可是那几个星期他没有再谈那些话题。他淡淡地回答：“该说的都说过了。”2 月 7 日是正月初一，老人没有回家，病房的医生和护士也没有回家，都在近旁房间里守着，一呼即来。他的亲人坐在沙发上，意识到“大势已去”，全都“呆若木鸡”。整座楼一片寂静，就像是死神已经降临。警卫秘书张宝忠想起应该互道“新年快乐”，就把大家聚到一块儿。众人举起酒杯，说不出一句话，唯有泪千行。“希望咱们医务界，在新的一年里能创造奇迹。”张在心里这样说。

可惜没有奇迹。93岁的老人又挺了12天，到2月19日，呼吸功能已经衰竭，只能借助机器来喘息。医生赶紧向政治局报告，按照规则，还应向新闻界公布消息，可政治局觉得不能惊慌失措，尤其不能危及大局的稳定。在中南海的工作人员都没有看出什么异常。上午，乔石按原计划主持了人大常委会第二十四次会议，审议了三个条约和两个协定。前一天，李鹏还会见了美国前参议员贝内特·约翰斯顿。

卓琳带着全家人来向他告别。四天以前，她就写信给江泽民，转告“邓小平的嘱托”：不搞遗体告别仪式，不设灵堂，解剖遗体，留下角膜，供医学研究，把骨灰撒入大海里。现在，她心里明白这是最后的告别了，只是非到别人说出来，她是不愿意让这种可怕的想法在脑子里面成形的。当时，她只想说：“老爷子，我在喊你！你听见了没有！”可是他什么也听不见了。劳累的一生已经终止，战斗的日子已成往事。他的心脏停止了跳动，那时是21点08分。当晚，京城晴空万里、皓月当空。

最先向遗体告别的是他身边的那些工作人员。“眼睛一闭，总觉得首长还在办公室坐着。音容笑貌老是摆脱不了。”王世斌说，“说实在的，就是跟家里人一样，跟自己父母一样。”另一个人是黄琳：“他的角膜也贡献出来了，遗体也捐作医学研究，最后，骨灰也撒到祖国的大海里去了。”说着说着就又哭起来：“他什么都没有留下，所以我想只能是把他默默地装在我们心里。”他的确什么也没有留下来，秘书接到命令，把他留下的衣物全都烧了。他们带着他的内衣、外衣、鞋子和袜子，来到一座锅炉房，把这些东西一一投进炉膛，烈火青烟中，看到一件带着窟窿的内衣，眼泪再次掉下来：“这么伟大的一个人物穿着破了的衣服。谁能相信啊？”

宣武门大街上的新华社夜班值班室，得到了那份早就准备好的讣告。一阵混乱之后，大家终于想起该做什么，于是立即中断正常的新闻，把那份讣告播发出去。那天深夜，睡觉晚的人如果打开电视或者收音机，都能听到播音员哽咽的声音。

24 日，星期一，早上 9 点 34 分，一辆面包车驶出医院，载着灵柩，披着黑纱，在警车护卫下，缓缓西行。街两边站满人群，灵车一过，悲声四起，蓝天忽然阴云密布，哀乐徘徊在都市上空。从五棵松到八宝山殡仪馆，有 2500 米。笔直的一条大道，连个弯也没有。1949 年共产党占领这座城市之后便拓宽了这条路，普通的百姓老爱说它是“黄泉路”，可是党的高级领导人喜欢说这是“去和马克思做伴的路”。从那以后，他们一个接一个地走到这条路上，最早是任弼时，然后是周恩来、朱德和毛泽东，然后是胡耀邦和陈云，而这时，邓小平也在这条路上渐行渐远。

他的墓地在大海里，他的葬礼是在天上举行的，整个过程充满了浪漫情怀。在那如洗的碧空中，一架飞机孤寂地盘旋，机舱里满是鲜花的芬芳，芬芳中安卧着已经化做灰烬的伟人。他的亲属、生前好友、党的高级官员守护在左右。卓琳跟在骨灰盒后面，只等舱门开启，便一把骨灰、一把鲜花，又一把骨灰、又一把鲜花，纷纷撒向蓝天，让它们随风飘去，落在海中。毛泽东的后人把他留在天安门广场上，让后人世世瞻仰；邓小平却让自己葬身大海，从此杳无踪迹。在我们的记忆里，只有他所信任的和信任他的周恩来，和他同在一个境界中。

（参见凌志军：《变化》，人民日报出版社，2011 年版）

点评

关于邓小平临终时刻的“点评”，笔者已没话说。因为正文中最后一句话已经把我想说的话说出来了：“在我们的记忆里，只有他所信任的和信任他的周恩来，和他同在一个境界中。”

（十四）冯友兰：和死亡赛跑，著述直到临终前

说明：下文节选自冯友兰女儿宗璞怀念父亲的文章——《三松堂断忆》。

哲学界人士和亲友们都认为父亲（冯友兰）的一生总算圆满，学术成就和他从事的教育事业使他中年便享盛名，晚年又见到了时代的变化，生活上有女儿侍奉，诸事不用操心，能在哲学的清纯世界中自得其乐。而且，他的重要著作《中国哲学史新编》，80 岁才开始写，许多人担心他写不完，他居然写完了。他是拼着性命支撑着，他一定要写完这部书。

在父亲的最后几年里，经常住医院，1989 年下半年起更为频繁。一次是 11 月 11 日午夜，父亲突然发作心绞痛，外子蔡仲德和两个年轻人一起，好不容易将他抬上救护车。他躺在担架上，我坐在旁边，数着脉搏。夜很静，车子一路尖叫着驶向医院。好在他的医疗待遇很好，每次住院都很顺利。一切安排妥当后，他的精神好了许多，我俯身为他掖好被角，正要离开时，他疲倦地用力说："小女，你太累了！""小女"这乳名几十年不曾有人叫了。"我不累！"我说，勉强忍住了眼泪。说不累是假的，然而比起担心和不安，劳累又算得了什么呢。

过了几天，父亲又一次不负我们的劳累和担心，平安回家了。我们笑说："又是一次惊险镜头。"12 月初，他在家中度过 94 寿辰。也是他最后的寿辰。这一天，民盟中央的几位负责人丁石孙等先生前来看望，老人很高兴，谈起一些文艺杂感，还说，若能汇集成书，可题名为"余生札记"。

1990 年初，父亲因眼前有幻象，又住医院。他常常喜欢自己背诵诗词，每住医院，总要反复吟哦《古诗十九首》。有记不清的字，便要我们查对。"青青陵上柏，磊磊涧中石。人生

天地间，忽如远行客。”“浩浩阴阳移，年命如朝露。人生忽如寄，寿无金石固。”他在诗词的意境中似乎觉得十分安宁。一次医生来检查后，他忽然对我说：“庄子说过，生为附赘悬疣，死为决疣溃痈。孔子说过，朝闻道，夕死可矣。张横渠又说，生吾顺事，没吾宁也。我现在是事情没有做完，所以还要治病。等书写完了，再生病就不必治了。”我只能说：“那不行，哪有生病不治的呢！”父亲微笑不语：我走出病房，便落下泪来。坐在车上，更是泪如泉涌。一种没有人能分担的孤单沉重地压迫着我。我知道，分别是不可避免的。

我们希望他快点写完《新编》，可又怕他写完。在住医院的间隙中，他终于完成了这部书。亲友们都提醒他还有本《余生札记》呢。其实，老人那时不只有文艺杂感，又还有新的思想，他的生命是和思想和哲学连在一起的。只是来不及了。

他没有力气再支撑了。

人们常问父亲有什么遗言。他在最后几天有时念及远在异国的儿子钟辽和唯一的孙儿冯岱。他用力气说出的最后的关于哲学的话是：“中国哲学将来一定会大放光彩！”他是这样爱中国、这样爱哲学。当时有李泽厚和陈来在侧。我觉得这句话应该用大字写出来！

然后，终于到了 11 月 26 日那凄冷的夜晚，父亲那永远在思索的头脑进入了永恒的休息。

（参见宗璞：《铁箫人语·三松堂断忆》，第 5～7 页，春风文艺出版社，1994 年版）

点评

在“人生意义”卷和本书“言说死亡”部分，摘编过诸多圣贤超越死亡的人生智慧。记得康德的意见是，想得越多，做得越多，你就活得越长久；狄德罗的是，活要活得充实，死要死得愉快；费尔巴哈的是，尽管有死，也定要充分地度过一生；孔子的是，发愤忘食，乐以忘忧，不知老之将至；王蒙的是，人生就是生命的一次燃烧，燃烧得越充分越好。看来英雄所见略同，要超越死亡，除了其他思想观念方面的因素外，还有一条即充分地工作、干活、做事。冯友兰是哲学家，深通上述人生智慧，他以自己一生直到临终的作为，为上述观点作了注脚。

（十五）傅伟勋：在与癌症抗争中逐渐进入“死无所惧”之境

说明：傅伟勋（1933～1996 年）先生是美籍华人、蜚声中外的实力派学者，曾在台湾大学、伊利诺大学、俄亥俄大学哲学系任教，主攻现代欧洲伦理学、儒学、佛学等。1988 年罹患淋巴腺癌，两次手术及 50 多次电疗后短短三个月写出《死亡的尊严与生命的尊严》一书。这是一位生命垂危者以渊博的知识与对生死的深刻体验锤炼而得的成果，其中《结语——我与淋巴腺癌搏斗的生死体验》详细叙述了自己从惧怕死亡到“死无所惧”的完整心路历程，渗透着超越死亡的人生智慧，值得细心阅读。原文有一万六千多字，因篇幅所限，本文节选其中一部分：

> 元月开刀之时，自觉已不怕死，克服了幼少以来的惧死神经质症。第二次开刀之后发现自己更加坚强，毫无死亡的恐惧。在病床上四天无事可做（事实上也无任何力气），我就趁此机会开始构想，8 月电疗结束之后如何撰写《死亡的尊严与生命的尊严——从临终精神医学到现代生死学》这一本书。我也开始探问，一大半人为何怕死。正如海德格尔所分析过的，死不是特定对象，因此对它不可能“惧怕”（fear），这是我们的自我误解，“怕死”心理的真相原是无奈和无谓的“不安”（angst），如此而已。然而事实上多半人仍然怕死，这又是为

什么？如何说明其中真相？

我在病床上沉思冥想后所获得的结论，比海德格尔的实存分析还要更进一步，认为我们所谓的“怕死”(fear death)，其实是“怕自己”(fear onesownself)，而所谓“怕自己”，寻根究底不外是“怕自己将要完全失去世上所喜爱过的事物”，包括爱人、家属、好友以及自己所偏好的世上东西。如用佛教分析予以说明，我们所以“怕死”，表面原因是自己在世俗世间的“渴爱”，根本原因则是我们自己的“无明”。由于“无明”，我们执着于“我”；由于我们执着于“我”，也就更进一步执着于我们在世俗世间所“渴爱”着的一切。海德格尔对于死亡的实存分析，与佛教深化生死真谛为因缘或缘起的理论结合，恐怕是揭示“怕死”真相最有深度，也最能发人深省的解释。此一解释可以当作培养我们现代人的生死智慧的首要步骤。

我又沉思冥想在高度精神层面如何超克死的挑战、消解死亡(或生死对立)的根本问题，我所获得的结论是，“怕死”的问题关键既然是在一个“我”字，则“无我无私”是克服惧死之心的必要条件。孔子的“绝四”(“毋意、毋必、毋固、毋我”)，老子的“吾所以有大患者，为吾有身，及吾无身，吾有何患”(此处“身”字具有“私我”之义)，庄子的“至人无己，神人无功，圣人无名”，佛教的“无我”，慧能的“无住、无相、无念、无心”等，皆不外暗示我们超克死亡或生死对立的智慧之道。耶稣也吊诡地说过，渴欲第一个进入天国的，将是最后一个留在后头的；无私无我而留在最后才要进入天国的，反而将是第一个能入天国的。

其次，以无私无我超克死亡挑战的人必须要有爱心，爱亲属朋友，爱邻居，爱人类(甚至如耶稣所强调的“爱敌人”)。傅朗克在《人的意义探索》中曾说：“爱是人所能够企获的终极而最高的目标，人类救济的唯一关键是在‘爱’字。”又说：“爱与死一样坚强。”(我认为改说“死虽坚强,爱更坚强”较有深意。)曾受意义治疗学深刻影响的库布勒·罗斯也说过,爱是绝对无条件的,只有爱才能超克死亡的挑战。儒家的慈爱,佛教的慈悲,也都可以说是无私无我的爱心表现。

除了爱心的表现之外,克服“怕死”心理的另一要件是希望的存在。不过我在这里所强调的希望,有别于传统耶教所说的对于死后生命继续存在(复活永生)亦即第二义“未来”的希望,而是心性体认本位的针对此生此世的第一义“未来”的希望,纯然属于积极正面的(傅朗克所云)态度价值,当然也不妨包括对病情受到控制与病情好转的希望。没有希望,就没有信心;没有信心,等于精神的死亡,不必等到肉体的死亡。抱有第一义希望的人生态度,极有助于我们祛除“怕死”的负面心理。

比较自己与他人的人生命运,也是解决“怕死”心理的一个具体办法。我在病床上客观评较过,我虽然此刻病重,有生命之忧,但与世界上那么多的人相比,我的人生算是幸运得多的。当年能够顺利完成学业,如今已有某些学术成就,所学所教的又是很有意义的哲学(学问的生命)与宗教学(生命的学问),即使我这次罹患癌症,万一过不了关(手术之后还有至少8周的电疗),也是无可埋怨的。我在美国学府执教佛学与东亚思想,岂不常对美国学生提示禅宗真髓,强调“生死即是涅槃,涅槃即是一切无得又无失,因此我自己的禅宗辞典里是没有‘埋怨’(complain)、‘后悔’(regret)与‘浪费(时光)’(waste)这三个字”的吗?有此慧解的我,在这生死关头还埋怨我的人生不够好,那么受苦比我更多的人们该怎么办呢?我在病床上想到这一点,更使我感受到,我实在没有怕死的任何理由。我完全同意,傅朗克在他《人的意义探索》中所引用过的俄国大文豪妥斯托耶夫斯基的一句名言:“只有一件我最惧怕，就是说，（我的态度）配不上我的受苦。”从现代生死学的观点予以评价，此一名言实有千钧（精神）力量。

……

这时我患有淋巴腺癌而开刀除去脾脏等的消息，已经一传二，二传三，不少海内外友朋故旧都知道了病况，纷纷来函致意。台北“现代禅”的传法长老李元松兄，以传真方式与我交谈了两三次。我在 5 月 30 日的传真中，向他告白剖心如下：“我于 5 月 1 日再度入院开刀，除去脾脏（预防性质），所幸骨髓与所有内脏皆无问题，只需电疗四十余次，应在 8 月底可以痊愈。（自注：其实直到现在还不能说完全康复，我还未接受电疗之前，根本不知电疗同时伤害良性细胞的威力。）……5 个月内两次入院开刀，给我一个机会能在实践层次重新探讨生死问题。但与‘现代禅’各位老师相比，我只不过偏向慧学，禅定功夫全无，说来惭愧。……自幼以来，怕死心念一直未能除去，但元月 15 日初次开刀取瘤之后一两周，自觉彻破生死二元之分别，内心愉悦无以形容，很可能是长期深受道元‘生也全机现，死也全机现’禅道哲理的影响所致。我自信有强韧的意志力，渡此生死大关，盼能与‘现代禅’的同志们再畅饮畅叙一二十年。”

……

我从这些友朋故旧的关怀中，一方面深深感到中国人情味的真挚深厚，另一方面也同时感到，除了癌症患者个人的精神力量之外，他人关怀关切的精神支持也是旁助患者本人克服病患的一大因素。库布勒·罗斯在《死亡与临终》等书中，就格外强调此一因素的重要性。友朋故旧的深切关怀，为我提供了有关现代生死学探讨的宝贵的思维资粮。我如没有罹患如此重症，恐怕永远不可能体会这些（中国情调的）人间温暖。在最近一次电话中，我对英时兄的高弟王泛森（刚获普林斯顿大学博士学位，回到历史语言研究所）说，塞翁失马安知非福，我的“福气”就是那么多的友朋故旧给我的深切关怀之情，这令我毕生难忘。

……

经过两番共44次的电疗而力气几乎全失的我，深深了解到人到了八九十岁高龄已无生命力时的心情、滋味究竟是什么。后来读了聂尔玲女士那本《美好人生的挚爱与告别》，就很能够根据自己的电疗体验，同情地了解她的丈夫斯各特为何到了百岁，宁以绝食方式自然安然接受死亡的个中道理。自己没有真正经过一番深刻的生死体验，就没有资格随便批评他人选择的死法，由是可见人与人之间对生死问题的体验分享，是如何重要了。这次极其辛苦的电疗体验，也让我能够更深一层地体认佛教“一切皆苦”的真实义谛。罹患癌症之后，反有心性体认的特殊机缘，可以说是一种精神上的收获。不论悲欢离合，不论甘苦，人生的每一时刻是不是白过，终归是单独实存的心性体认与生死态度问题。“日日是好日”的深层理趣，就在这里也可以体现出来。这就是我为什么经常强调：“我自己的禅宗辞典里是没有‘埋怨’、‘后悔’与‘浪费’这三个字的。”

9月初秋季开学，我发现自己的体质不差，虽需较多的休息，但教书看书都没有感到任何困难。我教的一门博士班必选课“中国儒道思想”，居然讲得很有灵感，很有启发。在12月初旬最后一堂上完之时，听讲的15位来自各国的研究生皆自动拍手，表示赞赏与敬意，令我又惊异又高兴。我发现平时的治学与心性体认没有白费，我不因重症及电疗而倒下（商戈令君说，不少癌症患者禁不起电疗的苦熬而倒下甚至丧生），反而百尺竿头更进一步，通过这次生死大关的内在体验，加强了自认相当强韧的生命力与意志力。今年春季的新学期才过三周，我发觉自己精神百倍，思路更加敏锐，讲课更加有力（研究生马晓宏君说我在学生之间有“大声公”的绰号）。正上大学必修课“近现代西方知性遗产”与博士班讨论课“道家、禅宗与海德格尔”的几十位学生，都知道我患重症正谋康复，因此颇惊讶于我的精力还如此充沛，讲课如此滔滔不绝，有如天马行空，根本不像癌症患者。我深知自己是“硬心肠”的性格，宁愿乐观不愿悲观，宁抱希望拒绝失望，宁往前面看不向后面看，因此癌症对我来说，也不过是人生旅途上随时可能发生的生死课题而已。如说人生是个课题任务甚至使命，则癌症之类的苦难就是考验我们自己的一种“生命的试炼”。傅朗克意义治疗学所强调的“态度价值”的深意即在于此，且不说内在精神的力量也算是克治癌症的一个必需条件。

精神上我自觉已经康复，虽然由于电疗带来的反效果，嘴巴常干，自早至晚须喝大量的茶水，舌头对于酸辣之类的饮食仍太敏感，加上其他小毛病，还需一段时间才能完全康复（如果淋巴腺癌不再复发的话）。但我始终乐观，很有自信，以无得无失（即是涅槃解脱）的平常心应付死亡的挑战，毫不畏惧。回顾幼少到中年一直带有惧死神经质的我，在这接近耳顺之年时，敢说“死无所惧”四字，对我个人来说，是个很大的进步。我有什么可埋怨的呢？

除了我自己的精神力量之外，友朋故旧给我的深切关怀之情也是足以帮我康复的无形的重要因素。我因患重症而获如此之多的友朋故旧的精神支持与鼓励，令我感到人间到处充满温暖。让我们人间充满温暖的真实条件是：我们每一个人都能表现出爱心。这就是为什么我要把傅朗克那句“爱与死一样坚强”推进一步，改成“死虽坚强，爱更坚强”的原因。

（参见傅伟勋：《死亡的尊严与生命的尊严》，第 142～147 页，北京大学出版社，2006 年版）

点评

你如果认真读完了上述文字,当然最好是读完原文乃至全书,那我就什么也不用说了。从幼年至中年一直怕死的傅伟勋先生,在真实的死亡来到面前时,以哲学家的智慧参悟生死的本质,终于进入"死无所惧"之境,泰然接受死亡的来临。这一心路历程是饱含深情、真实可信的。想要在心理上、精神上超越死亡的人,不妨一读再读,重走他的精神之路,把他的智慧化为自己的智慧。

(十六)陈伟霖:活着给自己办葬礼的人

一身痣(不突出皮肤表面的痣),随陈伟霖来到这个世界。痣就像我们每个人身上皮肤、毛孔和头发一般,是他身体的一部分,随之而来的手术、疼痛、伤口,被切除的皮肤,旁人无法想象。这是一种罕见的皮肤病,几乎无药可医。

今年(2012年)7月21日,陈伟霖在自己生日那天,举行了一场生前葬礼。这个在《非诚勿扰2》中曾经出现的情节,在现实的香港上演。地点设在殡仪馆,一切更接近死亡的感觉。灵堂用彩色的球装饰,挂起"死不足惜"的横幅,请来朋友开小型音乐会,唱自己想听的《红日》、《抱抱歌》,音乐轻快,心情却有点沉重。之后好朋友出来充当司仪,请大家默哀,回想自己和伟霖的过往,往事历历在目,横幅却换成了"走得招积"(死得神气)。

"为什么要公众知道我搞生前丧礼,是因为我有一个很重要的想法要说。"伟霖说:"因为我觉得,其实死亡并不是一件很可怕的事,最大的问题是死不掉。那怎样才可以走得积极?我觉得,活着的每一天,究竟是不是都在做自己想做的事,以我的人生来说,我的每一分钟,我的梦想都是在实现中,直到这一刻。"他说,因为死亡是生命的一部分。

生前丧礼之后,伟霖又出版了一本《我的遗书》,将过去30年的生命作了系统总结。《我的遗书》最近入选中学生好书榜。

《我的遗书》是在他 30 岁生日之前写的，伟霖说，每经历完一件自己真心喜欢的事，他都会提醒自己，要放下。只有这样，才可以走得再前一点、再远一点。美好的东西要放下，痛也要放下。

（参见邢舟：《沪港经济》，2012 年第 11 期）

点评

德国哲学家海德格尔在死亡观方面从理论上提出著名口号："向死而生"；如今，年轻的陈伟霖用自己的行动表明了他的"向死而生"。笔者不知道陈是否知道海氏的晦涩理论，但他从自己的人生中悟出了这一道理。他们都没有把死视为可怕的负能量，而是把它作为人生的一种正能量。这就是智慧。

（十七）周拥：我的死亡我做主

说明：本节是从罗点点等人的著作《我的死亡谁做主》中摘录出来的。这本书的主旨是讨论死亡的尊严。一个走到生命尽头的人不能安详离去，反而要忍受心脏按压、气管插管、心脏电击等惊心动魄的抢救。即使挽回生命，也可能只是依赖生命保障系统维持的毫无生存质量的植物人状态。罗著认为，这种状态是值得反思的。罗著怀着对生命过程的敬畏、对生命尊严的维护，科学严谨地探讨了来自民间的"生命预嘱"，即要求尊重人生命末期放弃抢救的权利。书中摘编了《选择与尊严》网站一些来自民间的信件，这里选录其中一封。

我的死亡我做主

害怕死亡，拒绝死亡，甚至不能正视死亡，这无可非议，中国有句老话叫"好死不如赖活"。但生老病死，也是天经地义，死亡是生命的一个组成部分，是生命的自然和必然。我们每个活着的人要学会正视和接受死亡。

在当今我国的医疗环境下，医患关系不太和谐，医患矛盾常常升级。作为一名临床医生，面对已经没有救治价值的患者家属，会感到茫然，因为无法与不愿接受死亡的家属很好地沟通，也没有法律授予医生为此做主的权利。于是患者的身上插满了长长短短的管子，大大小小的医疗设备围绕在床边，大量的医疗资源被耗去，人一生75％的医疗费用都用在了最后这无望的救治中。此时的患者仅仅依赖生命保障系统活着，失去了生命的价值，更不存在生命的尊严。

尊严地活着和尊严地死去，谁能为此做主？是家属？是医生？不！谁也不是！能做主的人只有自己！每个人都应该为自己的死亡做主！签署"生前预嘱"，可以帮助我们掌握自己的生命归途，是每个临终者提前对离世做出自己的选择，以维护自身死亡的尊严。

"生前预嘱"不是"安乐死"，医生不需负任何法律责任，病人也不被视作自杀。"生前预嘱"能帮助人们摆脱困境、消除茫然；重视生命，正视死亡；符合1990年世界卫生组织提出的"既不加速，也不延缓死亡"的缓和医疗原则。

身为医生，我要为"生前预嘱"呐喊，让更多的民众知道它、了解它。颠覆"好死不如赖活"的时代已经到来，让我们每个人都为自己的死亡做主。

上海市第一人民医院分院周拥

(《尊严与选择》网站)对周拥信件的回复：

说得好，坚决支持！

周医生说得太好了，我坚决支持。作为一个正在迈入老年的人，我同意自己的生命应该由自己做主。人总是要死的，在我们接近生命尽头的时候，应该坦然面对，与其耗费大量医疗资源换来几天毫无质量的生存，不如平静、安详地离开。

——网友跟帖

（参见罗点点等:《我的死亡谁做主》，第 210～211 页，作家出版社，2011 年版）

点评

在一向忌讳谈死，和即使亲人已经没有救治价值、活着只能受更多更大罪的情况下也要把孝道进行到底的文化语境中，竟然有人、有网站专门讨论"尊严死"和"生前预嘱"问题，真是一件大好事。说明社会、历史、国家在进步，人们的思想观念、社会风俗、文化心理也在进步。请想一想，尊严死以及随之而来的生前预嘱是多么的合乎人性、人情、人心啊！只是，过去人们一直被传统观念所束缚，不敢想、不敢说、不敢做罢了。如今，有人勇敢地说了，当作事业在做了，我们应当热烈拥护，积极实践，帮助宣传，尽力推广。让"超越死亡"不仅仅停留在观念层面，而且也落实到实践层面，让"超越死亡"具有可实行性、可操作性。

（十八）苏格拉底:放弃求生机会而果断选择死亡

苏格拉底是古希腊时期的思想家、哲学家和教育家。他勇敢地对上流社会腐化享乐的价值观和因循守旧的真理观、伦理观进行批判，因此触怒了贵族和上层社会，他们用苏格拉底"引进新神（对神不敬）"的罪名来诬蔑他。另外，他敏锐地发现了当时民主制度的诸多弊端，批判多数人的暴政，得罪了信奉传统观念的民众，他们给苏格拉底扣上了"败坏青年"的大帽子。正是上述两项罪名，把苏格拉底押上了法庭，于是被剥夺了生命。

苏格拉底在监狱等待死刑的时候，正好碰到雅典的"圣船"仪式（古代习俗，每年五月派船前往祭祀阿波罗）开始，在一个月内不准杀人。这一个月当中，苏格拉底有很多机会逃狱，而且他的朋友、学生，包括柏拉图在内，都把钱准备好了，只要他一点头立刻可以逃走。然而，苏格拉底却坚持不逃走，他说："我身为雅典公民，一定要遵守法律。法律以不义的方式判我有罪，但我不能因此而反抗法律！"苏格拉底打算以死维护自己的人格和法律的尊严，哪怕这一法律是"不义"的。

待在狱中的一个月，每天都有朋友和学生来探望苏格拉底。他们经常与他谈着谈着就哭泣起来，因为不久他就要死了。这时，苏格拉底却安慰他们："你们认为死亡很可怕吗？"别人于是请教："什么是死亡？你为什么不怕死？"苏格拉底回答："死亡只有两种情况：第一，死亡就好像是无梦的安眠，而这是求之不得的！第二，死亡是前往一个过去的人所去的世界，所以我死后去到这个世界，可以同很多贤哲见面，这很好啊！"

经过苏格拉底的解释，死亡似乎没什么好怕了。一般人对死亡感到恐惧，是因为他们对于死亡有各种可怕的想法，认为死亡是一种恐怖的情况，而苏格拉底是一位理性的哲学家，可以用思考来化解疑惑，化解死亡的恐怖。

死亡的期限终于到了，苏格拉底必须喝下毒酒离开这个世界。他的朋友和学生都来送行。在这庄严的时刻，苏格拉底对陷于悲痛之中的他们说："振作起来，你们掩埋的只是我的肉体。"当他说完这些话之后的一举一动，他的学生柏拉图都记述在一篇伟大的作品中。让我们一起来读一读这段震撼人心的文字，看一看苏格拉底临终前的庄严和从容：

> 他站起来身来，和克里托一块走进浴室，克里托让我们在外守候。我们一边等候，一边谈论和思索着，我们沉浸在巨大的悲痛之中。他就像一位我们即将失去的父亲，而我们就像孤儿一样度过自己的余生。……夕阳西下的时刻临近了，他在里面已经待了很久。终于，他出来了，又和我们坐在一起，

……但大家只是黯然神伤，相对无语。不久，狱卒走了进来，站在他的身边，说："苏格拉底，我知道在迄今所有来过这里的人当中，你是最高贵、最温和、最优秀的一个人。我每次遵从当局的命令，要求他服毒自尽时，他们就狂暴地对我咒骂，您是不会像他们那样对我横眉怒目的。真的，我明白您不会生我的气，因为您知道错不在我，而在他人。再会吧，请您尽量想开点，轻松愉快地完成这个必需的事情吧。人在江湖而身不由己，我干的就是这份差事，您是知道的。"说罢，他的眼泪夺眶而出，转身出去了。

苏格拉底望着他说："您的好意我心领了，我听从您的吩咐。"然后转过身来对我们说："多可爱的人呀，我进了监狱以后，他常来看我……看看刚才他向我表示遗憾时多么慷慨啊。我们必须按照他的吩咐去做，克里托，如果鸩酒准备好了，就叫人拿来。"

"可太阳还在山头上呢，"克里托说，"许多人总是一拖再拖；他们在接到行刑命令之后，也要大吃大喝，纵情于感官享乐之后才肯罢休。您又何必着急，还有的是时间呢。"

苏格拉底说："是的，克里托，你所说的那些人这样做是对的，因为他们认为通过拖延可以有所得。但是我不这样做也是对的，因为我不认为拖延一下服毒自己就能得到什么。如果我吝惜已经不可挽回的生命，我只能感到自己可笑。请照我的话去做吧，不要拒绝我。"

听到这番话后，克里托示意侍者进来。侍者走了出去，过了一会儿，同端着一杯毒药的狱卒回来了。苏格拉底说："我的好朋友，你是精于此道的，请教教我怎样服毒吧。"狱卒回答说："您只要四处走动走动，等到感觉双腿沉重走不动了，再躺下来，那时毒性就生效了。"说着，他把杯子递给苏格拉底。苏格拉底轻松自如、温文尔雅地接过杯子，对狱卒说："我用这杯酒来祭奠神灵，你意下如何？”狱卒回答说：“我们就准备了这么多，你恰好够用，苏格拉底，再也没有了。”“我明白了，”苏格拉底说，“但我可以而且必须祈求神保佑我在去另一个世界的旅途中一路平安——但愿我的祈求能得到满足。”说完，他举杯到唇边，轻松愉快地将鸩酒一饮而尽。

此前，我们尚能控制住自己的悲痛。然而此刻我们眼见他把鸩酒一饮而尽，都禁不住潸然泪下了。我掩面而泣，泪水却像泉水般从指缝间涌流出来，我不是为他哭泣，我是在为自己哭泣。一想到自己就要失去这样一位良师益友，我就悲恸不已。不单单我是这样，克里托在我之前就已止不住泪如雨下，起身躲到一边去了，我也跟了过去。这时，一直在一旁呜咽的阿波罗多拉斯突然失声大哭起来，如此一来大家顿时都绷不住了。只有苏格拉底还泰然自若，他说：“这么哭哭啼啼是怎么回事？我不让女人待在这里，就是为了避免这种干扰。你们也许知道人应该在平静中死去这个道理吧。那就请安静下来，耐心一点吧。”听了这番话，我们都感到羞愧，便忍住了眼泪，他在房间里来来回回地踱起步来，直到他的腿开始感到沉重无力，才遵照指导，仰面躺下身来。服侍他服用鸩酒的狱卒不时地查看他的脚和腿。继而使劲在苏格拉底脚上捏了一把，问他是否有感觉。苏格拉底回答说：“没有。”就这样，狱卒顺着脚踝一路捏上来，告诉我们苏格拉底已经僵直冰凉了。苏格拉底自己也感到了，他说：“毒鸩到达心脏时，生命就结束了。”当他的下腹周围开始变凉时，他撩开盖在身上的被单，露出脸来说——这成了他的临终遗言——“克里托，我还欠阿斯克勒庇俄斯一只公鸡，你能记着替我还清这笔欠债吗？”“我一定替您还清，”克里托说，“您还有其他吩咐吗？”已经没有回音了，过了一会儿，我们听见他动了一下，侍者掀开蒙住他的被单，他的目光已经凝滞了。克里托合上了他的双眼和嘴巴。

这就是我们的良师益友临终时的情景，我可以称他为我所认识的人中最有智慧、最正直、最优秀的人。

——根据多种资料汇编

点评

这段描述，本来可以用简短的语言加以概述以节省文字，但世界文明史上难得见到对一位影响人类的圣哲临终时如此感人的现场记述，所以笔者舍不得割爱。这位哲人对死亡的态度，他留给后人的启发，还需要拙笔啰唆吗！震撼感动之中，读者自己体会吧！

（十九）耶稣：西方人在苦难和罪恶中超越死亡的原型

耶稣被钉死在十字架上时年仅 37 岁。他的死极为惨烈、极为痛苦。他厌恶死、渴望生。在他这样的年龄，他更有理由保存生命，完成他未竟的事业。然而耶稣选择了死。这使他成为基督，也使他复活，使他在西方文化史上成为替人类受难和殉道的象征。

同苏格拉底一样，耶稣是为莫须有的罪名受难的。这罪名是耶稣自称基督即弥赛亚，要当犹太人的王。这不过是犹太教中保守势力的欲加之罪。耶稣号召革除犹太教的清规戒律，对经律教师的权威提出了挑战。他要把教传到不施割礼的异教徒中间去，更以末日审判的思想预言着天国的来临。这就使法利赛人这些伪善的保守派们深恶痛绝。

耶稣本人曾多次意识到死之将临。他早就告诉他的门徒说："人子必须受许多的苦，被长老祭司长和文士弃绝，并且被杀，过三天复活。"以后他又一再重复了这些话。这些死亡预言造成一种紧张恐怖的气氛。人必有一死，人类本身也总有消亡的一天，这也许是耶稣末日审判思想的一个弦外之音。在这一情势下，是信仰上帝还是反抗上帝，是求善还是作恶，这无疑是一个相当严峻的选择。

耶稣选择了死。于是有了逾越节的最后的晚餐。耶稣及十二个门徒来赴宴了。饭桌上耶稣说:实话告诉你们,你们当中有一个人要出卖我。这话引起轩然大波,叫众门徒不知所措。有人问:主,你说的是谁?耶稣回答说:我把在碟子中蘸过的面包递给谁,就是谁。他把面包递给了将耶稣卖三十块银币的犹大。

当时,犹大接过耶稣的面包悄悄溜出。耶稣一行走出客店,来到客西马尼果园。耶稣在这里作了最后一次沉思。他可以出逃,但出逃意味着默认有罪,意味着思想的失败。他正当盛年,来日方长,而一旦落入仇人手中,必被残酷害死无疑。然而,耶稣选择了死。他对他的门徒说:“我就是道路、真理、生命,若不借着我,没有人能到父那里去。你们若认识我,也就认识我的父。”曾经对旧势力毫不妥协、坚决反抗的耶稣,在此我们看到,是甘愿做一沉默的受难者了。

耶稣面对他屈辱的死亡没有反抗。犹大率人来捕捉耶稣时,彼得曾拔刀相对,砍去了大祭司仆人的一只耳朵。但是,耶稣劝住彼得,又治好了伤者的耳朵。耶稣曾经近似一个暴力主义者,他曾经用鞭子来清洁圣殿,他要打破一切旧秩序,他说话也斩钉截铁,绝没有苏格拉底曲里拐弯兜圈子的辩证法作风。比如他说:“凡在人面前不认我的,我在我天上的父面前,也必不认他。你们不要想我来是叫地上太平。我来并不是要叫地上太平,乃是要叫地上动刀兵。”这就极有以血还血、以牙还牙的气概。然而,在死亡面前,性格多少显得容易冲动的耶稣,充分显示出了一种默默忍耐的殉道者的尊严。

耶稣之死亦具有偶然性。通读《新约》,我们会发现耶稣死得阴差阳错,很大程度上是为他自己的意志所左右的。非置耶稣于死地不可的是犹太教中的保守派别,那正是他的同胞。当权的罗马统治者却无意剥夺耶稣的生命。耶稣被解到大祭司的府邸后,大祭司问他:你就是上帝的儿子基督吗?耶稣回答:是的,你们将会看到人子坐在全能者的右边，驾着天上的云降临。大祭司如获至宝，他说：你们都听见了吗？我们不需要别的证据了，他亲口说了渎神的话，这不就是证据吗？当时就草草判定了耶稣死刑。

但真正执行生杀大权的是罗马总督彼拉多。祭司们将铁链锁住的耶稣带到后，彼拉多深信耶稣无辜，是仇人妒忌心的牺牲品。他有意开释耶稣。他问耶稣：你是犹太人的王吗？耶稣答：是的，你说得是。彼拉多又问：他们告你这么多罪名，你没有听见吗？这些罪名包括诱惑国民、鼓动抗税等等。但是耶稣一言不发。彼拉多传来祭司长和长老，坦率地告诉他们，他没有发现耶稣触犯罗马法律。他准备鞭责一顿后释放耶稣。当时有个惯例，每逢逾越节，将按众人要求释放一名囚犯。彼拉多让众人在耶稣和一个叫巴拉巴的杀人犯之间二择其一。这时候假如耶稣略示屈服，满足法利赛的报复心理，未必没有生路。但耶稣沉默无言。在祭司鼓动下，围观者高呼巴拉巴的名字。彼拉多至此心犹不忍，他问众人：我能将你们的王钉在十字架上么？祭司长回答：除了恺撒，我们没有王！彼拉多知道再说也无济于事，为免内乱，终于让步。他“拿水在众人面前洗手，说：‘流这义人的血，罪不在我，你们承当吧。’众人都回答说：‘他的血归到我们和我们的子孙身上。’于是彼拉多释放巴拉巴给他们，把耶稣鞭打了，交给人钉十字架。”

耶稣死得极为痛苦，极为屈辱，全没有苏格拉底那种面临死亡的泰然自若和从容不迫。他更像一只任人宰割的羊，给人的感觉是压抑的、沉重的。他受到罗马士兵的戏弄，众兵丁给他披上紫色的长袍，戴上荆棘编成的冠冕，然后朝他脸上吐唾沫，朝他下跪道：犹太人的王万岁！戏弄够了才押去执行。他受难的十字架上挂着一个牌子，上书彼拉多写的：“犹太人的王，撒勒人耶稣。”这意味着犹太人将为他们绞杀了这个无辜的生命负责，意味着耶稣乃是他自己的同胞们献给上帝的祭品。上午 9 点，耶稣被钉上十字架。半日后，人们听到耶稣大声喊着说：“我的上帝，我的上帝，你为什么离弃我?”这是泣血的生命之声。耶稣是否有一种被上帝遗弃了的感觉呢?

耶稣死了。

(参见陆杨:《死亡美学》,第74～76页,北京大学出版社,2006年版)

点评

《新约》四卷“福音书”对耶稣之死的上述记载,无疑是确立了西方人在苦难和罪恶中超越死亡的一种原型。在耶稣的死亡模式中,我们看不到苏格拉底式的人性尊严。也许,在孤独无援的绝望之境中,人格尊严更为真实地潜入了沉默无声的忍耐。耶稣之死据基督教的阐释是人子甘愿牺牲自己,把人类的所有罪孽包揽到了自己的身上,用他的血和肉洗涤了世人的灵魂。但是,它更为现实的启示则应是:人有可能遭受各种不期而至的苦难,即使被命运遗弃,也不必怨天尤人,而应似耶稣受难的范式,甘于忍受最不公正、最为惨烈屈辱的死亡。这无疑正是基督教中苦难意识的来源。耶稣是为他的民族而死的。中世纪以降,当西方人接受了《旧约》的全部记述时,却对记撰《旧约》的犹太人产生了刻骨仇恨,认为犹太人应对上帝之子耶稣的死负全部责任。本是一脉相生的基督教和犹太教因此成为势不两立的狭路冤家。然而,耶稣本人是犹太人。他的母亲是个犹太女人,他的门徒也都是犹太人。按照基督教教义,耶稣之死是上帝道成肉身,以生命赎免世人罪恶的象征。若此说可被接受,那么耶稣用他的鲜血赎清的,首先便是他的同胞犹太人的苦难和罪愆。耶稣是他的民族献给上帝的替罪羔羊,是用人类的鲜血替代了牛羊的祭祀。这正是《旧约》世界和《新约》时代之间一块不朽的界碑。由是观之,耶稣是犹太民族中最后一个,也是最伟大的一个先知,是民族危亡之际挺身而出,以血警世的宗教英雄。耶稣赎清了亚当犯下的“原罪”,使世界可望在死后得到拯救，现实世界中的一切苦难，都因耶稣而得到神圣化。较之亚当不听上帝的话，偷吃禁果犯下原罪，从而使人类堕入生生死死的循环，耶稣则是给必死的人类带来了永生的希望。一如保罗所言："死既是因一人而来，死人复活也是因一人而来。在亚当里众人都死了，照样，在基督里众人都要复活。"这就是耶稣之死的宗教含义。

（参见陆扬：《死亡美学》，第76～77页，北京大学出版社，2006年版）

（二十）布鲁诺：以罕见的英勇迎接死亡

作为"不肯悔改、顽抗到底"的异端犯，（宗教裁判所）给了布鲁诺四十天的时间，让他最后一次考虑他面临的下场。他呈递的反抗的声明，清清楚楚地说明他本质上是个特别危险的坏蛋、怙恶不悛、不听劝说开导的背教者。他还有机会好好考虑，收回他的话，谦卑地乞求教会宽宥。但是，如果他骄矜自负，到现在还不想认罪，不想放弃他那恶毒的谰言，那他可别指望饶恕。四十天一到，此案便告结束，即将做出判决。

四十天！四十个白昼和黑夜，在牢房里苦苦挨过、不死不活、漫长得叫人难受的四十天，短促的、最最珍贵的、最后的四十天！

是的，他知道他的下场是什么。他决心已下，至死无它，义无反顾。他有过许多怀疑，他欺骗过推事们，也哄过自己。他曾经企图走不合乎他本性的道路。如今这些都已成为过去。他做出了唯一正确的决定。人必须忠于他自己。

给布鲁诺进行最后考虑的期限早就结束了，但宗教裁判所无视于犯人明显的顽抗，不慌着做出判决。叫布鲁诺屈服，对教会至关紧要。在圣诞节前，又劝他顺从，放弃异端邪说。布鲁诺高傲地回答，他不想放弃也不应当放弃，他没有什么要放弃的，他根本不知道他应当放弃什么。枢机主教们委派两个大神学家——多明我修会会长贝卡里阿和执法人伊扎列齐到狱中去探望布鲁诺，再一次指出他的谬误，说服他悔罪。布鲁诺对任何开导训诫置之不理。他从来没有写过、说过任何异端思想！是宗教裁判所的官员故意歪曲他的话，以便坐实他的罪名。他愿意为他一切说过的话和写过的作品负责，愿意为自己的学说辩护以回答任何神学家的攻击。他决不屈从他们的见解。请宗座专门发一道命令证明他的观点错误吧！

多明我修会的这两位神学家徒劳无益地劝布鲁诺相信他的供词和著作中有各种各样的异端邪说。他只有一个机会保全性命——他得悔罪，乞求宽宥，放弃自己的观点。布鲁诺坚持己见。他没有什么要放弃的！

1600 年 1 月 20 日，贝卡里阿向担任宗教裁判所推事的枢机主教们报告他们同布鲁诺谈话的结果，不得不承认使命失败。这次会议审查了审讯材料，听取了几位顾问的意见。克利门特八世命令结束乔尔丹诺·布鲁诺案，把他作为不肯悔改、顽抗到底的正式异端犯判罪，交给世俗政权。这也就是说，把他处以火刑。

判决是 1600 年 2 月 8 日宣布的。布鲁诺几乎被监禁了八年，其中七年是在罗马宗教裁判所监狱度过的。如今他第一次也是最后一次步出了监狱的大门。他被押往枢机主教马德鲁锡的府邸。许许多多人聚集在这里，准备参加盛大的仪式，其中有教廷高级官员、宗教裁判所推事、法学家和接近宗教裁判所的人士。大厅人满为患。

布鲁诺被迫跪下。公证人弗拉米诺·阿德里亚诺大声宣读判决书：乔尔丹诺·布鲁诺系怙恶不悛、顽固不化的异端犯，拒绝承认其观点是异端邪说，兹判决褫夺其神品，革出教门，交给世俗政权，治以应得之罪。其一切作品应在圣彼得广场当众焚毁并列入禁书目录。

这漫长的八年来用以恐吓他的威胁实现了——教会筹划了他

的火刑，虽然是虚伪地拿世俗政权的意思来做幌子。布鲁诺站了起来。他朝向审判他的人，神情决绝而严峻，高声说道："你们向我宣布判决比我听宣判更感到恐惧。"

最后八天他是在托尔·迪·诺纳监狱度过的。频频有神父到他的牢房里来：他应当克服骄傲，放弃他的谬误嘛！死刑定于1600年2月17日执行。

天亮前，给布鲁诺换上了异端犯的囚衣。舌头用特制的钳子夹住，免得渎神者用他恶毒的言辞把民众引入歧途。他被僧侣和士兵簇拥着。还没有抵达刑场，小教堂里便开始祭祷，超度他的亡灵。

广场上人山人海，等着押送犯人的队伍来到。行刑不太匆忙。犯人用铁链绑在一根高高的柱子上。直到最后一刻，各个修会的神父们还在劝说他悔罪。但是，任什么都动摇不了布鲁诺坚定的决心。被钳子夹住的舌头、身上绑着的铁链、慢慢燃烧的树枝、眼看化为灰烬的书——这些岂能阻挡人类思想的发展？

"心智的力量决不会安生，决不会停留在已经认识到的真理上，它不断向前，不断向尚未认识的真理前进！"

他以罕见的英勇迎接死亡。他在痛苦中慢慢死去；此际，一根长长的杆子把耶稣受难像向他伸过去——他眼睛炯炯发光，愤怒地转过了脸。代达罗斯之子的坠落并非堕落！

浓烟未能遮住无边无际的天空。荒诞的天球被布鲁诺勇敢的思想所摧毁，从此荡然无存。无限的宇宙和无数的世界展现在人类的眼前。

人类是经过火刑架飞向宇宙的。

（参见［苏］施捷克里：《布鲁诺传》，第404～408页，北京三联书店，1986年版）

点评

布鲁诺是文艺复兴时期最卓越的自然哲学家，也是为科学真理同愚昧的宗教势力做殊死搏斗的斗士，他的牺牲震动了世界，震动了人类。真理在心，死有何惧！他坚持真理、献身真理的精神，他视死如归的勇气，将永远留在后人心里。他是一位“死在一时，活在千秋”的人。

（二十一）斯各特·聂尔玲：心平气和地以绝食告别美好人生

美国作家海伦·聂尔玲（Helen NeaⅡng）1992年出版的新著《美好人生的挚爱与告别》，叙述了已达90岁以上高龄且身心皆已衰退到“日没”状态的老年人，想要自行了断以告别人生的自然心情。尤其是具有知性或艺术创造力，且曾为人类社会奉献过自己才能与精力的“日没”状态的老年人，更有这种自然的心情。

1993年时，作者已是89岁的人了，她这部带有自传性质的作品，叙述了她与比她年长21岁的丈夫斯各特·聂尔玲所过的半个世纪以上的“挚爱美好人生”的恩爱生活，叙述重点尤其放在1983年斯各特过百岁诞辰时（她旁助）他自行了断的生死因缘上。此书出版前后皆获得极高评价，譬如库布勒·罗斯医师就说：“这是一位了不起的女性作者所写过的最美丽的爱的故事之一，写她很有原则、不苟同、有知性而又激进的丈夫，如何实践自己所提倡的道理，如何为千万人示范。”玛丽·撒顿也说：“斯各特死后的海伦·聂尔玲，仍有那么非凡的能力，去实现她的生活艺术。她应付自己的死亡问题与老年生活的方式，是多么深刻而富于创造性！”本书封面也特别介绍说，这是一本独立而有信念和才赋的女性作者的自我画像，本书很雄辩地谈到老龄化生活与心平气和而有控制地面对死亡的意义究竟是什么。

1904年海伦·聂尔玲生于美国东海岸新泽西州一家相当富有且有自由开放气氛的书香门第。年轻时遇上了当时已是大学教授的斯各特，两人情投意合结为夫妇。1932年，两人放弃了纽约市的繁闹生活，宁愿搬到佛蒙特州穷苦偏僻的乡下，建造自己小规模的农家式住宅，开始了后来成为传说的田园生活。他们在这里的20年生活，都在他们合著的畅销书《过美好的人生》(1954年)中进行了描述。此书曾被誉为“20世纪的《瓦尔登湖》”，《瓦尔登湖》就是19世纪美国自然主义作家梭罗脍炙人口的一代名著，叙述了梭罗“回归自然”的乡间生活。

1953年由于他们居住的那一带将发展成为商业性的滑雪地区，为了避免喧闹，他们决定搬到更远的美国最东北角的缅因州去，在那里重新建造类似的农家式住宅。在20世纪60年代(斯各特已是80余岁，海伦也过了60岁)，他们又另盖了一个全新的石屋，面临海湾。他们就在这里继续着费力的农家劳作与读书写作之类的知性工作，也常旅行到世界各国，宣扬世界和平与社会正义，同时每年要在自己家里接待2000人左右的访客。

聂尔玲夫妇一直对生死问题表示关注，尤其是斯各特在过了90岁之后更是如此。他们共同阅读大量有关死亡的著述，分享死亡学的知识。他们相信生命与意识采取某些形式继续存在。他们觉得死亡只是一种过渡，不是生命的终结，它是两个生命领域之间的出口与入口。

他们相信并急切等待死亡之后更多的机遇。海伦说：“我们在何时何地死去并不太重要，重要的是，我们如何应付死亡。我们知道死亡会来临，我们等待着它。斯各特想在他的精力全失之前告别人生。他想依照他的自由意志有意识地告别——这是一种对死亡的自我抉择，是与生死转变的历程合作。他不愿意看到自己的死亡体验被抑制。他有意学习并实践自动而简易地让身体脱落的技巧。他曾学会了如何生活，现在又学会了如何死去。”

斯各特夫妇在1952年搬到缅因州之后不久，就准备好了他死时的火葬事宜等。斯各特在1963年写下如下的备忘录给海伦：

> 一旦我生病不起，我希望死亡过程很自然，因此我不去医院，而要留在家里。我不要医生管我。快死之时我宁愿在户外，而不愿在屋顶之下。我想以绝食方式死去，如果可能，也停止饮料。死亡过程当中我要保持意识活动，因此不要用止痛药、麻醉药之类。死亡来临之时，我宁愿尽快死去，因此我不要打强身针、服心脏兴奋剂、强迫饮食、氧气供给、输血之类。我不要大家表示悲哀沉痛，我要在我床边的人们保持安静与尊严，表现出了解与欢乐之心，心平气和地分享死亡体验。我在自己能力范围内尽情生活，我也一样会愉快而带有希望地离去，死是一种过渡或觉醒，无论如何，像其他生命历程的各种层面一样，我们应该照样欢迎死亡。关于葬事等事宜，我要求朋友们把我的尸体放在简素的木箱内，穿上我平常的工作服，不要在木箱内加什么香料装饰。把我的尸体运到缅因州火葬中心予以火葬。我不要葬礼之类，也决不欢迎宣教师、牧师或宗教专业人士参加主持。火葬之后，我要海伦或哪位友人把我的骨灰撒在我家的树下。我很清醒地做以上要求，希望大家千万尊重我的要求。

将过百岁诞辰的一个月前，斯各特对在座的一些朋友宣布："我想我不需要再吃东西了。"从那一时刻开始，他真正绝食，只喝饮料。他有计划地选择告别他那美好人生的时间与方式。海伦对此下了注脚说："绝食而死，并不是狂暴极端的自杀方式，它是一种缓慢而柔和的精力消减，是一种心平气和的自愿告别办法。"

海伦同意照斯各特的意思去做，有一个月左右只让他喝各种水果饮料。之后斯各特只要喝水，这样可以不生病，可以很清醒地谈天，但精力已快消失。百岁诞辰过后约半个月，即 1983 年 8 月 24 日斯各特死去的那一天早上，海伦在一旁为他吟诵印第安人小调："像树那样高踏行走，像山那样活得强壮，像春风那样柔和。在你心中保持夏天的温暖，伟大的（宇宙）精神也常与你在一起。”她又低声对他说道：“就这样让你的身体告别吧。与潮水走吧，与它一起流去吧。你已度过了美好的人生。你已尽了你的一切分内事。走进新的人生吧，走入光明吧。爱与你一起走去。这里一切都好。”缓慢地、逐渐地，斯各特的呼吸终于停止，身体终于离脱，他终于告别且自由，犹如树上枯叶落地一般。他呼吸最后一口气时说了半句“一切……好”（All…right）。

海伦叙述自斯各特死后自己几年来的生活感触时说：半个世纪以上的爱情继续存在于心。她相信死后之爱，也相信死后的生活。她希望自己不久就会面临的死亡是一种肉体生命的解放。她会与宇宙“总体”合而为一，不再是孤离的存在。出版本书时已过85岁的海伦，也开始对于死亡进行反思，认为：“没有死亡的人生是不能忍受的。死亡让我们轻松，它是一天的结束，是肉体生命的一个休假，是新的转折点。当一天的工作结束，夜晚就送来睡眠的祝福。死亡很可能是更大的一天的开端。”

（参见傅伟勋：《死亡的尊严与生命的尊严》，第50～55页，北京大学出版社，2006年版）

点评

对死避之唯恐不及，无论多么痛苦也要多活一天是一天，这是世间绝大多数人对死亡的态度，但斯各特却在没有病、只是自觉日渐衰老的情况下选择绝食心平气和地离开人世，这太出格、另类、离谱了。然而，另类、离谱就没有道理吗？不管别人如何看，反正笔者对他百分之百的理解与尊重。笔者在初次看到斯各特的遗嘱时心中一惊——惊喜万分，于是在旁边批道：好极了！甚合吾意，亦可用于我的遗嘱！时间是2007年5月15日上午9点10分。

斯各特的另类、离谱是就世俗来说的，其实，两千多年前的庄子不也是这样看的吗？庄子的临终表现我们不得而知，但我们知道中国现代另一个智者李叔同就是这样做的。思想解放一点，眼光高远一点，就会理解和尊重斯各特的选择了。

当然，最后我们也可能未必像他那样去死，但是，有他在我们心里，我们就会死得更平静、淡定、坦然些！

（二十二）莫里：死亡面前，给学生上最后关于生命的课

他名叫莫里·施瓦茨，曾于1995年三度接受“夜线”的直播节目采访，由此这位智慧老人在美国家喻户晓。

莫里在全美电视网上露面的理由就像他的为人一样直截了当：七十八岁高龄的莫里身患“肌肉萎缩性脊髓侧索硬化症(ALs)”，面对日益临近的大限，却在生活中表现出前所未有的活力。尽管生性羞怯内向，莫里却在这种时刻选定了自己最终的使命：利用媒体，把死亡的话题从忌讳中解放出来，使人们坦然地讨论病痛、衰老以及人人无法逃避的生命终点。

“学会如何生活，”莫里说道，“然后你才懂得如何去死；学会如何去死，你将领悟如何去生活。”莫里的话并非仅仅针对患者及其亲友，而且对我们免于病痛的健康人同样教益匪浅。这是看待世界的一种方式，其观点曾经发表于“夜线”和《波士顿环球报》以及覆盖全美的广播电视节目中。

社会对此做出强烈的反应。莫里触动了民众的感情。数以千计的听众、观众还有读者写信向他寻求忠告和慰藉，然而更多的人则是向他表示感激之情，因为他道出了人们埋藏已久的心里话。

总之，莫里已是在劫难逃。他所罹患的疾病正在摧毁他的神经中枢，使得肌肉系统因失去神经信号而停止运动，最终导致萎缩。他是从下肢开始丧失机能，并最终将导致死亡。

面对死神的判决，莫里做出了自己的回应。他为自己举行生前的祭典，其中充满生命的欢乐。他去看马克思兄弟的旧喜剧片，

使自己尽可能沉浸于片中的幽默里。他向朋友们坦言期待他们前来探望的心愿，同时写下很多座右铭似的警句，后来成为此书（《万事随缘——莫里的最后一课》）的基础。

就某种意义而言，这本小书可以说是莫里的遗嘱和最后的证言。他告诉我们如何活出生命的辉煌，视死如归地走向生命的终点。当肌肉功能日渐丧失，这些励志小语的写作更加艰难，因而时断时续进展缓慢。尽管如此，他的信念却是更加坚定。起初，莫里认为无须因为一些无关宏旨的题外话节外生枝。但后来，他意识到多数读者需要某些引导性的解释，才能将那些箴言诉诸实践。于是这些警句变得深入浅出、简便易懂。

整个口述的录音花费历时数月，而且期间耗费的心力不能以时间计量。尤其是在最后阶段，莫里因不时涌出的浓痰剧烈咳嗽，造成呼吸困难，眼看着话筒从胸前滑落，等着别人帮忙挂回原处。随着录音工作的进行，莫里通过他的实际行动，使在场的人们愈发真切体会到这些话语的实践意义。莫里始终坚持自己的人生准则，并在实际行动中一以贯之。这些主要来自他的人生经验，此刻只是公之于世而已。假如我们对这些经验妄加揣测，则只会造成大家的虚假印象。然而，一旦抛开种种表面的说辞，对莫里本人来说，生命无非是一个怀着善意、向世界不断敞开的过程——最终的目的是一个超越自我的对象，是整个人类，整个世界。直到生命的最后一息，莫里的心中始终充满了喜悦和惊叹。他在人生的最后一个年头，作为一个伟大的导师，给我们留下了最后的一课。

（参见[美]莫里·施瓦茨：《万事随缘——莫里的最后一课》的序言《活出生命的璀璨》（保罗·索尔曼），南海出版社，1999年版）

点评

莫里是美国某大学社会学教授，当他得知自己得了绝症时，他有两种选择：

> “我是要好死呢，还是赖着活下去?”我当时的意思是，究竟是应该放弃努力，离开这个日益变得恐怖的世界，多数人可能这样选择，还是继续为生存抗争？我选择了后者。不过，我是否能活得如愿，带着尊严，带着勇气和幽默，继续与他人互帮互助？我不敢断定能够做到，但是我说：“我会尽力而为。”从此下定决心，调动一切可以调动的力量，使自己坚定地活下去。到今天为止，总算如愿以偿。

“如愿以偿”是指他完成了他的心愿——接受采访向全国公众谈人们最忌讳但最需要了解的话题——死亡，让大众分享他对死亡的体验，还有，每周星期二，给他的学生讨论关于生死的课，以口述录音方式记录下他对死亡等问题的思考。莫里面对死亡的勇气和极有意义的作为，让千千万万观众深受鼓舞，从他那里学到了面对人生、面对死亡的人生智慧。

莫里超越死亡的现实表现及他的死亡观就在《万事随缘——莫里的最后一课》这本书里，内容丰富，一言难尽。如果想深入了解，你自己去看这本书吧！看了肯定不白看，你想不透的，他帮你想透了。在死亡问题上，我们要向莫里学的，一是他那积极乐观的态度，二是他那丰富的思想即澄明的智慧。

四、超越死亡

人都不想死但又不得不死，这一铁定的事实犹如一座围城，把人死死地围在城里面，谁也别想冲出去。但是，身子不能冲出去，心也不能冲出去么？当然不是。身是不自由的而心则是自由的，正如作为肉体的“身”不得不死（一件生物性、生理性的事实），然而作为精神的心则可以通过思考更全面更深刻地理解死，并通过这种理解反过来更合理而有意义地生（让死这件生物性、生理性的事实转化为具有社会性、精神性的事件）。正是在这里，人才显出了人的特性：既渺小又伟大，既被动又主动。

自古以来人们就开始了对死亡的沉思，至近二三十年在美国及某些欧洲国家，逐渐酝酿发展出来一门崭新学科“死亡学”，开始以学科形态探索人类反抗死亡、超越死亡之路。“‘人人生而平等’是死亡学的事实起点，‘人人必能超越死亡’就成为死亡学的理想终点。问题是，我们面对‘人人必死’的铁定事实，如何去超克死亡，获致安身立命之道呢？”（傅伟勋：《死亡的尊严与生命的尊严》，第3页，北京大学出版社，2006年版）

这里的“超克”（“超越”），毫无疑问当然指的是精神上、心理上的超越而不是事实上、肉体上的超越。正如北京大学教授汤一介所说：“从生物学上看，人是不可能超越生死的，但从人的精神境界

方面看,则是可以超越生死的。”(汤一介:《生死》,第69页,上海文化出版社,2000年版)

超越靠的是智慧,智慧来自对生死的深度悟解。有了这种悟解,人们就能从精神上心理上化解死亡的恐怖,就有了超越死亡的内在力量。这种悟解是人的安身立命之道,正是它支撑着人们活得踏实安宁,生命得到安顿,心灵得到慰藉,活得有质量,死得有尊严。

本书前几章我们已经扫描了古今中外的死亡观,阅读并聆听了多位圣哲贤人的遗书和遗言,也看到了多位我们历来尊敬的人在死亡面前的表现,那么我们受到了哪些启发,从中又探索出了哪些超越死亡之路,或者说是安身立命之道呢?

(一)在顺其自然中超越

在顺其自然中超越,指的是对待死亡不迎不拒、不喜不忧,不想死也不怕死,一切顺其自然的态度。

在中国,这种态度渊源于老子和庄子。庄子认为,天地间本来没有一个“我”,而所谓“我”只是天地自然造化的一个生命,从无气到有气,从无形到有形,从无生到有生,又从有生到无生,其间生与死的变化,犹如春夏秋冬白天黑夜的演变更替一样,本是大自然运行的结果,都是“道”的表现形态和自我实现。因此,人们不必为“生”而喜,不必为“死”而悲,而应该随顺自然大化平静地“活”,亦随顺自然大化坦然地“死”。人们只要在精神上与大道合为一体,那么就无所谓生也无所谓死,这样齐同了生死,也就超越了生死。

庄子的眼光极为高远宏阔,他是站在“道”的立场上以道观物、观死生。“道无终始,物有死生”。作为个体的人,有生就有死,死了不能复生,感到极为痛苦悲哀,但以道观之则很正常,这正是宇宙大道生生不息的运行演化,无所谓痛苦与悲哀。这里关键是要从个体一己之小我中解脱出来,回归宇宙造化之大我。“如果我们把自己融入宇宙之中，把自己与天地万物合一，那么无论我们如何变化，始终都是生活在宇宙之中，始终都不会失去自己的本性。如果我们能够这样看问题，失去人的形体算得了什么呢？生生死死又算得了什么呢？”（陈战国、强昱：《超越生死——中国传统文化中的生死智慧》，第 152 页，河南大学出版社，2004 年版）庄子的大道超越于生死变化之外，如果我们自觉与大道合一了，那么道不死我亦不死，道在我亦在，道生生不息即我生生不息，如此，当然也就超越了生死。

庄子的死亡观绝对是人类高智商所绽放的花朵，鲜艳夺目，开人心窍，对后世影响深远。随便翻阅中国古代诗词（且不说其他文体），到处可以听到庄子的声音：有生必有死，早终非命促（陶渊明语）。死去何所道，托体同山阿（陶渊明语）。生者为过客，死者为归人（李白语）。死是等闲生也得，拟将何事奈吾何（元稹语）。死生，天地之常理，畏者不可以苟免，贪者不可以苟得也（欧阳修语）。物之有成必有坏，譬如人之有生必有死（苏轼语）。吾身听物化，化及事则休。（明·钱秉镫语）。

庄子的死亡观甚至影响到了毛泽东。毛泽东也认为人的生老病死乃自然规律，人的生生死死符合辩证法的新陈代谢，所以他要求护士长等他死后要上台讲话庆祝辩证法的胜利。

庄子的死亡观对文学创作的影响由古代传至现代，产生一批著名作品。就说现当代吧！20 世纪 30 年代沈从文的小说《寻觅》、《知识》、《被刖刑者的爱》、《边城》等，内容都涉及对死亡问题的思考。综合起来看，作者的死亡观可以概括为：自然面对，不必惊慌，也不必悲戚，从从容容走向死亡。和沈从文一样，林语堂也特别喜欢谈生命和死亡。他说：“其实说得浅近点，科学无非是对于生命的好奇心，宗教是对于生命的崇敬心，文学是对于生命的叹赏，艺术是对于生命的欣赏。”（《林语堂名著全集》第 18 卷，第 336 页，东北师范大学出版社，1995 年版）他认为生命的本质就是悲剧，悲剧则主要表现为生命的短暂、死亡的易至。林语堂散文随笔中频频出现“死亡”一词。他的七部小说中，叙述了差不多二十来个人物的死，死亡是他创作中的一个情结。在领悟了生死的规律后，林语堂不是悲天悯人，而是获得了一种通达的人生态度。他的人生哲学是快乐哲学，这是一种迹近自然、轻松闲适的人生哲学，也是一种智慧的生命哲学，而这种智慧集中体现在他的死亡观上。林语堂认为自然本身自有韵律，由童年、青年到衰老和死亡，一直支配我们的身体，优雅的老化含有一份美感。这种死亡观是一种诗性的死亡观、一种自然主义的死亡观，主张对待生命既要珍惜，又不能勉强，一切顺其自然。林语堂理想的生命境界是，临死时潇洒地说一声“这是一曲好戏”而离开人世。（参见肖百容：《论现代文学中的自然主义死亡观》，《广东社会科学》，2004 年第 4 期）

至新时期文学，最能体现自然死亡观的作品当推余华的小说《活着》。主人公福贵罕见地经受了人生中一连串的死亡：父亲摔死在粪缸，母亲病死，儿子死于为救县长夫人抽血过量，女儿难产死于大出血，妻子不久也离开人世，女婿死于意外事故，外孙在饥荒年代因一次贪吃豆子肚胀而死。在接踵而至的死亡面前，福贵没有反抗，也无从反抗，这不是他反抗所能阻止的。他没有愤怒，没有痛不欲生，而是平静地接受了。如果反抗和愤怒都无用的话，那么平静地接受也许是最明智的选择。当然，福贵本人未必意识到这一点，但也正因为如此，才显出顺其自然的态度对于超越死亡的意义。作家本人通过福贵这一形象想要说明的大约也是这一意思。余华说，《活着》是“写人对苦难的承受能力，对世界的乐观态度。写作过程让我明白：人是为活着本身而活着，而不是为活着之外的任何事物而活着”。（《余华作品集》第二卷，第 293 页，中国社会科学出版社，1995 年版）

人同此心，心同此理。中国人有顺其自然的死亡观和待死态度，西方人乃至世界各民族人也都会这样想。

在西方思想史上，最早用“自然的眼光”看待死亡的哲学家当属古希腊的赫拉克利特。赫氏坚决摒弃了用“非自然的原因”或“超自然的原因”来解释死亡的原始死亡观，坚持从自然界本身、从人的本身出发来解释人的死亡。他认为“死亡就是我们醒时所看见的一切”，其意思是，人的死亡和自然万物死灭变化一样，是一种自然的合乎规律的现象，是人所固有的属性。赫氏的名言是“人不能两次踏进同一条河”，因为河水永远在流动，你再踏入时，遇到的是新的水流。同理，人的生老病死也是自然的变化，“人怎能躲得过那永远不息的东西呢”？这就把死亡的必然性或不可避免性用哲学语言明确地表达出来了。

古希腊的德谟克利特继承了赫拉克利特的思想，提出“死亡是自然之身的解体”的命题。德氏认为，人的生死无非是组成人体的诸多原子集团的分离和崩解而已——这其实就是西方版的庄子的生死观（“人之生死无非气之聚散”）。基于这种理解，德氏认为顺从自然的聪明人不应该怕死，而只有“愚蠢的人怕死”，而怕死的结果是死得更快——“逃避死亡的人是追逐死亡”。

接下来是希腊化时期的伊壁鸠鲁，在死亡问题上他提出的命题更著名：“死亡是一件和我们毫不相干的事！”为什么？“因为当我们存在时，死亡对于我们还没有来，而当死亡时，我们已经不存在了。因此死对于生者和死者都不相干。”这话听起来像是玩笑，细想，自有道理。由此让我们感慨，古人为了开发“超越死亡”的智慧，真把问题想绝了！

再罗列下去似乎没有必要，死亡的自然性作为一种思想，和庄子的思想一样源远流长，一直流淌在西方乃至世界思想史上。欲知其详，请看段德智先生的《西方死亡哲学》（北京大学出版社，2006年版）。

需要说明的一点是，上述思想不仅在文学家、思想家、哲学家这里存在，在艺术家这里照样存在。让我们举一个例子以证之吧！

意大利文艺复兴时期著名画家达·芬奇曾说过,人的一生就是愉快劳动的一生,就像劳累的一天带来愉快的睡眠一样,勤劳的生命带来愉快的死亡。话说得非常感人,这和庄子的"生是劳死是息"的思想完全一样——"英雄所见略同"!

自然主义死亡观承认外力的强大、人类的渺小,因而必须接受自然规律的安排,这种想法对于超越死亡的恐怖具有奇妙的精神慰藉作用。正如恩格斯所说,由于自然的必然性而发生的一切事件,不管多么可怕,它们本身都包含着一种安慰。林语堂把自然主义的死亡观称为"聪慧的醒悟",认为这种醒悟是尽情地享受人生的前提条件。这就是说,坦然接受、服从大自然的必然规律,让渺小的人类生出一种回归家园的归依感,死亡的恐怖在这里被化解被超越了,甚至于变得富有诗意了。

前面在"言说死亡"和"直面死亡"两节里,我们列举了一些人面临死亡时的表现。不少人对自己的死亡持顺其自然的态度。例如,萧伯纳临终前对女仆说,我已经完成了我要做的,我要走了。他的墓志铭是:我早就知道无论我活多久,这种事情迟早总会发生的。再如爱因斯坦,把死亡看作一笔最终总是要偿还的旧债,临终前他说:"当我必须走时,就应该走。人为地延长生命是毫无意义的,我已尽了我的责任,是该走的时候了。"再如,美国飞行员林德伯格在去世前写的书中写道:"我死后,我身体里的分子将回到大地和天空中去。它们来自星辰,而我就是星辰。"看吧,有"自然"二字在心,这些人死得何等潇洒和富有诗意!

(二)在社会道义中超越

道家生死同一、顺其自然的死亡观以旷达的心胸超越了死亡的恐惧,然而,人的生命不仅是一种自然存在,更是一种社会存在,正如马克思所说,人的本质就其本来意义上说是一切社会关系的总和,因此,死亡问题就远远不只是一种自然现象,更是一种社会文化现象。道家没有看到这一点，所以荀子批评他们是“蔽于天而不知人”（《荀子·解蔽》）。

与道家相反，儒家特别重视人的社会性，从社会伦理道德角度看待人生的一切问题，包括死亡问题。儒家认为，人的肉体生命存在的时间是短暂的，而人的道德精神的存在却是久远的，人类崇高的精神理念，如道德价值是高于个我之生命价值之上的。一旦二者发生冲突，应该做到“杀身成仁”、“舍生取义”。因为身虽死而道德精神却长留人间、彪炳后世，就是儒家圣人所谓的“死而不亡”。由此可见，儒家是以道德价值的实现作为解决生死问题的关键，实质是鼓励人走死后不朽之路。儒家用道德精神的不朽超越了死亡困境。

在中国文学史上，最能体现儒家死亡观的第一个人应该推屈原。屈原身为楚国高官，有爱国爱民的崇高政治理想，他对内主张举贤任能，对外主张联齐抗秦，深得楚怀王信任，但却遭到群小的妒忌与诬陷，怀王不辨是非疏远屈原。顷襄王即位，屈原再次遭打击迫害。恶浊的生存环境，接连不断的人生磨难，把屈原推到生存与道德追求的两难选择之中。在两难之中，屈原出于保存生命的本能，也曾想远离楚国，乃至游仙幻想，但是，从高度自觉的道德价值生命观出发，他坚定地做出了“死”的选择：“夫孰非义而可用兮，孰非善而可服？阽余身而危死兮，览余初其犹未悔。不量凿而正枘兮，固前修以菹醢。”“义”、“善”的道德原则高于一切，决不能因苟且偷生而害义违善。屈原还经常表白为坚持自己的人生原则，愿意付出生命的代价：“亦余心之所善兮，虽九死其犹未悔！”“民生各有所乐兮，余独好修以为常。虽体解吾犹未变兮，岂余心之可惩！”（《离骚》）屈原道德上的坚定在生死抉择上体现得最突出。屈原的自杀是经过长期思索后的决定，是建立在道德价值生命观上的行为。

在合乎道义的死与放弃道义的生之间选取前者，在中国历史上屈原不是第一人，在此之前已经有许多人做出过这样的选择。屈原在生死关头寻找到的人生榜样就有彭咸、龙逢、比干（《离骚》）、伍子胥（《涉江》）、申生（《惜诵》）、介子推（《惜往日》）、申徒狄（《悲回风》）、伯夷（《橘颂》）等人物，认为这些人都坚持了道德原则，不为世俗所诱，不为死亡所慑，属于古之圣贤遗直；而他自己则是继承了他们的精神。（参见钱志熙：《唐前生命观和文学生命主题》，第 88～89 页，东方出版社，1997 年版）

在坚守道义的人那里，道义所迸发出来的力量常常是惊人的。例如，明朝初年的方孝孺，一介书生，在执掌生杀大权的朱棣面前，无论怎么劝诱、怎么威胁，都不变节，宁死不替朱棣起草即位诏书，结果被残忍地磔杀（凌迟）而死。不仅如此，为他被株连“十族”的亲属、学生达 800 余人，骇人听闻，令人毛骨悚然。现代人可能会想，朱棣也罢，朱允炆也罢，不都是他朱家嘛，不都是封建王朝嘛，你何必认那个死理啊！说不定朱棣当政比他侄子还强呢！再说了，你自己死了就死了，你背后还有一个庞大的家族啊！让他们跟着你送命，你也太残忍了吧！然而这只能是现代人的想法。理解历史人物必须用历史唯物主义观点，必须从当时文化背景出发。站到当时立场就发现方孝孺坚持的是那时的道义，身（家、十族）死事小，道义事大。他为道义而死，他心理上的支柱顶天立地，所以他毫无畏惧、不顾一切。他死得慷慨悲壮，让人在嘲笑他迂腐的同时不得不敬佩他崇高的气节。

儒家舍生取义的死亡观，用司马迁的话说即“人固有一死，死有重于泰山，或轻于鸿毛”。（《报任少卿书》）。到了近现代，中华民族进入生死危亡的关键时刻，传统的“道、义”又被赋予了新的含义，这就是毛泽东的革命死亡观：“为人民利益而死，就比泰山还重”；“……想到人民的利益，想到大多数人民的痛苦，我们为人民而死，就是死得其所”。（《毛泽东选集》第三卷，第 1004～1005 页，人民出版社，1991 年版）

毛泽东的死亡观是理解李大钊、瞿秋白及千千万万革命烈士的总钥匙。本书选录了部分革命烈士的遗书,他们都还年轻,家有父母妻儿,有的还出身富豪,他们被捕入狱后常常是只要写个悔过书即可活命,但是,革命道义、革命气节高于个人的生命,所以他们在牺牲革命和牺牲个人生命二者之间,义无反顾选择后者。死生事大,生命宝贵,人所共知,但道义的力量崇高、强大,死亡的恐惧在道义面前显得微不足道。

革命的死亡观贯穿渗透于新中国建立后的当代文学和革命传统教育中。对此,广大读者已经熟知,此处不再赘述。

在中国当代文学史上,还有一种死亡现象值得一提,那就是作家、诗人的自杀。这种现象集中发生于"文革"和(20 世纪)80 年代末 90 年代初两个时期。老舍、傅雷、闻捷等作家自杀,是因为身处价值颠倒、是非混乱的逆境,惨遭侮辱和迫害,为了维护道德理想和人格尊严,选择了死。海子、戈麦等一批年轻诗人自杀,是以死抗议生活中价值理想的陨落,抗议物欲作践灵魂的灰暗现实。

从屈原到无数革命先烈,再到老舍、海子,他们所处的时代社会环境不同,坚守的思想道德观念不同,但有一点是共同的,那就是在合乎道义的死与放弃道义的生之间,都选择了前者而拒绝了后者,道德理想等社会性理念帮助他们战胜了死亡的威胁,走出了死亡的阴影。社会道德理念是他们的安身立命之地,是他们灵魂的归宿,他们在社会道义的支撑中实现了对死亡的超越。

(三)在幻想中超越

在幻想中超越是指相信或至少是想象人的肉体死后灵魂不灭,转生于仙界或别的什么地方永远不死。这一思想源于先民求生、恋生的强烈愿望。眼看着自己的亲人和同伴一个个死去,先民们意识到自己有一天也会死去,人一死就再也不能复生,这太可怕了!难道人不能不死吗?或者死后不能在另一个世界再活吗?心理焦虑与渴望中，先民们萌生了灵魂的观念和一系列长生不死的幻想。“一是认为死亡并非真正的终结，灵魂可以脱离肉体而存在于某个未知的所在，或者死者的灵魂可以寄于其他的人和物的身上，于是形成关于这方面的许多学问，使死亡这个简单的事实人为地成为很深邃的问题。一是将长生不死的愿望不再寄托于现实，而是寄托于幻想，引导先民非理性生命观向高远的境地发展。”（钱志熙：《唐前生命观和文学生命主题》，第 12 页，东方出版社，1997 年版）

我国古代神话对上述两种观念都有所反映。首先，是死后灵魂化为异物而存在的作品。例如，《山海经》中记载炎帝小女名女娃者淹死于东海，化为精卫鸟；还记录夸父逐日，道渴而死，化为邓林……都反映了原始人的灵魂化为异物的观念。这种观念被后来的民间神话传说所继承。同时，文学作品中也常以此种幻想形式来淡化死亡的悲剧气氛，如《孔雀东南飞》中写焦仲卿、刘兰芝相继自绝后，灵魂化为鸳鸯，仰头相向鸣，夜夜达五更；著名的民间故事《梁山伯与祝英台》中，二人死后化为蝴蝶双双飞舞……都是在幻想中超越了现实的不足，超越了死亡带来的遗憾。

其次，《山海经》等古代神话中表现得更多的是希冀长生不死的主题。如众所周知的“夸父逐日”的神话，传统的理解是象征了对王权的夺取，“日”象征的是王权；或者认为夸父逐日的目的是为了像普洛米修斯那样去盗取天上的神火，他手里拄的杖就是点火的枝；或者认为象征了夸父对光明和真理的追求，无论他怎样快步奔跑，却总是赶不上真理前进的步伐……而钱志熙根据研究认为：“这一神话表现了先民生命意识的强烈觉醒，反映了他们幻想通过超越时间而得以超越生命短暂的愿望。这是一种十分大胆、奇特的超越。”（钱志熙：《唐前生命观和文学生命主题》，第 19 页，东方出版社，1997 年版）钱志熙认为，原始人意识到死亡是人类的普遍命运之后，一定会大大地深化对时间的认识。可见生命意识是时间概念发生的原因之一，而具体的时间标志来自于对自然现象的观察，日月运行应是原始人最早的时间标志。日月即时间，两者完全是叠合的。由此可知，“夸父逐日”正是追赶时间，希望能够超过它，也就能够超越死亡。超越时间而永生的强烈愿望就这样凝固为“夸父逐日”的幻想。

“夸父逐日”的神话并非独一无二，屈原的《离骚》中同样有类似的幻想。抒情主人公因为有玉虬和鷖这样非凡的坐骑，其天路旅行变得十分迅速，朝发苍梧，夕至县圃。但他因为使命重大，仍然痛感时光之迅逝，于是产生了令羲和弭节缓征的幻想，试图控制日即时间的运行速度（“吾令羲和弭节兮，望崦嵫而勿迫”）。但仅此还不满足，抒情主人公更大胆地想象自己饮马于浴日之咸池，结辔于日所栖宿的扶桑，并折若木之枝，拂日以为嬉戏。这些幻想行为淋漓尽致地表现了屈原因痛感生命短暂而产生的把握时间之根、自由地驾驭时间的愿望。于是，在神话中失败了的逐日理想，在诗人的幻想中成功地得以实现。

原始性的不死幻想是向遥远的空间和悠远的时间两个方向发展的，认为这两个方向都存在过或存在着长生或不死的人群。《山海经·海外南经》记载：“不死民在其东（交胫国之东），其为人黑色，寿，不死。”屈原《天问》有“何所不死”之问，可证明先民中曾广泛流传着不死之国的神话。王逸注引《括地象》有“不死之国”、《淮南子·时则篇》有“不死之野”、《吕氏春秋·求人篇》有“不死之乡”；《左传》记齐景公饮酒甚乐，忽然乐极生悲，忧惧死亡之事，慨叹“古而无死，其乐如何”！景公相信上古有不死之民，都属此类。至于屈原《远游》中“仍羽人之丹丘，留不死之旧乡”，称不死之处为旧乡，则是空间与时间两个方向的不死幻想之叠合。先秦神话及其他典籍中所记古人长生不死观念成为后来道教神仙思想及文学中游仙主题的共同渊源。神仙、游仙遂成为中国文学艺术一个不朽的原型母题。（参见钱志熙：《唐前生命观和文学生命主题》，第

13～22页，东方出版社，1997年版）

（四）在宗教中超越

死生大事，无论哪一家宗教都特别关心，尤其佛教，以“了生死”为人生第一大事，为修佛第一大事。在佛家看来，出家修行的终极目的就是为了超越生死。那么，佛教是怎样超越生死的呢？

佛教认为每个人的生命都是在“天、人、阿修罗、地狱、畜生、饿鬼”这“六趣”之间轮回的，“死”是轮回的中介，由此“趣”到彼“趣”的中转站。人有无数次生也有无数次死，无穷尽的生死轮回陷于茫茫苦海之中永受苦难。要想摆脱生死轮回，就必须皈依佛门，通过持律守戒来窒灭和放弃一切人生欲望、一切可称之为“生”的活动，最终走向“涅槃”。“涅槃”在世俗人眼中为“死”，在佛门则是“新生”，是超脱了轮回往生西方极乐世界，进入无我忘我、无生无死的状态，从而超越了死亡困境。

中国化的佛教禅宗，比传统佛教走得更远，对生死问题看得更彻底。在禅宗看来，传统佛教中所讲的佛菩萨、饿鬼、地狱、佛国等内容乃至佛教的一切经伦、仪规都属于根本不存在或没有意义的东西，统统都是虚假的幻象，都不可执着、不可依持，所以修佛不要从外部事物上努力，而要在内在的心上用功，即靠“本心”（或“自性”、“本觉”、“真如”等）的觉悟。禅宗认为，“心生种种法生，心灭种种法灭”。在真实的世界中，本来没有起灭、内外、去住、圣凡、生死涅槃的分别，这些分别都是由于心有分别才产生的，没有了分别心，也就没有了种种变化和分别。心有分别叫作迷，心无分别叫作悟。迷时有生死，悟了无生死；迷时是生死，悟了是涅槃。生死即涅槃，不离生死而常住涅槃，这是禅宗对生死问题的根本性观点。

禅宗有一则著名的公案：有人问：“如何出离得生死？”禅师反问道：“谁将生死与汝？”就是说生死本是虚幻，要出离生死者心中先有了一个生死的界限在那里，于是要生要死，但看破生死本来是一个空,那么又有谁能使你沦落生死的悲喜之中?所以要先问是谁让你心里有一个生死理念的,理念是名,生死是相,勘破名相,自然出离生死。禅宗思维方式的要点是,打破了一切事物的界限,消除了一切事物的分别,也就是把自我与天地万物古往今来“打成一片”。在这“一片”之中,没有了我与人、物与物的分别,没有了过去、现在、未来的分别。在这“一片”之中,一切都是一,一就是一切;任何时候都是现在的瞬间,现在的瞬间就是任何时候,这就是“瞬间即永恒”。

生死即涅槃与瞬间即永恒是两个同等意义的命题,实质上说的都是不离生死而超越生死,不离时间而超越时间。……也就是说,生死即涅槃,却又必须有生生死死,没有生生死死也就没有涅槃。瞬间即永恒,却又必须有瞬间,没有瞬间也就没有永恒。不脱离感性世界,不舍弃常人的生活,只是由于开悟便得到了超越。(参见陈战国、强昱:《超越生死——中国传统文化中的生死智慧》,第 240 页,河南大学出版社,2004 年版)

佛教尤其是禅宗的生死观有迷人的思辨深度,所以对一般文人士大夫影响甚远。正如葛兆光先生所说:“不管是自我欺骗还是自我安慰,不管是真的相信还是假的相信,来自道佛两方面关于死亡的这些思想熔铸了古代中国文化人心中的一种达观态度和行为上的一种达观风格,至少在魏晋南北朝以后,‘达观’就已经成了文人的一种人生的哲理和诗歌的主题。”(葛兆光:《中国宗教与文学论集》,第 194 页,清华大学出版社,1998 年版)

在这方面,苏轼可以算作一个典型。在《北寺悟空禅师塔》里他写道“已将世界等微尘,空里浮花梦里身”,就是说一个人如果把大千世界和微小尘埃看成一回事,那么他对于生命的看法也会变化,就会把繁华看成虚幻,把生命看成大梦。“过眼枯荣电与风,久长那得似花红”,这当然是很悲哀的,但当人们按照佛教空即色、色即空的思想去观照人生,那么这长短之间又有什么差异,生与死又有什么差异?!类似的调子回响于古代中国文人的心灵世界及文学艺术作品中,篇幅所限,不再赘述。

世界上另一大宗教基督教是如何看待死亡、如何对待死亡的呢?众所周知,基督教把人生分为今世和来世,把世界分为此岸和彼岸;现实世界是此岸世界,是过眼烟云,是虚幻的,真实世界是死后世界,是彼岸。基督教重视死亡,重视来生。按照基督教的教义,人死后才是真正生活的开始,在死之前都是虚假的生活。死后的世界是一个正义的世界,好人升天堂,坏人下地狱。现实世界充满罪恶,没有正义是正常的,因为它是虚假的世界,只有死后才有真正的人生。所以基督教认为人生在现实世界中是为来世做准备,你在人生现实世界中的任务就是要做好事、讲道德,所有这些都是为来世进天堂做准备。此生的幸福是暂时的,而来生的幸福是永恒的,所以放弃现实的一切赢得来世的幸福是值得的。人生就是要赎罪、受苦。受苦是经常的,把受苦作为死后幸福的一种代价或者说当作一种考验。你能经受住人生的痛苦,保持道德的高尚,那么你就会得到报偿。所以在基督教那里,家族、天伦之乐这些东西都不足以安慰个人,只有追随上帝,向往死后的更高的生活,才能够使人的心灵得到最后的归宿。

这是西方人的死亡观,把死亡看作更好的生活。所以西方人尤其是基督教徒对于来生往往有一种渴望。就是临死的时候,脸上带着幸福安详的微笑,这是为什么呢?他觉得他看到了来世的幸福,所以他非常平静,感到非常的喜悦。所以基督教中有一种对来世的向往、渴望。据说基督教徒当年在罗马晚期受到迫害的时候,皇帝往往把基督徒赶到斗兽场去,让狮子、老虎去撕咬他们,但是基督徒们一边忍受撕咬一边祈祷,脸上露出幸福的笑容。他们觉得他们马上要去一个更幸福的世界了,要去过另外一种生活了。很明显,他们以对来世(天堂)快乐的向往,超越了对死亡的恐惧。(参见邓晓芒:《在张力中思索》,第108～109页,福建教育出版社,

2009 年版）

因为文学就是人学，下面我们从文学中考察一下基督文化对西方人的影响。西方作家因为有基督教文化背景，所以对死亡的态度也常常带有基督教文化的特色，对死亡的超越表现为精神信仰上的超越，这方面可以以俄国作家列夫·托尔斯泰为代表。

基督教认为人的生命有两次出生："从肉身生的就是肉身，从灵生的就是灵。我说，'你必须重生'，你不要以为奇。"第一次出生从母腹而生，是自然的，第二次出生，从灵而生，是超自然的；从自然生的有一个会朽坏和必死的肉身，从灵生的则有一个不朽坏和永远不死的身体。受基督教思想影响，托尔斯泰也把人的生命分为两部分：肉体的和精神的。托尔斯泰认为人的生命既是外部经验现象和生理过程，也是人的内在意识、精神、感受、体验过程，而人的生命的本质不在外部而在于内在精神。上述思想体现在他晚年的一系列作品中，中篇小说《伊凡·伊里奇之死》就是其中之一。

《伊凡·伊里奇之死》是托尔斯泰著名中篇小说。作品写俄国沙皇时代一位高级法官一生的生活，尤其是患癌症直到死亡这段时期痛苦复杂的心路历程。作品发表后，得到文学乃至医学界的广泛赞誉。法国作家莫泊桑读后感慨地说，我明白了我的全部事业都毫无意义，我整个十大卷作品都一文不值。俄国的医学杂志郑重其事地号召每个医生都要读一读这篇小说："每一个医生，不管他属于哪一科，都应当用最专注的心情来读完这篇就这个题目而言世界文学作品中再没有比它更为出色的小说，这样，他就会懂得癌症患者所体验到的那种无穷无尽的恐惧和思虑。"（列夫·托尔斯泰：《家庭的幸福》，"前言"第 1 页，浙江人民出版社，1983 年版）

莫泊桑的赞叹和俄国医学界的推崇都是从作品反映生活的真实性出发，惊叹没有患过癌症，更没有亲历死亡威胁的托翁，怎么可能对于癌症病人的肉体尤其是精神痛苦体会得那么深切，把握得那么准确！托尔斯泰在生活真实性方面所达到的成就，在20世纪得到了进一步验证。20世纪美国有位生死学家叫萝丝（E·Ross），她把临终者的心理分为五个阶段——否认、愤怒、磋商、忧虑、接受。而托尔斯泰笔下主人公的心理竟然完全与现代医学的临床结论相符合，由此足见托尔斯泰现实主义笔力的深刻与透辟。

然而，作品的价值却远远不止于此，甚至主要并不在此。——这方面更科学更权威的记录应该由医生来完成。我认为作品的另一更重要的价值是，作者借助于伊凡之死告诉人们：人的肉体死亡是不可避免的，而人的真正生命则在于精神方面，只有真正体会到生命的觉醒，人对于死亡的恐惧才会停止。

伊凡·伊里奇是法院一名高级官员，一生勤勉做事，谨慎做人，过着轻松、愉快而正派的生活。然而，正当他人到中年、事业有成之时，却忽然得了不治之症。最初，他对此无论如何不能接受，因为他压根没有意识到自己也会死而死神却突然袭击了他。这使他猝不及防，毫无心理准备，因而万分地不情愿。也就是说，他比那些早就意识到自己会死的人更难以接受将死的现实，心理上极端地恐惧、痛苦、绝望。但是，死不是你不想接受就可以拒绝的，相反，越是不情愿接受就越是痛苦。

几个月的挣扎过去，在生命的最后关头，家人的关爱让他忽然明白，应该听从上帝的意旨爱人、宽恕人，同时也请上帝宽恕："他知道主的理解很重要，而主是会理解的。"想到这里，"他突然明白过来了：那些一直压迫着他不肯离去的东西一下子从四面八方退开了。他为他们感到难过，他必须采取行动，以便不伤害他们，把他们从痛苦中解救出来，也使自己解脱这种痛苦"。他寻找以前所熟悉的死的恐怖，却找不到，代替死亡的是光明。他突然大声说，原来如此，多么欢乐啊！——在主，也即爱的光辉照耀下，伊凡终于超越了死亡。（列夫·托尔斯泰：《家庭的幸福》，第66页，浙江人民出版社，1983年版）伊凡终于解脱了，但解脱得毕竟太晚了。

托尔斯泰的意思似乎是在暗示，应该汲取伊凡的人生教训，及早思考生死问题，及早明白爱对于人的宗教性、精神性意义。

（五）在功业中超越

功业，即建功立业——功即功勋，业即事业。建功立业体现的是儒家积极入世的人生观和价值观，经过一代又一代的教育熏陶，久而久之积淀为中国大众的人生观和价值观。“男子汉大丈夫，当建功立业”云云已经成为古往今来中国老百姓的口头禅，可见功业观念是何等的深入人心、传之久远。

为什么要建功立业？外在的，是为大“家”，即为国家、为民族、为大众，所谓“匡扶社稷，解民倒悬”，都是宏大的、可产生无穷力量的社会目标；内在的，是为小“家”，即光宗耀祖、封妻荫子；更内在的，是为“心”（实现自我价值的精神需要），即立身扬名、传之后世。人的生命太短暂、太有限了，驹隙间人就没了。怎么能让人死之后还活在人们心中呢？最好的途径莫过于建功立业了。人死了，功业还留在世，人们看到某项“功业”就会联想到建立此项功业的人，借助功业，人超越了死亡，永垂不朽了。

在建功立业动机的推动下，多少军人愿意战死疆场、马革裹尸；多少官员立志为官一任、造福一方，虽肝脑涂地在所不辞；多少普通百姓“位卑未敢忘忧国”，以“天下兴亡，匹夫有责”的责任感，无怨无悔地为国家、为社会奉献出既卑微又高贵的生命。建功立业的崇高感陶冶并成就了历代“中国的脊梁”。

建功立业的动机不仅中国人有，西方人也一样，甚至在立身扬名的荣誉感上远超中国人。《荷马史诗》中希腊联军第一英雄公认是阿喀琉斯。特洛伊战争之前，他的父母把他藏了起来，不想让他参军冒险。他的母亲向他透露神的预言，他有两种命运可供选择：要么在家过和平安宁的生活，这样能安享天年而死，但却死得平庸；要么走上战场，尽管可能会战死沙场，但却功成名就。经过思考,阿喀琉斯选择了宁肯轰轰烈烈地死,也不愿庸庸碌碌地生。他参战后果然英勇善战,在刀光剑影中死去,成为万人敬仰的大英雄,实现了自我的人生价值。特洛伊战争另一方的英雄赫克托尔,明知自己一方要打败仗,城池将要被毁,但仍然誓死战斗。他的妻子抱着他们的独子涕泗涟涟地哀求他退出战场,可是,他却坚定地回答说自己决不能当一名懦夫,临阵脱逃,而要像一个好军人那样勇敢坚强、身先士卒,为自己和父王赢得光荣。可见古希腊英雄把建功立业、获得荣誉看得高于个人生命。

由此可知,建功立业的崇高感、立身扬名的荣誉感也是超越死亡的强大精神力量。

(六)在文化创造中超越

建功立业在文化人这里,体现为文化创造。人类为什么要进行文化创造?从根本上说是因为自身需要。依据心理学家马斯洛的"需要—动机理论",人有生理、安全需要,还有归属与爱、自尊、自我实现的需要。晚年的马斯洛又提出了人对真、善、美、完整等目标的超越性追求。如果说生理、安全需要是人类最基本的生存需要,那么在此之后的其他需要就是对生存需要的升华,是对特定价值和意义的精神追求,这些只能在文化创造活动中才能得以实现。离开文化创造活动,人性的完善、自我价值的实现、人生意义的获得、精神的永恒与不朽都将无从谈起。正是在这一意义上,可以说文化创造是赋予人类生命以尊严、价值和意义,从而超越死亡的基本方式之一。人只有将自己的全部精力投入到各种形式的文化创造活动中,才能直面死亡,走向希望与尊严的人生,才能使有限的生命产生无限的价值和意义,实现精神的永恒与不朽。(参见靳凤林:《死,而后生——死亡现象学视阈中的生存伦理》,第328、398页,人民出版社,2005年版)

通过文化创造超越死亡,在中国古代最早表现为儒家的"三不朽”观念。春秋时期，有人将家族世代做官看成“死而不朽”，鲁国大夫叔孙豹不同意这一观念。他说：“以豹所闻，此谓世禄，非不朽也。鲁有先大夫曰臧文仲，既没，其言立，是其之谓乎！豹闻之，‘太上有立德，其次有立功，其次有立言’，虽久不废，此谓之不朽。”按照叔孙豹的意见，官位高，俸禄多，世代为宦，都不足以不朽，只有造福后世，立德立功立言，才可能不朽。

通过立德（坚守道义）与立功（建功立业）达到不朽从而超越死亡，前面我们已经讨论过了。这里讨论借立言（文化创造）达到不朽的问题。

“三不朽”中之立言，尤为历代文人儒士所推崇。在曹丕那里，把文章推为“经国之大业，不朽之盛事”。他认为人生至为珍贵的健康长寿、荣华富贵都很短暂，只能限于一生和一身，未若文章之无穷。“是以古之作者，寄身于翰墨，见意于篇籍，不假良史之辞，不托飞驰之势，而声名自传于后。”（《中国古代文学作品选》下册，第 260 页，华东师范大学出版社，1996 年版）经过曹丕的高调倡导，借立言以不朽成了中国文人文化创造的显动机之一，乃至于成了中国文人的集体无意识。

最能体现借立言以不朽的典型例子莫过于司马迁。众所周知，司马迁惨遭宫刑，蒙受奇耻大辱，痛不欲生，然而他终于坚强地活下来了。促使他活下来的动机，用他的话说即“恨私心有所不尽，鄙没世而文采不表于后也”。即他心里还有未完成的伟大事业，他要借《史记》的写作“究天人之际，通古今之变，成一家之言”，然后藏之名山，传之后世。司马迁实现了自己的愿望，他不朽的文化业绩已经永远地熔铸于中华和世界文明史之中。还有曹雪芹，“生于繁华，终于沦落”，家世从鲜花着锦之盛一下子堕入凋零衰败之境，贫困潦倒，贫病交加，生存都成了问题。然而他毅然坚持《红楼梦》创作，终至一病不起，悲伤离世，留下一部说不完道不尽的文化经典。曹雪芹死了，但他以他的文化创造而永恒。

深受读者喜欢的当代作家路遥，也是一个把艺术创作看得高于自己生命的人。从《平凡的世界》的创作笔记——《早上从中午开始》我们知道，路遥的创作过程极为艰苦。为了掌握写作技巧，他细读并认真研究了古今中外上百部经典小说；为了把握他所描写的社会生活，他阅读了整整十年的《人民日报》、《光明日报》、《陕西日报》、《延安日报》和《参考消息》；还看了大量文艺理论、政治、经济、历史、哲学、宗教等著作，还有工业、农业、商业、科技类著作……无论是汗流浃背的夏天，还是瑟瑟发抖的寒冬，他都没日没夜地苦干，翻报纸手指头磨出了血用手掌翻，他说这完全是一种发疯一样的奴隶般的劳动。写作时，他把自己关在偏远山区的小煤矿上，远离家人、远离世人，一间小会议室改成工作间，一张桌子一张床一个小柜，他把自己封闭起来开始了无休止地玩命。他的物质生活条件极为艰苦。没有蔬菜，没有鸡蛋，没有肉，连点豆腐都搞不到。他的工作习惯是夜里工作到凌晨二三点或者四五点，有时直到天亮才睡觉，所以从来没早饭，中午一般只有馒头、米汤、咸菜，晚饭有时吃面条或和中午一模一样。这样的伙食对于一天通常工作十几个小时的人来说绝对是入不敷出的。后来工作地点移到了城市，但他的生活条件也好不到哪儿去，日常还是没吃的——不是没有，是他吃饭没正点，有时一天只吃一顿饭。所以书越写越多，作者身体越来越差，直至大病不起，濒临死亡的边缘。最后，书是写出来了，但他也累垮了，43 岁正当盛年便离开了人世。他的逝世给人留下深深的遗憾。

路遥的写作其实就是在拼命。中国人常把在事业上拼命的人称为“拼命三郎”，而路遥，可称为“拼命六郎”，因为，他把“命”拼到了极致，拼到了疯狂，拼到了让人不可思议。那么他的动力何在？听他自己说吧——“写作整个地进入狂热状态。身体几乎不存在，生命似乎就是一种纯粹的精神形式。日常生活变为机器人性质。但是，没有比这一切更美好的了。”“紧张的思维和书写所造成的焦虑或欢乐已经使精神进入某种谵妄状态，上厕所是一路小跑，到厕所后，发现一只手拿着笔记本，一只手拿着笔，赶快又一路小跑回到工作间放下‘武器’，再一路小跑重返厕所。”“回想起来，从一开始投入这部书到现在，基本上是一往如故地保持着真诚而纯净的心灵，就像在初恋一样。尤其是经历身体危机后重新开始工作，根本不再考虑这部书将会给我带来什么，只是全心全意全力去完成它。完成！这就是一切。在很大意义上，这已经不是在完成一部书，而是在完成自己的人生。”——从路遥自述可以看出他的热情来自创作的迷狂，来自精神创造的美感，这是一种宗教般的虔诚。文化创造所带来的精神享受超过了对生命的关切。路遥早逝了，我们对他，既惋惜，又崇敬。

我们常常想，路遥啊！你那么聪明，怎么又那么傻呢？你不会悠着点吗？你要是能悠着点就可以多活些年，甚至多活好多年，那样一来你就可以有更多的创造啊！你把一个具有非凡文化创造能力的生命一下子拼死了，太亏了。是啊！很有道理啊！可是，如果路遥悠着点了，那还是路遥吗？或者说还是创造《平凡的世界》的路遥吗？换句话说，路遥的个性、观念，既毁了他又成就了他，或者说是毁灭了他的肉体而成就了他的精神。人生真的很奇妙，奇妙之一，世界为什么是这样？之二，世界竟然是这样。

由路遥对文化创造的痴迷，我们又理解了，冯友兰先生为什么以 95 岁的多病之躯还在写作《中国哲学史新编》，不写完不死去——有病还要治，及至写完了，他安然而逝。他的生命就是为写作——文化创造而存在的。我们也理解了电话发明者贝尔在生命的最后时刻仍口述他研究的结果，要求妻子快速记录，由于他的语速很快，他的妻子无法跟上，请求他说话慢一点，不要着急，他反驳说：“必须要快，我们已经完成的工作实在太少，而要做的事情还有很多很多。”……

创造，创造本身所具有的魅力给人带来极大的精神享受，其快乐的强度远远可以超越对死亡的恐惧。我们感谢“创造”所具有的精神功能，感谢那些以生命为人类创造了物质和精神财富的人。

（七）在工作中超越

在“直面死亡”一节中，我们从余世存先生《非常道 II——20世纪中国视野中的世界话语》“临终第四”中辑录了 20 世纪世界各界名人临终时的表现或遗言，其中多位名人即使到临终时刻仍然念念不忘工作。

俄罗斯伟大化学家门捷列夫一生醉心于工作，他说，对于我来说，最好的休息就是工作。停止工作，我就会烦闷而死。意大利著名作家德·亚米契斯自幼酷爱学习和写作，是一位多产作家，其代表作为《爱的教育》，为这部作品他呕心沥血，出版后不仅影响意大利，而且影响全世界。他曾对母亲说：“我得了职业狂热病，我没有别的选择，我没有丝毫的睡意，要是我真的睡着了，那就是梦见了这部书。”法国画家埃德加·德加是印象派中以传统精确素描与印象派色彩风格绝妙结合的画家，被称为“古典的印象主义”，在众多油画和粉蜡笔画作品中，他以栩栩如生地描绘芭蕾舞演员的舞姿而著称，大量作品为公众所熟知。德加一生未婚，把毕生精力献给了艺术。他说他只有一颗心，只能献给艺术：“当我死后，人们将会发现，我曾何等勤奋工作过。”居里夫人直到逝世前还在实验室中工作，直到异常疲乏才回家休息，不久去世。20 世纪西方著名艺术大师毕加索说：“我不怕死，死亡是一种美丽。我所怕的是久病不能工作，那是时间的浪费。”还有著名的无产阶级导师、革命家马克思，最后十年患有肝炎、肺炎、胸膜炎、支气管炎和神经性头疼等多种疾病，但他一刻也没有停止过工作，最后安详地死在自己的书桌前。

在“直面死亡”一节中我们介绍了冯友兰、周恩来、毛泽东临终前的情形，他们一生都在勤奋工作，直至临终时刻。记得在“人生意义”卷里曾介绍过作家聂绀弩的事迹。聂绀弩一生饱经磨难，身体备受摧残，获得自由后最后十年已无法参加任何社会活动，只是静静地坐在他的小床上写、写、写，直写到枯瘦如柴，脱了人相。即使在这种情况下，在病危时刻，家人要送他去医院，他死死抓住床帮不走，原因是，他要把未写完的《论贾宝玉》写完。

上述诸人诸事，听起来似乎有点不近人情、不可思议，因为太悖逆常情常理了。但这是千真万确的事实，而不是艺术想象。以常人眼光看，他们确实有点不近人情，但正是这常人眼里的“不近人情”才证明了他们不是一般“常人”，而是杰出的甚至是伟大的人物啊！在他们心里，死亡的分量很轻而工作的分量很重。工作，准确地说是责任感、使命感，已经内化到他们的骨子里，已经成为生命之必需、精神之支撑。人到了这种时候，谁还要求他们再工作啊，人们需要的是他们静心休息、安心养病。但他们必须工作，工作是他们自己的需要，而且是最强烈最迫切的需要。他们以对国家、对民族、对社会、对人类、对文化的强烈责任感超越了死亡。

（八）在“过程”中超越

以创造成果的永恒即声名的传播寄托生命永在的期许，从而化解死亡的威胁，固然是有效途径之一，不过，努力能否如愿结果，结果后能否流布，都不好说。而且，即使流布，总有一天仍然会消失、毁灭，那么，“结果”对于当下的生命还有什么意义就成了疑问。对“结果”（或目的）意义的怀疑，导致人们从“结果”转向“过程”，注重当下过程的体验，在过程的精彩中展现人生的意义，即在必死的路上纵情歌舞，一路欢歌走向死亡。

歌德笔下的浮士德，就是一个注重生命过程体验、在奋斗的过程中寻求人生意义的著名形象。

《浮士德》没有首尾相连的情节，主要是通过中心人物浮士德的“经历”贯穿全剧。浮士德的“故事”开始于他的书斋生活：深更半夜,浮士德在痛苦地抒发心中的焦虑——“觉得生存真是麻烦,我情愿死,不愿活在世间。”什么原因让浮士德如此痛苦,想死不想活呢?他说得很清楚,他感到活着没有意义,是生存的无意义把他逼到了绝路上。浮士德是个渊博的书生,他对生存的意义问题十分敏感,当他感到生存失去理由时宁肯放弃生命。

恰在这时,魔鬼梅非斯特出现和他谈判打赌,答应把他从书斋中解放出来,情愿当他的奴仆,帮助他实现他想实现的一切欲望。但条件是当他感到满足时,他就算输了,灵魂归魔鬼所有,来世为魔鬼服务。浮士德深谙生命的奥秘:人的欲望是永远也不可能满足的,因此他自信自己永远不会输,于是毅然签下这个约,从此开始了后半生尽情释放生命活力、永无休止的追求历程。

关于浮士德的追求历程,一般文学史将其归纳为五场悲剧:知识(书斋生活)、爱情(世俗生活)、从政(官场生活)、美(追求艺术)、事业(建立人间理想国)。情节之间没有现实的逻辑关系,只是作者的心理实验。可以说,整个剧是在一个博大的心灵之内演出,虽然道具、背景、人物身份等全是从世俗中搬来的,但诗人以化腐朽为神奇的本领给它们赋予了全新的意义。

什么意义呢?歌德以以上表意性的浮士德的经历,象征性地传达了他对人生意义的理解——人生是一个过程,人生的意义不在于任何一个具体的、现实的目标的实现,而在于每时每刻都必须重新开始的永无穷尽的向上追求中。每一个具体的现实的目标都是有限的,如果执着于其中就会导致生命的停滞,就等于生命的死亡,因而必须自强不息、永远追求。这样一种没有退路的生活有它非常可怕的一面,所以一开始,浮士德就必须将自己的灵魂抵押在梅非斯特手中。此举的意义在于,让浮士德在每一瞬间看见死神,因为只要一停止追求便是死期来临。这种生活的可怕还在于:“它内部包含了致命的矛盾。创造的成果总是抓不住,一瞬即逝,留下的只是令人嫌弃的肉体,而又惟有这肮脏猥琐的肉体,是人的创造灵感所依赖、所寄生的地方。被梅非斯特如催命鬼一样逼着不停向前冲的浮士德，所过的就是这样一种双重可怕的生活。”（残雪：《地狱中的独行者》，第 51～52 页，生活读书新知三联书店，2003 年版）而这，也就是生命的真相，人的生存的真相，浮士德将这一真相传达得淋漓尽致。浮士德自强不息、永远追求的性格内涵被提炼抽象为“浮士德精神”。

关于浮士德精神，具有多重的象征意义。首先，它是作者歌德本人心路历程的艺术化。实际生活中的歌德本人，是一个天性好动、喜欢创造、热心体验各种生活、永无休止地追求的人。浮士德每一阶段的探索都和歌德本人生活经历，尤其是精神生活的发展有着若隐若现、若即若离的关系，都渗透着歌德的人生体验和思考。所以论者一般都视浮士德为歌德心路历程的象征。

其次，浮士德的性格代表了上升时期资产阶级先进知识分子顽强奋斗、积极进取的精神，所以人们又把浮士德的心灵史视为近代欧洲 300 年资产阶级精神发展史。

再次，我们更感兴趣的是，从终极角度看，浮士德的形象具有超越个人、超越时代、超越阶级、超越民族、超越任何时空的性质，即他的心灵史也可以视为整个人类的心灵生活史。我们之所以这样说，是因为它内在的精神实质更符合人的本能、人的天性。

人的生命、人的精神的本质特征就是发展、变化、运动，因而必须永无休止地追求，在追求中释放生命的能量，让生命在追求中得到自我实现。一旦停止发展，就意味着生命到了尽头。当然，作为个人，抑或人类，可能有沉沦或堕落的时候，但生命要求运动要求发展的内在本质终会自然生长出来克服之而继续前行。歌德深谙人性这一弱点，他借天主之口说，“人类的活动劲头过于容易放松，他们往往喜爱绝对的安闲”。怎么办？歌德借助天主，安排永不安分、永远充满活力的梅非斯特来做浮士德的伙伴，以刺激他内心深处的生命活力。这种安排，表面上看起来浮士德和魔鬼是两个人，而实质上正如我们前面所分析，他们其实是一个人。魔鬼不是别的，正是人天性中永不知满足的一面，与惰性相对立的另一面。所以，浮士德精神其实正是人类自己的精神。从这个意义上说，浮士德是德意志民族的集体无意识，也是全人类的集体无意识。正是这个原因，浮士德形象一经创造出来，立刻引起接受者的普遍喜欢，人们从他身上好像看到了自己的影子，从此浮士德作为一个经典形象走进德国人、欧洲人，现在是全人类的心中。在此之前，人们也在努力、也在奋斗，但都是自发的、盲目的，是生命本身的意志。自从有了《浮士德》，人们才一下子清醒了，明白了作为人就应该像浮士德那样活着，作为生命就应该永无穷尽地运动、发展。这，就是生命的意义、生命的价值。

歌德用永无穷尽的追求获取人生意义从而超越死亡的思想得到了后人的继承和发展。例如法国文学家、哲学家加缪，在认识到荒诞是人类生存的基本处境后，提出了三条应对的办法：一是肉体的自杀，以死了之；二是哲学上的自杀，即逃避到神秘的彼岸世界，以求天国的安慰；三是坚持奋斗，努力抗争。他当然主张第三种态度。他把这种坚持抗争的态度提炼为一个经典意象——西西弗推巨石上山。西西弗是古希腊神话中风神的儿子，生前得罪了宙斯，死后被罚在地狱做苦役：将一块巨石推上山顶，但每当快到山顶时，由于本身的重量，石头又滚回山脚，于是他必须重新开始，如此往返不已、永无穷尽。在诸神看来，没有比这种无用而又无望的折磨更厉害的惩罚了。但西西弗对此并不悲观，当石头又滚下山去他不得不重新下山，朝着那不知尽头的痛苦走去时，他的心态是镇定而自信的，他的脚步是沉着而稳重的，他的内心是充实而坚定的。他明知永无成功的希望却敢于蔑视自己的命运，敢于向诸神发出挑战。加缪说，对于西西弗，“我们总是看到他身上的重负。而西西弗告诉我们，最高的虔诚是否认诸神并且搬掉石头。他也认为自己是幸福的。……他爬上山顶所要进行的斗争本身就足以使一个人心里感到充实。应该认为，西西弗是幸福的”。（加缪：《西西弗神话》，第 147～148 页，陕西师范大学出版社，2003 年版）

作家史铁生对加缪的观点深以为然并有精彩的发挥。为什么西西弗徒劳的反抗也被认为是幸福的呢？史铁生的解释是这样的：人是要死的，对于必死的人（以及必归毁灭的这个宇宙）来说，一切目的都是空的。他又生气又害怕。他要是连气带吓就这么死了，就无话好说，那么必不是一个有效的归宿。他没死他就只好镇静下来。向不可能挑战算得傻瓜行为，他不想当傻瓜，在沮丧中等死也算得傻瓜行为，他觉得当傻瓜并不好玩，他试着振作起来，从重视目的转而重视了过程，唯有过程才是实在，他想何苦不在这必死的路上纵舞欢歌呢？这么一想忧恐顿消，便把超越连续的痛苦看成跨栏比赛，便把不断地解决矛盾当作不尽的游戏。无论你干什么，认其为乐不比叹其为苦更好吗？现在他不再惊慌，他懂得了上帝的好意：假如没有距离人可怎么走哇？……他便把上帝赐予的高山和深渊都接过来，“乘物以游心”，玩它一路，玩得心醉神迷不绊不羁创造不止灵感纷呈。这便是尼采说的酒神精神吧？他认为人生只有求助于审美而获得意义。（《史铁生作品集》第二卷，第 411～412 页，中国社会科学出版社，1995 年版）

史铁生的思路是，既然人必死目的皆空，为了反抗“空”，或者说为了在虚无中找到意义，必须从重视目的转向重视过程，可是过程充满痛苦和矛盾，既然躲不开就把它顺手接过来与之相周旋，克服它超越它，在此过程中人的生命意志得到了充分的张扬，赢得了尊严与骄傲，人生因此而有意义。用简单的话总结就是，既然死不可免那就要死得辉煌——一路欢歌走向死，用热烈的奋斗过程超越死亡。

史铁生本人曾以此为精神武器战胜了死亡的诱惑。他说：“至于彻底摆脱绝望摆脱死神的诱惑，可能只有两个办法，一是设法把自己变成傻瓜，一是在明白了过程就是目的之后。”（《史铁生作品

集》第三卷，第217页，中国社会科学出版社，1995年版）

总之，史铁生用自己深刻的人生感悟以及精彩的逻辑推论，证明了人从无中来，又到无中去，来去之间其实也就只是一个“过程”，事实上人所拥有的也只有一个“过程”。人生就像一场球赛，你无论是输了还是赢了，只要你看重的是过程，你满怀激情地参与过程，生龙活虎、不屈不挠地投入了过程，你在这过程的每一分钟里就都是快乐的。胜负毕竟太短暂，过程却很长久，人要是不能从过程中体味幸福和欢乐，生命就成了一场荒诞的苦役，死神就一直具有诱惑力。

总之，只要你把眼光从“目的”（成功、荣誉等现实功利目标）转向“过程”（不屈的努力中所获得的精神感受），你才能永远欣赏到人类的步伐和舞姿，赞美着生命的呼喊与歌唱，从不屈中获得骄傲，从苦难中提取幸福，从虚无中创造意义，直到死神和天使一起来接你回去，你依然没有玩够，但你却不惊慌，你知道过程怎么能有个完呢？过程到处在继续，在人间、在天堂、在地狱，过程都是上帝的巧妙设计。

（九）在终极轮回中超越

史铁生太苦了，年轻时不幸的遭遇让他总是想死，但他终于战胜了死神的诱惑而顽强生存下来，他非常成功地超越了死的威胁。他对死神的超越是多途径的。除了在“过程”中超越之外，他还想到了在“终极轮回”（即生生不息的宇宙生命）中超越。

在小说《我之舞》中，史铁生设计了一个神话般的故事，讨论了一个不可思议的人生命题，宣示了他的死亡观。这一命题是：我（我们）永远不死。这里的“我”，用哲学术语表述即主观或主体。主观或主体都是以“我”命名的，每个人称自己都是“我”，称别人是“你”和“他”，“你”和“他”都是被“我”观察的主体，主体只能是“我”或者“我们”。主观是绝对的，绝对的意思是无穷无尽、无始无终，

"我"也就是绝对的、无始无终的，当然也就是"永远不会死"。

这一命题出乎常规思维，不容易理解，史铁生设计两个人物对话进行解释：

> "你说的那是抽象的'我'，可每一个具体的我都是有始有终的，会死。"
>
> "无限是什么？无限是无限个有限组成的。"
>
> "这对。"
>
> "那么，这一回有限的我结束了，紧跟着就是下一回有限的我。嗯？这才能实现无限的'我'。"
>
> "人有来生千秋不断，动动相连万古不竭。"
>
> "但那不再是你。"
>
> "但那依然故'我'。姓名无非一个符号，可以随时改变。主体若为绝对，就必是无穷无尽地以'我'的形式与客体面对。"
>
> "创世纪？"
>
> "不，没有创始，也没有穷竭。这不过是世界本来的面目。无始无终，怎么你忘了？"
>
> "来生能知道今生的事吗？"
>
> "今生你可知昨生的事？"
>
> "那还有什么意义？"
>
> "本来就没有修成来生以图好报的意义。只是证明，死是没有什么可怕的。"

（《史铁生作品集》第二卷，第 189 页，中国社会科学出版社，1995 年版）

史铁生以艺术形象完成了一个哲学思辨：我＝主体、主观＝绝对＝无限，结论是：人有来生千秋不断，死是没有什么可怕的。以上论断，从逻辑上推理严谨，丝丝入扣，有说服力。接受这一论断有一个思维前提，即从日常转向终极、从个体转向整体、从小我转向大我，从宇宙大化的运行规律角度看待个体的死亡，死亡的可怕就化为乌有了。

不过，终极思维和日常思维毕竟还有一段距离，一般人理解起来还是有些困难，为此，史铁生后来在作品中，反复用日常化、生活化的比喻，对“我永远不死”的命题进行阐释。

比喻一：史铁生约等于我使用过的一台电脑。史铁生约等于我使用过的一台电脑，电脑坏了，但曾流经它的消息还在，还在其曾经所连之网上流传。史铁生死了，风流万种、困惑千重的消息仍在流传，经由每一个“我”之点，连接于亿万个“我”之间。（史铁生：《说死说活》，见《边缘思想》第115页，南海出版公司，1999年版）

比喻二：浪与水＝我与“我”。浪终归要落下去，水却还是水。水不消失，浪也就不会断灭。浪涌浪落，那是水的存在方式，是水的欲望（也叫运动），是水的表达、水的消息、水的连接与流传。哪一个浪是我呢？哪一个浪又不是“我”呢？

从古至今，死去了多少个我呀，但“我”并不消失，那是因为，世界是靠“我”的延续而流传为消息的。这消息只要流传，就必定是“我”的接力。（史铁生：《说死说活》，见《边缘思想》第115～116页，南海出版公司，1999年版）

比喻三：树与鸟。一棵树上落着一群鸟，把树砍了，鸟儿也就没了吗？不，树上的鸟儿没了，但它们在别处。同样，此一肉身，栖居过一些思想、情感和心绪，这肉身火化了，那思想、情感和心绪也就没了吗？不，他们在别处。在哪儿呢？在世世代代千千万万相接相续的人身上，你那些思想、情感和心绪将会在别人心上重现，你完全可视这些人的生命为你的再生。用史铁生的话说即：活着的鸟儿将飞起来，找到新的栖居。系于无限与绝对的心魂也将飞起来，永存于人间；人间的消息若从不减损，人间的爱愿若一如既往，那就是他并未消失。那心魂将继续栖居于怎样的肉身，将继续有个怎样的尘世之名，都无关紧要，他既不消失，他就必是以“我”而在、以“我”而思、以“我”的名义而生存于世。（史铁生：《病隙碎笔》，第 174 页，陕西师范大学出版社，2002 年版）

用日常眼光看，一个人死了就是死了，就是什么什么都没有了，就等于零了，因而感到无比恐惧。然而，史铁生的视角是“终极”，他从宇宙生命角度、从本真存在角度看人，看人的生死，知道某一个体的死亡无非只是宇宙整体生生不息的生命过程中一个细胞的更替，亿万个细胞在死去，亿万个细胞又再生，宇宙生命恒在、永在。对于宇宙生命来说，一个人死了，正像永远的乐曲走了一个音符，正像永远的舞蹈走了一个舞姿，正像永远的戏剧走了一个情节，以及正像永远的爱情经历了一次亲吻，永远的跋涉告别了一处村庄。当一只蚂蚁（一个细胞，一个人）沮丧于生命的短暂与虚无之时，蚁群（细胞群，人类，乃至宇宙）正坚定地抱紧着一个心醉神痴的方向——这是唯一的和永远的故事。（史铁生：《说死说活》，见《边缘思想》第 117 页，南海出版公司，1999 年版）而“故事”中每一个角色无不是以“我”的形式而存在。在生命的长河里，死不过是某一个信号的中断，它“轻轻地走”，正如它还会“轻轻地来”。个体生命之于宇宙生命，正如浪与水，浪是水，浪消失了，水还在。浪活着，是水，浪死了，还是水。水是浪的根据、浪的归宿，水是浪的无穷与永恒。“所以一切尘世之名都可以磨灭，而‘我’不死。”（史铁生：《病隙碎笔》，第 60 页，陕西师范大学出版社，2002 年版）因为已化入宇宙、化入永恒，宇宙在我亦在，他人在即我在，他人是我的再生。这就是小说《我之舞》中天地间传来的神秘合唱：永远只有现在，来生总是今生，是永恒之舞，是亘古之梦……

类似的意思遍布于史铁生作品的字里行间，行文至此，又让人想起《我与地坛》充满哲思和诗意的、让人永远读不够的结尾：彻悟生命之谜的“我”已经明白，人生的每一步每一步，其实一步步都是走在回去的路上。当牵牛花初开的时节，葬礼的号角已经吹响。

但是太阳,它每时每刻都是夕阳也都是落日。当它熄灭着走下山去收尽苍凉残照之际,正是它在另一面燃烧着爬上山巅布散烈烈朝晖之时。那一天,我也将沉静着走下山去,扶着我的拐杖。有一天,在某一处山洼里,势必会跑上来一个欢蹦的孩子,抱着他的玩具。

当然,那不是我。

但是,那不是我吗?

宇宙以其不息的欲望将一个歌舞炼为永恒。这欲望有怎样一个人间的姓名,大可忽略不计。

(《史铁生作品集》第三卷,第 181 页,中国社会科学出版社,1995 年版)

这语调,多么沉静、安详;这意境,多么深邃、优美!能用这样的语调叙述这样意境的人,你还认为他对死亡感到恐惧吗?这时候我们说他已经超越了死亡,谁还能不信吗?!

(十)在幽默中超越

幽默,是高智慧绽放的花朵,也是驱赶死亡阴影、化解死亡恐怖的利器。无论死亡话题多么沉重,在幽默大师眼里,它照样是被调侃、被嘲笑、被揶揄、被讽刺的对象。在幽默面前,死亡的威力荡然无存。

让我们看一看幽默大师们是如何“幽”死亡之“默”的吧!

在中国,最早以半开玩笑半认真的口气谈论死亡的,应该是庄子了。在《庄子·列御寇》中有这样一段话:庄子快要死的时候,弟子们想厚葬他。庄子说:“我用天地做棺椁,用日月做双璧,星辰做珠玑,万物做殉葬。我的葬礼还不够吗?还有什么比这更好的呀!”弟子说:“我怕乌鸦老鹰吃了你呀!”庄子说:“露天让乌鸦老鹰吃,土埋被蚂蚁吃,从乌鸦嘴里抢来给蚂蚁,为什么这样偏心呢!”

这段话绝对出人意料。两千多年前的古人能把葬事看透到这种程度，实在让人吃惊——惊讶于庄子高远超迈的人生智慧。也许有人说，这是玩笑，当不得真！这是穷困潦倒的人的自我安慰。是，当然这是玩笑，可是这玩笑你能开吗？你能想出来吗？就算这是自我安慰，可是你能这样安慰自己吗？因为不管你多么高贵富有，你的陪葬总比不上秦始皇吧！那你不痛苦吗？你比不上秦始皇时能这样安慰自己吗？未必吧！不知别人怎么反应，反正当初笔者读到这段话时精神为之一振，对庄子佩服得五体投地。庄子的眼光是宇宙眼光——万物皆备于我。他是从宇宙视角看人间世事呀！他根本不屑于和人间不论什么人比——你们谁也比不了！这种智慧让人痛快，让人轻松，让人自由，让人解放！从那儿之后，对死的恐惧大为减弱了，心理强健了，可以笑谈生死了。这是多么巨大的心理变化啊！

日常生活中普遍流行一个词叫“开心”，平时只管泛泛地用，没认真想过其真正的意思。直到有一天联想到庄子这段话才算有点明白。怎么才算开心？我以为开心的本意就像笔者对庄子上述那段话的反应——一下子打开了你长久封闭的心锁，让你如醍醐灌顶，一下子顿悟，云消雾散，眼前一片晴朗的天。这种“开心”所带来的快乐是一般快乐所无法比拟的。所以一般的快乐不等于“开心”，真正的“开心”一定是思想上、精神上的顿悟。这类智慧，古人多着呢！现代人如果不主动汲取，真是太亏了。这些道理如果让我们自己去悟，也许到死都悟不出来呢！这种人生智慧，你要悟不透，身家万亿也是白搭，你照样痴、迷、昏、混、浑、晕，照样不痛快；要是悟透了，当下（精神）成仙。智慧，能是你金钱和权位能买的么！

庄子的智慧不仅点醒了我，点醒了中国人，也照样能够点醒人同此心的老外们。这里叙述一件笔者亲历的“故事”给读者听：2013 年夏，笔者应希腊“第十六届荷马学术年会”之约参加了会议，演讲稿中曾提到孔子、孟子、庄子、陶渊明的思想。关于庄子，主要就是上面“庄子将死，弟子欲厚葬之”这一段。译成英文后心里没把握，请同时参加会议的苏珊——一位气质高雅的美国女性——审查把关。她极为认真负责，逐字逐句推敲润色，最后又朗读一遍。当读到庄子这一段时，她眼里噙泪、声音哽咽，读不下去了。我和朋友颇为惊讶，我们知道，是庄子通天达地的通脱大气感染了她，她可能没想到古代中国人竟然有如此的聪明智慧。感谢庄子！感谢苏珊对庄子、对中国文化的理解！

庄子的智慧（不仅仅是关于死亡的）影响了中国人几千年！

跨越两千年，我们再来看一看毛泽东是怎样拿死亡来幽默的。

毛泽东一生活得豪迈大气、气势如虹，他不但从来不忌讳谈死，而且还总拿死亡开玩笑。

1961年，英国陆军元帅蒙哥马利第二次访问中国，毛泽东盛情款待。他们彼此谈到各自的年龄，毛泽东时年68岁，蒙哥马利74岁。毛泽东说：“中国有句俗话，‘七十三，八十四，阎王不叫自己去’，如果闯过了这两个年头，就可以活到100岁。”蒙哥马利对此迷惑不解。毛泽东笑着说：“我们说的阎王，就是你们说的上帝。我只有一个五年计划，到时候我就去见我的上帝了。我的上帝是马克思。”毛泽东的意思很清楚，是说他只能活到73岁。蒙哥马利说：“经过这一段时间的访问，我感到中国人民需要你，你不能离他们而去，你至少应该活到84岁。”毛泽东挥了挥手，哈哈一笑，说：“不行！我有很多事情要同马克思讨论，在这里再呆4年已经足够了！”蒙哥马利说：“要是我知道马克思在哪里，我要告诉他，中国人民需要你，你不能到他那里去。我得同他谈谈这个问题！”蒙哥马利还说：“中国现在还有许多事情要做，很需要主席。你现在不能离开这艘船放下不管。”

毛泽东笑着说：“暂时不离，将来学丘吉尔的办法。”他沉吟片刻，然后说：“我随时准备灭亡。”说完，自己先开怀大笑了。

接下来，毛泽东侃侃而谈，细讲自己可能有五种死法：一是被敌人开枪打死；二是坐飞机摔死；三是坐火车翻车而死；四是游泳时被水淹死；五是生病被细菌杀死。扳着指头一一道完，毛泽东笑着说："这五条，我都已经准备了。"毛泽东还说："人死后最好火葬，把骨灰丢到海里去喂鱼，鱼虾会感谢不尽呢。"

1963 年罗荣桓元帅逝世后，毛泽东同负责他健康的护士长吴旭君再次谈论起自己的死亡。从感情上讲，吴旭君没想过毛泽东也会死，而毛泽东批评她不懂形式逻辑。按形式逻辑，大前提——人都会死，小前提——毛泽东是人，结论——毛泽东也是会死。毛泽东再次重复自己可能有的五种死法，然后开心地哈哈大笑。

毛泽东还告诫吴旭君，等他死后要开庆祝会；还要求吴旭君要打扮得漂漂亮亮的，最好穿颜色鲜艳的红衣服或花衣服，兴高采烈、满面春风地参加庆祝会；还要求吴旭君发言，发言内容他都替她想好了："你就讲：同志们，今天我们这个大会是个胜利的大会。毛泽东死了。我们大家来庆祝辩证法的胜利。他死得好。如果不死人，从孔夫子到现在地球就装不下了。新陈代谢嘛。沉舟侧畔千帆过，病树前头万木春。这是事物发展的规律。"停了一会儿，他认真地对吴旭君说："我在世时吃鱼比较多，我死后把我火化，骨灰撒到长江里喂鱼。你就对鱼说：鱼儿呀，毛泽东给你们赔不是来了。他生前吃了你们，现在你们吃他吧，吃肥了你们好去为人民服务。这就叫物质不灭定律。"

自进入 20 世纪 70 年代以来，毛泽东多次谈到要见马克思，要见上帝。1975 年 12 月 2 日，他对美国总统福特说："一句话，我的身体状况不好。……我与上帝有个约会，我很快就要去见上帝了……"

1975 年 4 月 18 日，毛泽东接见金日成谈到几位老同志都在患病，然后说："我今年 82 了，快不行了，靠你们了……"金日成有些狐疑地紧紧追问："为什么不行？"毛泽东将身体略微往后一仰，诙谐地答道:“上帝请我喝烧酒。”说完,自个儿忍俊不禁了。

1975 年 10 月 21 日晚,毛泽东还在书房接见了基辛格和布什。基辛格询问毛泽东的身体状况。毛泽东指着自己的头说:“这部分工作很正常,我能吃能睡。”他又拍拍大腿说:“这部分不太好使,走路时有些站不住,肺也有毛病。”停顿了一下,接着说:“一句话,我的身体状况不好。”然后又笑着补充说:“我是为来访者准备的一件陈列品。”毛泽东继续泰然自若地说:“我很快就要去见上帝了,我已经收到了上帝的请柬。”说完,衰老而且有些浮肿的脸上迟缓地透出一些笑意来。基辛格笑着答道:“不要急于接受。”由于不能连贯说话,毛泽东便在一张纸上费力地写出几个字来表达自己的意思:“我接受 Doctor 的命令。”这是一个双关语,既指医生,又指基辛格,因为中国人习惯称基辛格为博士。后来,布什在他的自传中说,当时听到毛泽东说出这样的话,真令人震惊,也让他不得不佩服毛泽东那少有的气度。

读了上述资料各位有什么感想?看毛泽东有没有庄子的气概?!这边人们祝福他万寿无疆呢,他那里却哈哈大笑着说“我随时准备灭亡”。这边人们真诚地表示中国人民、世界人民离不开你,他那里却说和马克思有个约会,说上帝请他喝烧酒。直到弥留之际他都在工作,但他却又“随时准备灭亡”。这是何等的胸襟、何等的气魄!大气度让他能幽默,幽默中他笑对死亡。

让我们再来横跨数万里,看看 20 世纪西方几位幽默大师是怎样看待死亡的。

有一年“愚人节”,纽约一家报纸跟马克·吐温开了个玩笑,报道说:“马克·吐温某月某日辞世了。”当马克·吐温亲自迎接来吊唁的朋友时,许多人又惊讶、又气愤,大家纷纷指责那家报纸不负责任,马克·吐温却说:“报纸报道我死是千真万确的,不过把日期提前了一些。”

你看,马克·吐温对一般人极端忌讳、极端厌烦的事,看得多么淡然、多么无所谓！他一点没有动气的意思，反而幽默了一把。

1910 年 4 月 21 日，马克·吐温病危，这可是真正的最后时刻了，看你还笑不笑得起来！马克·吐温的表现是：临终前意识清醒时，含笑对围聚在病床前的众多亲友说："再见，我们还会相逢呀！"——是啊！终有一天无论谁都会走的啊，都会在另一世界相逢呀！马克·吐温不把死亡视为最后的黑暗，不视为永别，而当作活着时随便哪一次的相见和分别——这该是多么轻松、多么惬意啊！还何怕之有啊？！

萧伯纳，20 世纪文学和戏剧领域著名的幽默大师，1950 年 11 月 2 日，在寓所因病逝世，终年 94 岁。临终前他对女佣说："太太，你想让我像古董一样永远活下去吗？我已经完成了我要做的，我要走了。"萧伯纳毕生创造幽默，他的墓志铭只有一句话，但却体现了他的风格："我早就知道无论我活多久，这种事情迟早总会发生的。"看来萧伯内对于死亡早有清醒的心理准备——他早就时刻准备着，随时可以出发。人不可能也没有必要像老古董那样活着，该走就走是件轻松愉快的事。

记得好像是法国作家波伏瓦说过这个意思：永不能死是件不能忍受的事情。这话多么豁达啊，其中并没有常人所理解的无奈，而是哲学家的理智和清醒。人为什么怕死恋生？就因为人生有限，所以才值得留恋，所以才美好；相反，如果永远不能死，想死也死不了，那是多么可怕的事啊！那样一来，人生的所有美好都将荡然无存，有的只是永无休止的重复、重复，让你除了厌烦还是厌烦。所以，人有死，就等于漫长的辛苦劳作之后有一个可以让人完全放松的假期。这样的人生才充满生机，悲欢离合才成为欢乐。萧伯纳是艺术大师，早就参透了人生奥义，所以当死亡到来时，他心平气和地挥挥手和人生说再见。

还有中国作家史铁生，21 岁正当生命最美好的时候突然瘫痪了，怎么治疗都没有效果，这让他万念俱灰，精神几近崩溃，于是有了想死的心。但最后他终于放弃了自杀念头，开始认真地活了。这一巨大的思想转变原因是多方面的，其中很重要的一个原因是卓别林的一句话让他豁然醒悟，明白了生死妙谛。

史铁生说他第一次平心静气地放弃自杀的念头，是因为听了卓别林的劝。卓别林主演的电影《城市之光》，女主角要自杀，结果让卓别林主演的角色把她救了。女人很埋怨他，发疯地喊："你为什么救我？你有什么权力不让我死？""卓别林"慢悠悠不动声色地说："急什么？咱们早晚不都得死？"

这当然是一句玩笑、一种幽默。但它不是一般搞笑的幽默，这种幽默不是一般人能想出来的。史铁生认为，这是大师的态度，不悟透生死的人想不出这样的话，这里面不仅有着非凡的智慧，而且有着深沉的爱心。意思是说，死是谁也逃不脱的事儿，既如此，你何必着急呢？难道你就不能坐下来冷静想想看有没有什么办法?!这就是爱！史铁生说他就是靠了这种爱而耽搁和延缓了死，而后才感到了生的诱惑。

生的诱惑绝不是生理性生命的诱惑，而是精神性生命的诱惑，是生命意义的诱惑，是生命向我们敞开了它的魅力和意义。这就是说，从"卓别林"的话里，史铁生看穿了死是一件无须着急的事，是一件无论怎样耽搁也不会错过的事，于是便决定活下去试一试，试着去干一些自己喜欢干的事，例如写作。不试白不试，试一试不会额外有什么损失，说不定倒额外有什么收获。这就是说，史铁生听懂了"卓别林"的话，从而成功地超越了死亡，把绝望变成了希望，从此投入积极努力追求人生意义和价值的奋斗之中。

（十一）在爱中超越

爱，狭义指情侣、夫妻之爱，广义包括亲人之爱、朋友之爱及所有人与人之间的爱。渴望爱他人，渴望得到他人的爱，是人性使然，是美好人生不可或缺之要素。同理，爱也是对抗死亡威胁的强大力量之一，有了爱的温暖与抚慰，就可以淡化乃至于化解死亡的阴冷与恐怖，就可以死得安详、宁静与释然。

这里我们不说宗教世界里爱的力量——这是毫无疑问的。这里只举一例世俗世界中的一对夫妻在相爱中超越死亡的故事。

1992 年，88 岁的美国女作家海伦·聂尔玲出版新著《美好人生的挚爱与告别》。这是一部自传性质的作品，叙述了她与比她大 21 岁的丈夫斯各特·聂尔玲所过的半个世纪以上"挚爱美好人生"的恩爱生活，叙述重点尤其放在 1983 年斯各特过百岁诞辰时(她旁助)他自行了断的生死因缘上。(见本书第 181 页)

斯各特之所以能够自觉主动地选择死，而且死得如此安详，原因很多，其中很重要的一个原因是他们夫妻之间的爱。持续半个世纪的深度之爱让他对妻子深度信任，相信她会帮助自己完成最后的心愿。反过来，对海伦也一样。斯各特死后，她还给他写了最后一封信(她说将放在天上的信箱)："亲爱的斯各特，我们厮守了 50 年，互相深爱，互为同志。我俩的情趣、目标与行动完全一致。……我们的生活成为一体。谢谢你，永远祝福你。"因为有爱在心中，所以"当我们选择告别的时候，我们能够随时告别，心平气和地、安静地、带有尊严地死去"。

斯各特夫妇的事迹是奇特的、感人的，他们让我们知道世界上竟然还有这样主动选择死亡，而且死得如此安详幸福的人。美籍华人哲学家傅伟勋在评价斯各特夫妇故事的意义时说："这一本书所描述的老年夫妻之间的恩爱与相互关照，当然也会引起大家的共鸣，使我们深刻地了解到人与人之间的爱的关怀乃是构成死亡的尊严品质的另一重要条件。"(傅伟勋：《死亡的尊严与生命的尊严》，第 56 页，北京大学出版社，2006 年版)换句话说，爱的关怀是超越死亡的一种重要的心理背景和心理条件。

斯各特夫妇的故事让一般人羡慕且敬仰，但是，平心而论，能有他们那样高的境界，能像他们夫妇那样的爱那样的死，究竟是少数、极少数。但是,也正因为是少数,才具有榜样与示范的意义。他们留给我们的启发是深刻的,影响是巨大的。心中只要有他们,即使我们做不到像斯各特夫妇那样主动选择、主动安排自己的死亡,但面对死亡,我们在心理上完全可以更轻松些、坦然些、自在些。“虽不能至,心向往之”,这就是斯各特夫妇故事的意义。

(十二)在问心无愧中超越

笔者小时候在家乡常听乡亲们说一句话:白天不做亏心事,夜里不怕鬼敲门。后来又听到上句话的衍生:活着不做亏心事,死了不怕鬼捉人。回想起来,说这话的人的语气、神态至今仍历历在目——理直气壮,坦荡自然,甚至于得意扬扬,颇有自豪感。因为说话人在说这些话的时候,一般不是凭空发感慨、谈哲学(农民没这习惯),而往往有具体语境,因此,这些话的含义,一是,表白自己;二是,潜台词里往往是有针对性地谴责他人(做了坏事),评判他人(遭报应活该)。当然也有教育小孩子的意思。

当时不会多想,现在想想,这里面包含着好多信息呢!(1)乡人迷信,相信人死后会到另一个世界,即鬼的世界,即阴间。阴间有阎王爷,有小鬼、判官,有牛头马面,有刀山火海……人死后到阴间要接受审判,好人有好报,坏人要上刀山下火海,要受千奇百怪各种各样非人的折磨。(2)阴间阎王爷不但管死人,还管活人,即活人做坏事逃不过他的眼睛,他会派鬼来惩罚。(3)为了活着和死后都不受惩罚,活着时就一定要行善不作恶,当好人不当坏人。(4)一辈子没做亏心事,问心无愧,死时一定是心地坦然、无所畏惧。

这当然是迷信,可是这又是多么有益的迷信啊!人性中有丑,人世间有恶,前者在内,是因;后者在外,是果。为了铲除,至少是抑制恶念的发生,必须创造一个能够镇着它的“神”,这个神在中国民间往往就是老天爷或各种名称的神或鬼。有了它们才能让人有所敬畏，让人们想做坏事的时候心里害怕。如果已经做了恶怎么办？那就由鬼神来惩罚——骚扰你，吓唬你，让你活得心惊肉跳、惊恐不安（夜鬼敲门），让你死后进地狱受折磨（鬼捉人）。因此，为了活得平安，为了死后不受折磨，也要做好事不做坏事，做好人不做坏人。反过来，你一辈子做好人，死时你一定会有好报——心安无惧。

在缺乏宗教信仰（西方意义上）的语境下，这些民间迷信就相当于宗教信仰，就起到了宗教信仰的作用。在社会混乱、统治者无能维护正常社会秩序的情况下，这些民间信仰就是维护社会秩序的正面力量。

长大后读书了，发现古代圣贤不像老百姓那样信奉简单比拟的人格神（鬼）——“子不语怪力神乱”，但他们人性中也有恶，也要约束和监督，那怎么办呢？于是他们心中树立起一尊无所不在的道德神——天，天命，它无形中监督着每个人的内心（“人在做，天在看”，“举头三尺有神明”）。真正的君子会自觉自愿地做好人、做好事，做不到就自我谴责、自我批判：吾日三省吾身，慎独。做到了就很高兴——“内省不疚，夫何忧何惧”（《论语·颜渊》）；“仰不愧于天，俯不怍于人”（《孟子·尽心上》）；“君子独立不惭于影，独寝不惭于魂”（《晏子春秋·外篇八之四》）；“夫君子之不骄，虽暗室不敢自慢”（王安石《周公》）；“读圣贤书，所学何事？而今而后，庶几无愧”（文天祥《绝笔》）；“内不欺己，外不欺人，上不欺天，君子所以慎独；不愧父母，不愧兄弟，不愧妻子，君子所以宜家”（金缨《格言联璧》）；“慎独则内省不疚，可以对天地质鬼神”，“人无一内愧之事，则天君泰然”（曾国藩《遗书》）。诸如此类的名言警句，在中国文化史上俯拾即是。由此可知，在中国古代读书人这里，虽没有西方式的宗教信仰，但内心对自己的约束力一点都不亚于西方。他们在做人处世方面追求问心无愧的境界，做到问心无愧了，就活得安宁、死得坦然。

本书“临终遗言”中，选录了彭德怀元帅的临终之言。他蒙受巨大冤屈，至死都没有得到平反，这对于一个把一生献给中国人民解放和建设事业的军事家、政治家，一个把政治生命看得至高无上的人来说，是多么难以忍受的事！但是，唯一能使他的灵魂得到安慰的是，他一生坦荡做人、正派做事，临死敢于向他既热爱留恋又困惑不解的世界说：“我对革命对同志没有两手，我从来没有搞过那种阴谋。这方面，我可以挺起胸膛，大喊百声：我问心无愧。”

在“直面死亡”中，我们选了苏东坡。当他知道自己大限已至时，把三个儿子叫到面前交代后事，告诉他们说自己平生未做坏事，所以自信不会进地狱。临终前他的朋友反复劝他念佛，让他恳求佛接他前往西天，但苏东坡一生只是把佛视为精神调节的砝码，并不真信天堂地狱、西天净土之说，因此他婉言谢绝，安详平静而去。他活得坦然、死得平静，没有濒死的痛苦和对死亡的恐惧。

那么，如果做不到问心无愧又怎样呢？很显然，那将导致心理阴暗、惶恐不安，直至得病，不得好死——这不是情绪化的诅咒，而是科学，是现实。我国卫生部首席健康教育专家洪昭光曾有一句名言：“人越腐败，死得越快。”洪昭光指出，病由心生，心理压力是百病之源，76%的疾病是情绪性疾病。他列举了贪官命短的例子：“腐败的官员都活不长！”他指出，凡是贪官心理压力都很大，贪官之所以易患病或短命，是其心中的贪欲及由之而来的压力所导致的。“人要心存正气，要做好人，不能做坏人，不能贪污，不能腐败，越是腐败，死得越快。所以结论是一句话：廉洁有益健康，腐败导致死亡。因为腐败的人啊，他贪婪，也就恐惧，多数人白天食不知味，夜里寝不能寐，惶惶不可终日，导致身体免疫机能全面下降，极易患病”。有一幅漫画《心理压力最大的中国人：贪官》，形象地描绘了这一人群的心理状况：“权大了，钱多了，总有点不踏实，怕纪检找谈话，怕‘双规’。晚上收贿赂，白天叫反贪。”洪昭光介绍，曾有人对16名腐败官员做跟踪调查，当时他们平均年龄41岁。10

年后，16 人中 15 人得病，不少人是癌症，病死的有 6 人。而巴西一个医疗机构调查了 583 名贪官和 583 名廉洁官员。10 年随访的结果是：贪官 60%以上得癌症、脑出血、心肌梗死等，而廉洁官员患病率只有 16%。广州某三甲医院肿瘤中心主任向记者透露，在他救治的肿瘤患者中，有相当比例的人就是因贪污受贿等原因被撤职或正被调查的官员。他们普遍存在心绪不安、恐慌、暴躁、抑郁等情绪。总之，“任何一个人只要是图不义之财，赚昧良心之钱，干有违道德之事，都会在身体上和精神上产生不良反应”。（张小磊、黄文婷：《羊城晚报》，2009－02－19）——这从反面证明，问心无愧对于人生、对于人死，意义是多么的重大！

在西方，基督教文化宣扬“最后审判”。信徒临终前有一个庄严神圣的仪式，找来代表上帝的牧师、神甫，向他当面忏悔，忏悔这一生做过的恶事、存有的恶念。真诚忏悔了，上帝会宽恕你，给你发一张去天堂的门票，否则将下地狱。如果别人有哪些地方对不住你，临死前也请你宽恕了他。这等于是清理灵魂的账，欠人的、人欠的，两清，归零。这一仪式意义重大而深远，说明基督教特重人的灵魂生活，特重死后灵魂的归宿。可以肯定，有这样一个仪式和没有是有重大区别的。心中存有这个仪式，一生行为就会谨慎，心中有所敬畏，一生不敢放肆轻狂。在此宗教思想指导下，如果你一生行善，从不作恶，死时灵魂干净（问心无愧），你是上帝的好子民，是人间的好公民，因此天堂特别欢迎你。

看来，无论古今，还是中外，无论圣哲，还是百姓，都关心死后的去处，关心灵魂的生活，都追求问心无愧。由此可知，问心无愧——活不怕见人，死不怕见鬼（神、上帝），是超越死亡，至少是化解死亡恐惧的一条好途径。

（十三）在子嗣延续中超越

著名旅美人类学家许烺光对家庭与文化的关系有深入的研

究。他认为家庭形态的不同固然影响文化的差异甚大，但家庭中成员关系的特性才是影响文化的关键所在。他认为我们的家庭成员关系是以父子关系为“主轴”的，因此中国的文化即是以这种父子轴的家庭关系为出发点而发展、形成的。所谓主轴关系就是说家庭中其他人伦关系常以之为模型或典范，主轴关系的特性掩盖了其他关系的特性而成为家庭生活的轴心。许烺光研究世界各种不同的民族，认为家庭中成员关系的主轴可分四个不同的类型：

第一种是以父子伦为主轴者：中国家庭为典型代表。

第二种是以夫妻伦为主轴者：以欧美民族的家庭为代表。

第三种是以母子伦为主轴者：以印度家庭为代表。

第四种是以兄弟伦为主轴者：以东非洲及中非洲若干部落社会的家庭为代表。

根据许烺光的见解，每一主轴关系都有其特性表现出来，这些主要的人伦关系的特性，不仅成为各种不同形态的家庭中人际关系的典范，且往往更进一步发挥为整个社会文化的特性。我国的家庭关系以父子伦为主轴，其主要特性即为延续性。

即一个人身为某人的儿子，将来也会成为某人的父亲，父子关系在家庭中一连串地不断勾连下去，这就是父子伦所具的延续性。延续性在其他三种主要人伦关系中均不存在。因为母子、兄弟及夫妇之间都不像父子关系会不断延续下去。

这项父子关系的特性，已经扩大为整个中国文化的主要特性之一：将男性世系的家名及香火一代代传下去是我们中国人最看重的事。我们看重“姓氏”，且要按照家族中的辈分排名字；我们看重家谱，尽力维持家系之延绵不断，甚至将之扩大到宗族、氏族。这种延续的观念扩大到整个民族，便成为维系中国数千年历史文化于不坠的重要力量。（参见李亦园：《文化与修养》，第 84～86 页，广西师范大学出版社，2004 年版）

体现上述文化特性最著名的言论恐怕就是孟子的“不孝有三，

无后为大”了。在上述文化观念的影响下，中国人传宗接代的意识最为强烈。传宗接代，不仅仅是为死后有人祭祀的现实考虑，也有更为深远的精神期盼：企求个人生命的不朽、家族血脉的延续——个人及家族的生命在一代代出生的孩子中得以永生，得以在人类历史的长河中延续，得以融汇在生生不息的宇宙生命之中。

原来，笔者以为通过传宗接代以达不朽的观念只有中国人有，其实不然。2013 年夏，我应邀去希腊参加了“国际荷马史诗学术研讨会”，期间认识了几位希腊人。其中一位老船长退休后在写书，他告诉我希腊人认为个人达到不朽的途径有两个，一是生孩子，一是种树。看来，通过传宗接代以达不朽是人们的一种朴素而执着的愿望，具有人类的普遍性。

结语

——学会坦然自若、沉静安详地应对死亡

这本小书到这儿就结束了。我猜不透有超级耐心的读者读完全书有什么收获、有什么感受，反正作为作者，我写到这儿，心理上颇有清澈澄明、自由解放的感觉。作为自然人，我当然对死亡也怀有本能的恐惧和不安，唯恐啥时候它突然袭来，让人猝不及防，感觉自己还没活够呢，于是“死不甘心”。但是，经过上述一番精神游历——听古今中外圣哲贤人讲死亡，又“看到”他们在死亡面前怎样和死亡相周旋，再经过简单地思索和归纳，精神上有拨云见日的敞亮感、豁然开朗的开心感。我不敢说已经完全彻底超越了死亡，但起码敢说对死亡已经不再恐惧、不再害怕，而是能坦然平和地接受了。这就是人类智慧滋养熏陶的效果啊！

人的死亡具有自然和社会、生理和心理的双重属性。生物、生理的一面可以用科学来干预、来解释，但心理和精神层面却需要人文学科的关怀，即终极关怀。这里关涉的是价值观念、人生态度、灵魂归宿、精神家园，一句话——心何以安，所以还需要从文学、艺术、哲学、宗教、心理等多学科寻求智慧。所幸的是，自古以来人类在死亡问题上已经积累了极为丰富和高超的智慧，足够我们学习和汲取。

总之,“从生物学上看,人是不可能超越生死的,但从人的精神境界方面看,则是可以超越生死的”。(**汤一介:《生死》,第 69～70 页,上海文化出版社,2000 年版**)本书的所有努力都是为了从精神上找到淡化、缓解、乃至于消解对于死亡的恐惧的精神力量,让人能够从理性上接受死亡,即使做不到轻松愉快,起码也做到心平气和、坦然沉静。让我们敞开胸怀,积极努力地汲取人类超越死亡的智慧,学会坦然自若、沉静安详地应对死亡,活得充实,死得愉快吧!

鸣　　谢

随着《心何以安·超越死亡》即将付梓,“心何以安”丛书六本将全部面世了。此时此刻,笔者发自内心想说的是,衷心感谢!

衷心感谢河南大学出版社将丛书纳入出版计划,并陆续编辑出版。在市场经济背景下,河南大学出版社主动承担社会责任,坚持把社会效益放在第一位,为推动全民阅读不遗余力,这种宗旨和理念使丛书的出版成为可能。我和河南大学出版社结缘于30年前。那时,还算年轻的我和朋友合写的幼稚小书《艺苑辨疑》在这里出版,为此我们深受鼓舞。此后,我的多部书稿都在这里出版。河南大学出版社给了我学习、写作的动力,可以说,我的每一点进步都和河南大学出版社的鼓励和支持有关。每念及此,心存感激。

衷心感谢丛书的策划者王四朋老师。好几年前,笔者将国家社科基金项目(“终极关怀:文学深层精神价值研究”。基金办评其为优秀项目)书稿交给他的时候,他感到书中讨论的人生意义、人本困境、化解苦难、超越死亡等,都是人们普遍关心的人生话题,而如此重大的话题远不是几千或上万字所能说透的。于是,他提议把这些话题独立出来拓展成书,论述不局限于文学,而是广泛汲取各学科思想资源,以求话题得以相对充分地讨论。我高兴地接受了他的提议,于是有了本丛书。四朋老师的提议和策划是本丛书的缘起，所以衷心感谢他。

衷心感谢认真编校丛书的各位责任编辑。他们是：孙小成老师，薛建立老师，孙增科老师，范昕老师，陈巧老师。经历过出书过程的作者都能体会到编辑工作的辛苦——一字一句包括每个标点符号审查推敲，每一处引文反反复复地查找核对，唯恐有一处疏漏存在，其过程用“呕心沥血”形容绝不为过。每部书稿的出版可以说都是作者和编辑合作的结晶，所以，衷心感谢为丛书出版付出心血的各位责任编辑。还要感谢丛书的美编郭灿老师，她设计的封面素净高雅、朴素大方，我很喜欢。还要感谢今日文教李艳洁等老师的大力支持，他们的认真排版工作为丛书增添了光彩。总之，感谢出版过程中为丛书付出辛劳的所有老师。

还要衷心感谢丛书的读者。没有读者的阅读，所谓书只是印满了文字但却没有生命的一沓纸，其价值可能是三毛钱一斤。有了读者，书中的思想、感情、信息才能被激活，书才有了生命，印满了文字的纸才叫作书。如今人们大都在通过手机阅读，少有人阅读纸质书了，所以，有机会读到本丛书的读者，算我们有缘，谢谢你们！

胡山林

2018 年 3 月

于古城开封